大国攻坚

蒲 实 著

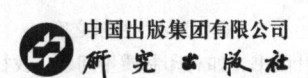

图书在版编目(CIP)数据

大国攻坚 / 蒲实著. — 北京：研究出版社，2025.1（2025.7重印）.
— ISBN 978-7-5199-1822-4

Ⅰ.F124.7

中国国家版本馆CIP数据核字第2024B3H852号

出 品 人：陈建军
出版统筹：丁 波
责任编辑：谭晓龙

大国攻坚
DAGUO GONGJIAN

蒲实 著

研究出版社 出版发行

（100006 北京市东城区灯市口大街100号华腾商务楼）
北京建宏印刷有限公司印刷 新华书店经销
2025年1月第1版 2025年7月第3次印刷
开本：787毫米×1092毫米 1/16 印张：16.5
字数：233千字
ISBN 978-7-5199-1822-4 定价：85.00元
电话（010）64217619 64217652（发行部）

版权所有·侵权必究
凡购买本社图书，如有印制质量问题，我社负责调换。

序　言

全面建成小康社会，承载着中华民族的期盼，也是中国共产党对人民、对历史做出的庄严承诺和光荣使命。党的二十大报告指出，十年来，我们经历了对党和人民事业具有重大现实意义和深远历史意义的三件大事：一是迎来中国共产党成立一百周年，二是中国特色社会主义进入新时代，三是完成脱贫攻坚、全面建成小康社会的历史任务，实现第一个百年奋斗目标。这是中国共产党和中国人民团结奋斗赢得的历史性胜利，是彪炳中华民族发展史册的历史性胜利，也是对世界具有深远影响的历史性胜利。新时代、新征程，系统回顾小康社会建设四十多年的历史，总结成就和经验并展望中国式现代化的壮阔前景，有助于我们认识现实、把握未来，更加紧密团结在以习近平同志为核心的党中央周围，坚定信心、开拓奋进，努力实现经济社会发展各项目标任务，以高质量发展的实际行动和成效，为以中国式现代化全面推进强国建设、民族复兴伟业作出新的更大贡献。

本书旨在深入学习贯彻习近平总书记关于全面建成小康社会的重要论述和重要指示批示精神，贯彻落实党中央决策部署，紧紧围绕全党全国各族人民迈上全面建设社会主义现代化国家新征程、向第二个百年奋斗目标进军的时代背景，从理论、历史、实践、未来四个维度，在系统梳理全面建成小康社会的理论渊源、伟大历程和历史方位基础上，对全面建成小康社会的行动指南、辉煌成就、基本经验、重点任务、战略举措进行了深入探讨。并从构建人类命运共同体的视角分析了全面建成小康社会的人类贡献，展望了新征程美好图景。

立足理论维度，集中梳理了全面建成小康社会的理论渊源。在中国传统文化中的小康社会思想部分，联系古代社会发展形态对小康社会思想进行溯源，结合洪秀全、康有为、孙中山等近代小康社会思想的主要源流分析了其主要局限，深入挖掘马克思主义关于小康社会的理论渊源，阐释了马克思关于人的自由而全面发展、贫困与反贫困理论和小康社会的内在逻辑。最后从"小康"思想根源探索、"小康"深厚内涵拓展、"小康"实践路径探析三个方面重点阐释了中国共产党对小康社会的理论升华。

　　站在历史维度，梳理了全面建成小康社会的伟大历程和历史方位。在伟大历程部分，从选择、发展、成型、突破四个阶段深入分析了全面建成小康社会的历史必然性和现实迫切性；在历史方位部分，包括中国特色社会主义迎来新时代、全面建成小康社会的内涵、社会矛盾转变与全面建成小康社会的内在联系、新发展理念引领全面建成小康社会的内在逻辑等内容，阐述了全面建成小康社会的如期顺利实现，进一步激发和汇聚实现中华民族伟大复兴的磅礴力量，为开启全面建设社会主义现代化国家新征程打下坚实的基础，为到中华人民共和国成立一百年时把我国建设成为富强、民主、文明、和谐、美丽的社会主义现代化强国提供有力的保障。

　　聚焦实践维度，从全面建成小康社会的行动指南、重点任务、战略举措等方面进行深入论述，并系统总结了全面建成小康社会取得的辉煌成就以及对人类的贡献，阐释了我们党之所以能够领导中国人民取得这一人类历史前所未有成就的规律性认识和深刻启示的原因。当然，行动指南、重点任务和战略举措论述的角度不同、各有侧重：行动指南强调的是实现全面建成小康社会要做到"六个必须坚持"；重点任务从梳理全面建成小康社会与"四个全面"的内在逻辑入手，对全面建成小康社会与"五位一体"总体布局的关系进行深入阐释；战略举措则强调全面建成小康社会要紧扣我国社会主要矛盾的变化，坚定实施科教兴国、人才强国、创新驱动发展、乡村振兴、区域协调发展、可持续发展、军民融合发展等战略，实现抓重点、补短板、强弱项。

　　着眼未来维度，最后一章是对新时代、新征程的展望，中国共产党的中心任务就是团结带领全国各族人民全面建成社会主义现代化强国、实现第二个百年奋斗目标，以中国式现代化全面推进中华民族伟大复兴。推进中国式现代化是新时代最大的政治，要从推动经济高质量发展、国家治理体系和治理能力现代化、共同富裕、国家安全体系和能力现代化、党的自我革命等方面着手，形成齐心协力推进中国式现代化、同心共圆中国梦的强大合力，在新时代、新征程战胜一切困难，创造美好未来。

全面建设社会主义现代化国家，是一项伟大而艰巨的事业，前途光明，任重道远。当前，世界百年未有之大变局加速演进，新一轮科技革命和产业变革深入发展，国际力量对比深刻调整，我国发展面临新的战略机遇。同时，逆全球化思潮抬头，单边主义、保护主义明显上升，世界经济复苏乏力，局部冲突和动荡频发，全球性问题加剧。我国发展进入战略机遇和风险挑战并存、不确定难预料因素增多的时期，各种"黑天鹅""灰犀牛"事件随时可能发生。为此，必须增强忧患意识，坚持底线思维，做到居安思危、未雨绸缪、坚定信心、沉着应对，在习近平新时代中国特色社会主义思想科学指引下，坚定信心、同心同德、埋头苦干、奋勇前进，为全面建设社会主义现代化国家、全面推进中华民族伟大复兴而团结奋斗！

由于著者水平有限，错误和不妥之处在所难免，热忱希望读者提出宝贵意见。

蒲　实

目录

第一章　全面建成小康社会的理论渊源

第一节　中国传统文化中的小康社会思想 / 1
第二节　中国近代小康社会思想的发展 / 5
第三节　马克思主义与小康社会 / 9
第四节　中国共产党对小康社会思想理论升华 / 18

第二章　全面建成小康社会的伟大历程

第一节　选择：从建设"四个现代化"到提出"小康之家" / 26
第二节　发展：从解决"温饱"问题到实现"小康" / 31
第三节　成型：从"总体小康"到"全面小康" / 35
第四节　突破：从"决胜小康"到建成现代化强国 / 40

第三章　全面建成小康社会的历史方位

第一节　中国特色社会主义迎来新时代 / 47

第二节　全面建成小康社会的重要内涵 / 51

第三节　社会矛盾转变与全面建成小康社会的内在联系 / 55

第四节　新发展理念引领全面建成小康社会的内在逻辑 / 59

第五节　决胜全面建成小康社会的重点任务 / 64

第六节　全面建成小康社会开启现代化建设新征程 / 68

第七节　全面建成小康社会的世界意义和影响 / 70

第四章　全面建成小康社会的行动指南

第一节　坚持人民主体地位 / 74

第二节　坚持科学发展 / 81

第三节　坚持深化改革 / 86

第四节　坚持依法治国 / 90

第五节　坚持统筹国内国际两个大局 / 95

第六节　坚持党的领导 / 99

第五章　全面建成小康社会的辉煌成就

第一节　经济发展进入新常态 / 105

第二节　民主法治谱写新篇章 / 108

第三节　文化繁荣开创新局面 / 112

第四节　社会治理实现新跨越 / 116

第五节　生态文明迈向新时代 / 120

第六章　全面建成小康社会的基本经验

第一节　始终坚持党的全面领导 / 125

第二节　始终坚持以人民为中心 / 128

第三节　始终坚持立足中国基本国情 / 131

第四节　始终坚持发挥中国特色社会主义制度优势 / 133

第五节　始终坚持"五位一体"协同发展 / 136

第六节　始终坚持全面深化改革 / 138

第七节　始终坚持稳中求进工作总基调 / 141

第七章　全面建成小康社会的重点任务

第一节　把握全面建成小康社会与"四个全面"内在逻辑 / 145

第二节　发展社会主义民主政治 / 151

第三节　加快建设现代化经济体系 / 157

第四节　推动社会主义文化繁荣兴盛 / 161

第五节　推进社会治理现代化 / 164

第六节　统筹推进生态文明建设 / 169

第八章　全面建成小康社会的战略举措

第一节　坚定不移实施科教兴国战略 / 175

第二节　坚定不移实施人才强国战略 / 179

第三节　坚定不移实施创新驱动发展战略 / 184

第四节　坚定不移实施乡村振兴战略 / 189

第五节　坚定不移实施区域协调发展战略 / 193

第六节　坚定不移实施可持续发展战略 / 197

第七节　坚定不移实施军民融合发展战略 / 201

第九章　全面建成小康社会的人类贡献

第一节　为建设更加美好的地球家园贡献中国方案 / 206

第二节　坚持绿色低碳，建设一个清洁美丽的世界 / 212

第三节　建设共商共建共享的全球治理体系 / 215

第四节　坚持和平发展道路，推动构建人类命运共同体 / 220

第五节　携手共建生态良好的地球美好家园 / 224

第十章　推进中国式现代化是新时代最大的政治

第一节　中国式现代化是强国建设、民族复兴的康庄大道 / 231

第二节　推进中国式现代化面临的形势、风险和机遇 / 233

第三节　高质量发展是中国式现代化的首要任务 / 237

第四节　国家治理体系和治理能力现代化是中国式现代化的应有之义 / 241

第五节　全体人民共同富裕是中国式现代化的本质特征 / 244

第六节　国家安全体系和能力现代化建设是中国式现代化安全保障 / 247

第七节　党的自我革命是中国式现代化的坚强保障 / 251

第一章

全面建成小康社会的理论渊源

小康思想的历史源流，最早可以上溯到三千多年前的西周时期。从其发端，历朝历代的政治家、思想家以及文人墨客对小康思想进行了多种多样的阐释，使得"小康"的内涵不断扩大。追溯小康思想的历史渊源，对于当今时代的我们深刻领会全面建成小康社会的宏伟目标具有重要意义。

第一节 中国传统文化中的小康社会思想

小康思想起源于我国博大精深的传统文化，"小康"这个词最开始是表示一种生活状态，经过不断发展，逐渐衍生为一种社会发展形态或阶段。孔子提出"大同"社会后，"小康"的社会政治内涵进一步丰富，经从春秋到两汉，再到宋、元、明、清等中国历代思想家、政治家的继承与发展，逐渐演变成切合现实情况、阐明社会发展状态、描述发展趋势的一种思想理论。

（一）古代社会发展形态与小康社会思想溯源

一是《诗经·大雅·民劳》中的"小康"：一种生活状态的描绘。"小康"这个词最早见于《诗经》。在《诗经·大雅·民劳》的开篇就有"民亦劳止，汔可小康。惠此中国，以绥四方"的句子，这被认为是"小康"这个词可被追溯到的最早源头。这句话是指："百姓终日劳作不止、穷困辛苦，应当过上安居乐业的小康生活，唯有如此，才能使国家强盛、四方安定。"由此反映出当时劳动人民对于安居乐业生活的向往。与此同时，该句话还劝谏统治者不应荼毒百姓，要努力让人民过上安定的生活，这样才能固国安邦。由此可见，《诗经·大雅·民劳》中最早提到的"小康"一词与"小休""小安"等词含义相近，指代黎民百姓能够安居乐业，不为劳役所困的一种生活状态。

二是《礼记·礼运》中的"小康"：一种社会发展形态的展示。根据《礼记·礼运》的记载，孔子在与子游的对话中对"大同"和"小康"社会观进行了详细的阐述，并且对后世影响深远。一方面，他将夏代以前包括炎黄二帝、尧、舜在内所治理的社会视为"大同"，且有"大道之行也，天下为公……是故谋闭而不兴，盗窃乱贼而不作，故外户而不闭，是谓大同"[①]这一千古流传的说法。意思是指在这样一个大道实行的时代，天下是属于公众的。人人皆善良，没有奸诈之心，也不会发生盗窃、造反以及谋害他人等不好的事情，因而家家都可日不锁门、夜不闭户，整个社会一片安定与祥和。另一方面，他将夏商周三代包括禹、汤、文、武、周公等在内所治理的社会视为"小康"，且有"今大道既隐，天下为家……如有不由此者，在执者去，众以为殃。是谓小康"[②]的说法，意思是指：如今大道已经消失不见，天下成为私家的。整个天下用礼义作为约束，人人依礼办事，若有违反之人，将受到相应的处罚，且会被老百姓们当成祸害。整个社会秩序井然。

由上可知，《礼记·礼运》中所阐释的"大同"与"小康"是两种相对应的社会发展形态。"大同"与"小康"在我国古代儒家学派的描述中，显然是两种不同的社会制度或社会发展阶段。"大同"社会所处的社会发展阶段明显比"小康"社会更高级，是一种最高阶段的理想社会。在"大同"社会中，没有战争、

---

① 《礼记·礼运大同篇》。
② 《礼记·礼运大同篇》。

尔虞我诈、盗乱等丑恶现象，社会秩序井然。整个社会实行"天下为公"的公有制，人们的各种行为都不是在为自己谋私利，而是在为公共利益各尽所能。相反，"小康"社会所处的社会发展阶段则更低，是在"大同"社会消隐之后出现的社会。在"小康"社会中，存在着阴谋诡计、尔虞我诈、盗乱等丑恶现象，也存在着君臣父子、贫富贵贱等社会等级关系，整个社会实行"天下为家"的私有制，人们的各种行为受个人利益驱使，为自己谋私利。

（二）古代小康社会思想的演变

一是孔子的"大同—小康"社会观。孔子将夏代以前包括炎黄二帝、尧、舜在内所治理的社会视为"大同"，将夏、商、周三代包括禹、汤、文、武、周公等在内所治理的社会视为"小康"。在他看来，"大同"社会所处的社会发展阶段比"小康"社会更高级，是一种最理想的社会形态。考虑到上古的"大同"社会不可重来，人心不古，那么只好退而求其次来实现并维护"小康"，这也是一种在追求理想社会过程中，受现实因素阻碍而不得不有所折中与保留的务实心态的反映。通过综合分析孔子的"大同—小康"社会观，不难发现，"大同"着重"天下为公"，而"小康"则强调"天下为家"；前者依靠道德来维持社会秩序，而后者则依靠礼仪；"大同"更多地体现着一层理想色彩，而"小康"则更多地反映着现实情形。孔子的这一"大同—小康"社会观对后世影响深远，后来的各朝各代思想家、政治家等，不论属于什么学派，都从不同角度出发，阐释并发展了各自的社会改革和发展理念。

二是孟子的温饱型小康生活观。孟子倡导井田制，主张"王道"政治，强调"制民恒产"，实现小康。"制民恒产"是孟子构想的封建社会的土地制度，也是使百姓生活达到"小康"的基本途径。而所谓"制民恒产"，即是指国家通过法令授予百姓一定数量的产业，百姓有了恒产，安居乐业，则王道可行，天下便会大同。关于"制民恒产"的实现问题，孟子认为："是故明君制民之产，必使仰足以事父母，俯足以畜妻子，乐岁终身饱，凶年免于死亡；然后驱而之善，故民之从之也轻①。"也就是说，对于百姓产业的规定，一定不能突破他们温饱问题的底线，要让他们不论上赡养父母还是下抚养妻儿都没有后顾之忧，且不论年成好坏都不至于饿死。做到这样，再"谨庠序之教，申之以孝悌之义"②，对其加以督促使其一心向善，便定能实现天下大同。由此可知，孟子的小康思想反映出了一个典型的温饱型小康生活模式。

三是东汉何休的"三世说"。东汉末年，何休③著《春秋公羊解诂》，对儒家经典之一的《春秋公羊传》进行注疏。在《春秋公羊解诂》中，何休对《礼记·礼运》中关于"大同"和"小康"社会形态的描绘加以整合梳理，最终形成了"三世说"理论。根据"三世说"，何休认为人类社会有其自身的发展规律，社会发展是一个由"衰乱世"到"升平世"再到"太平世"的发展过程。在这一进化过程中，社会由野蛮到文明、由乱到治、由落后到进步、由低级到高级不断演进。何休所描述的"太平世"社会形态相当于前人所述的"大同"社会，而"升平世"则相当于"小康"社会。可见，与孔子认为社会由天下为公的"大同"堕落至天下为私的"小康"不同，何休认为社会是可以由乱而治、由"小康"而"大同"的。

四是南宋洪迈、朱熹的小康社会思想。南宋诗人文学家洪迈认为，何休废官居家期间，"覃思不规门"，撰写《春秋公羊解诂》，这部著作一直流传至今，完整地保留于《十三经注疏》之中。小康生活反映的是人们对脱离穷困生活的愿望以及对宽裕生活的向往，并提出了"然久困于穷，冀以小康"④的观点。另外，与洪迈同期的理学家朱熹则认为，只要效仿禹、汤、文、武等夏、商、周时期"大贤"的做法，从"王道仁政"的思路出发，必能实现小康。此外，他

---

① 《孟子·梁惠王上》。
② 《孟子·梁惠王上》。
③ 何休（129—182年），即何子，字邵公，任城樊（今山东兖州西南）人。何休废官居家期间，"覃思不规门"，撰写《春秋公羊解诂》，这部著作一直流传至今，完整地保留于《十三经注疏》之中。
④ 洪迈：《夷坚志》（第一册），中华书局，2006。

还提出"千五百年之间……不无小康"①的说法，认为如汉朝的"文景之治"、唐朝的"开元盛世"等都应算是小康社会。

五是古代文人对"小康"的阐释。历朝历代，多少文人墨客借助文学作品来表达对现实生活的不满和对理想社会的追求与向往。总体来看，古代的"小康"含义无非包括三大类：

其一，指稍安之意。《诗经·大雅·民劳》中"民亦劳止，汔可小康"即为此意。此外，白居易《老病相仍以诗自解》中有"昨因风发甘长往，今遇阳和又小康"之句。

其二，指儒家理想中的所谓政教清明、人民富裕安乐的社会局面，如禹、汤、文、武、成王、周公之治。后多指境内安宁，社会经济情况较好。除《礼记·礼运》外，《晋书·孙楚传》有"山陵既固，中夏小康"。《资治通鉴·后唐明宗长兴四年》"在位年谷屡丰，兵革罕用，校于五代，粗为小康"。此外，又如东晋诗人陶渊明的《桃花源记》和南宋诗人康与之的《昨梦录》等，都生动地描绘了自然经济条件下"万民恰恰""怡然自乐""信厚和睦""计口授田，以耕以蚕"的美好小康图景。

其三，指家庭稍有资财，可以安然度日的生活状态。除洪迈外，蒲松龄《聊斋志异·丁前溪》中有"杨感不自已。由此小康，不屑旧业矣"的句子。《儒林外史》第十五回中有"先生得这'银母'，家道自此也可小康了"等。

第二节 中国近代小康社会思想的发展

鸦片战争以来，觉醒的中国人上下、内外求索，试图找到救国救民的现实路径。在洪秀全、康有为、孙中山等人的社会革命或者改革方案中，小康思想

---

① 《朱文公文集·答陈同甫》。

得到了进一步阐发，但也不可避免地存在一些局限。

（一）近代小康社会理念的主要源流

一是洪秀全的小康思想。1853年，《天朝田亩制度》颁布，并成为太平天国的建国纲领。在《天朝田亩制度》中，洪秀全对"有田同耕、有饭同食、有钱同使，无处不均匀、无处不饱暖"这样一个人间天堂进行了描绘，将他的绝对平均主义思想和在分散的小农经济基础上实行均贫富的幻想体现得淋漓尽致。太平天国民众在以往多次农民起义关于"均贫富，等贵贱"和"均田"等思想的基础上，有针对性地触及土地所有权这一中国近代民主革命的基本问题。《天朝田亩制度》提出："凡分田，照人口，不论男妇，算其家人口多寡。"此外，考虑到当时生产力水平低下的问题，文件还提出让民众在农闲时从事副业生产，户户都要种桑、养蚕、纺织，家家都要养母鸡和母猪。到了收成时候，每家除了满足自身基本需求以外，其余需全部上缴国库，并声称此乃"太平真主救世旨意"。从而构筑出"天下人人不受私，物物归上主，则主有所运用，天下大家处处平均，人人饱暖矣"这样一幅理想国图景。可见，洪秀全绘就的"小康"图景，是在基于满足民众的基本生活需要的基础上，由"上主"进行统一分配，以达到天下处处平均、人人饱暖的理想境界。

二是康有为的小康。作为戊戌变法的领袖人物，康有为为了推行其变法主张，意图从传统的儒家经学中找寻或是形成理论根据。他将《公羊春秋》中的"三世说"和《礼记·礼运》中的"大同""小康"思想杂糅起来，通过庸俗进化论的观点，把整个人类社会的历史发展简单推演为"据乱世"—"升平世"—"太平世"这样一个不断更新、发展和进化的过程。其中，康有为将"据乱世"解释为在封建专制统治下的社会；将"升平世"解释为维新运动所要争取的君主立宪制社会，即"小康"社会；将"太平世"解释为资产阶级民主共和制社会，即"大同"社会。根据他的这一解释，人类社会的发展就是要从"据乱世"进化到"升平世"再进化到"太平世"。维新运动失败后，康有为开始周游世界，并于1902年在空想社会主义的影响下完成其著作《大同书》。在该著作中，康有为描述的所谓"大同"社会在实际上已经是一个具有空想性质的、实行生产资料公有制的社会主义社会。这样一来，在康有为的人类社会发展阶段理论中，介于"据乱世"的封建专制性质与"太平世"的社会主义性质，他所描述的"升平世"或"小康"就变成了介于二者之间的具有资本主义性质的社会了。由此，康有为的"小康—大同"论和孔子的"大同—小康"论就具有了完全不同的性质。在后者那里，从大同到小康是受现实情况所迫的一种"退而求其次"的转变。而在前者那里，从小康到大同的转变并非发生在历史或是现在，而是发生在未来，人类社会的发展必然要向前跨入"小康"，且最终跨入"大同"。而他的变法维新，就是要争取当时的中国社会实现由封建专制的"据乱世"向现代资本主义的"升平世"或"小康"转变。

后来，康有为对革命派的思想一直持反对意见，反对孙中山等想要通过革命手段推翻封建君主专制制度而实行所谓"大同"社会的主张，再次提出"只能言小康，不能言大同"[①]的观点。他认为若是现在实行"大同"，就意味着要跨过"升平世"（小康），直接由"据乱世"进入"太平世"，而这种违反历史发展进程的跨越，注定是无法实现的。再后来，康有为对改革和变法也进行了否定。他甚至对自己的"戊戌变法"进行了忏悔，认为是"愚昧"之举，"追思戊戌时，鄙人创议立宪，实鄙人不察国情之巨谬也"[②]。在他看来，西方的制度虽好，却未必适合于中国。在1903—1905年，康有为撰写《物质救国论》一书。在该书中，康有为提出，中国之于西方的落后，症结只在于"物质一事"，所以，唯有讲求"物质"，方能救中国，方能改变中国的贫困面貌，从而使之成为"小康"社会。他所说的"物质"，是指西方的工艺、汽电、炮舰与兵器等物质生产技术。他认为，并不能将中国的贫穷与落后归结于社会制度；中国沿用几千年

---

① 康有为：《孔子改制考》，上海大同译书局，1898。
② 康有为：《国会叹》，见《康有为政论集》（下册），中华书局，1981，第880-882页。

的封建制度，乃立国之本，并不比西方的制度差，只可稍作修补，而不可废除。可见，在这一时期，"小康"社会在康有为心中已演变为基本保持中国两千多年封建专制制度的社会。

三是孙中山的小康思想。孙中山在继承与吸收传统大同理念与近代西方社会主义某些观点的基础上，形成了以"三民主义"为基础的新的大同社会理想。只有实施"三民主义"，进行小康实践，才能实现人类理想。从而指明了大同与小康的历史性联系。具体来看，孙中山的小康理念可从三个方面体现出来：

其一，工业化与民生主义是孙中山小康思想的具体体现。他通过工业化和民生主义二者的结合，成功将强国和富民两个问题连接起来，从而将工业化提升到了提高和改善民众生活的这个层面。此外，他还在《三民主义》中指出："我们要解决中国的社会问题，就是要全国人民都可以安乐，都不至于受财产分配不均的痛苦，我的三民主义的意思，就是民主、民治、民享。"

其二，贫富差距缩小，老百姓普遍安居乐业的生活状态是孙中山理想中的小康。他口中的"小康之家"，是相较于西方发达国家贫富严重两极分化的情况来说的。对于英美两国经济发达的原因，他指出："由于机器多，制造的货物多，赚的钱也很多。"这样一来，拥有机器的人便越来越富，而没有机器的人便越来越穷，贫富差距可想而知。因而，在他们的社会，纵使经济发达，小康之家却很少。所以，在革命取得成功，民国统一得以实现之后，我们一定要建立一个新国家，并为它谋富足。

其三，建立一个理想的民主共和国是其小康思想的最高目标。孙中山在同盟会宣言中将"建立民国"作为四大纲领之一，希望在中国建立一个包括立法权、司法权、行政权、考试权和监察权在内的"五权分立"的共和政治。孙中山不仅将建立民主共和国作为他的理想，更将其当作革命的一个重要目标。从强调富国强民到追求民主共和，体现了他对于民生的重视程度。不仅希望通过工业化来改善人民生活，更想要让人民切实享受到民主的权利。

（二）近代小康社会思想的历史局限

近代以来，社会的剧烈变革以及无数仁人志士对未来生活的思考，给"大同"和"小康"赋予了新的时代内涵。从1840年的鸦片战争开始，数不尽的先进中国人在救国救民、救亡图存的道路上抛头颅、洒热血，他们从现实的无力中对理想生活进行思考，并努力将其转为现实。洪秀全在结合基督教的平等思想与历次农民革命中的"等贵贱、均贫富"和"均田免粮"等目标的基础上，意图借助"天下为公"的传统思想影响，通过农民起义来实现"太平天国"的大同社会。显然，这种以绝对平均主义为基础想要在分散的小农经济基础上消除贫富的想法，注定不能实现，只能是空谈。康有为的大同思想展示了自由、平等、博爱、天赋人权以及个性解放等特征，体现了近代资产阶级的诉求，也克服了洪秀全思想中禁欲主义和绝对平均主义的局限。但他作为地主阶级的一名知识分子，轻视人民群众，反对阶级斗争，幻想依靠没有实权的皇帝进行变革，因而最终没能也不可能找到实现其大同理想的路径。孙中山的民生主义思想主张互帮互助，反对阶级斗争，反对无产阶级专政。他寄希望于通过平均地权和节制资本来实现其所谓的大同社会，认为实行"三民主义"可以让中国革命"毕其功于一役"。然而，事实证明，这只能是一种极富阶级调和色彩的良好愿望，带有不切实际的空想社会主义性质，在当时的中国社会根本行不通。

总的说来，近代的所谓大同理念都弥漫着明显的乌托邦式的空想性质，这一时期的民众通常站在自己的利益和立场来畅想大同社会的构建，其阶级局限性尤为突出。所以，他们始终不能也不可能找寻到正确的阶级和力量以顺利推动中国社会从传统向现代再迈向大同。

第三节 马克思主义与小康社会

马克思毕生致力于消灭剥削，消灭压迫，消除贫困，消除两极分化，进而实现人自由而全面的发展，马克思主义这一伟大学说始终围绕全世界无产阶级和全人类的解放。通过对马克思关于小康社会的理论来源、人的自由全面发展观以及资本主义贫困与无产阶级反贫困理论的梳理，将有利于更全面系统地理解我国的全面建成小康社会实践。

（一）马克思主义关于小康社会的理论来源

马克思和恩格斯在19世纪40年代至60年代通过对人类先进思想的批判、继承与发展，成功创立起无产阶级的世界观——马克思主义。马克思与恩格斯在对法国空想社会主义者如圣西门、傅立叶和欧文等关于贫困问题的认识进行批判的基础上，进一步加深了对于小康的理解与认识，并最终形成了自己的贫困理论与小康理念。他们认为："三个伟大的空想社会主义者……有一个共同点：他们都不是作为当时已经历史地产生的无产阶级的利益的代表出现的。他们和启蒙学者一样，并不是想首先解放某一个阶级，而是想立即解放全人类。"[①] 而这一"伟大"想法在当时的生产方式背景和资本家与工人之间的矛盾对立尚未得到解决的现状面前，注定只能是空想。

圣西门指出："各国作为主要原则加以采用的一条原理，就是穷人应当对富人宽宏大量，结果，不得温饱的人们每天使自己失去一部分必要的生活资料，而被用于增加大财主的多余财产。"[②] 对此，恩格斯评价说："我们在圣西门那里发现了天才的远大眼光。"[③] 傅立叶认为："文明社会中工人的劳动不是建立在自愿的基础上，而是建立在贫困、死亡的威胁基础上。"[④] 正因如此，恩格斯评价他"无情地揭露了资产阶级世界在物质上和道德上的贫困"[⑤]。欧文是社会主义史上从政治经济学的角度批判资本主义的第一人。在揭露资本主义的贫富两极分化

---

① 《马克思恩格斯选集》（第3卷），人民出版社，1995，第721页。
② 《圣西门选集》（上卷），商务印书馆，1962，第275页。
③ 《马克思恩格斯选集》（第3卷），人民出版社，1995，第726页。
④ 《傅立叶选集》（第3卷），商务印书馆，1964，第57页。
⑤ 《马克思恩格斯选集》（第3卷），人民出版社，1995，第727页。

时，他指出："我们在英国可以看到两种极端现象的反常结合，即知识与无知的结合，富贵和贫穷的结合，奢侈与忍辱受苦的结合。"① 此外，欧文还在美洲进行共产主义试验，希望通过"共产主义移民区"等来消除贫困问题。因此，马克思和恩格斯认为，欧文不仅有共产主义的思想，而且还在致力于反贫困的小康实践。

由上可见，圣西门、傅立叶、欧文等关于贫困问题的初步认识虽然没能从更整体的层面对资本主义的贫困进行深刻的分析与解剖，但他们在制度层面的初步解释却成为后来马克思和恩格斯关于小康社会思想的一大思想来源。

（二）马克思关于人的自由而全面发展的理论

人的自由全面发展是马克思的崇高理想，也是他价值观的核心。马克思对社会历史发展规律的考察，对资本主义私有制及其所带来的剥削、强制的批判，对未来共产主义社会人如何发展的理想之憧憬，都与之密切联系。马克思的这一思想，为我国全面建成小康社会的实践提供了思想奠基。

1. 人的全面自由发展从根本上体现着未来社会的进步

马克思、恩格斯强调共产主义是"自由人的联合体""在那里，每个人的自由发展是一切人的自由发展的条件"②。从而指出未来社会是一个每个人都全面自由发展的更高级的社会。在马克思看来，实现共产主义有三个前提：丰富的个性、自由的个体、充分发展的生产力。不仅要重视生产力的发展，提高劳动生产率，使物质财富极大丰富，还应实现每个社会成员的自由发展。他尤其强调，只有当个人的独立和自由发展得到实现，生产力的极大提高和社会历史的前进才可能达到。按照人的发展条件，马克思把社会划分为三种形态，并以此揭示了人的发展与社会进步的关系：一是"最初的社会形态"，指代资本主义以前的

---

① 《欧文选集》（下卷），商务印书馆，1965，第51页。
② 《马克思恩格斯选集》第1卷，人民出版社，1995，第294页。

自然经济社会。这种形态以自然经济为特征，人的生产能力的发展被限定在狭窄的范围内和孤立的地点上，人的本质往往也更多地只体现了其自然属性。二是"第二大形态"，指代资本主义社会。这一形态以市场经济为特征。一方面，劳动的分工在增强人的自然素质的同时，通过促进交往范围的扩大和社会关系的发达，也大大发展了人的社会属性；另一方面，在这种社会形态下却形成了一种支配个人的强制力量，这种力量给人自由活动带来了束缚，从而使人的本质实现在实际上变成了一种虚无的形式。三是"第三大形态"，指代共产主义社会。这一形态以产品经济为特征，整个社会文明高度发达，没有了旧式的分工，每个人都向着合乎人的本性的方向复归。

对于资本主义社会的大工业生产现象，马克思评价道，这种大生产虽为人的全面发展创造了物质前提，但在客观上也正是因为其社会分工使得人不得不始终固定在某一种职业上，从而又导致了人的片面发展。在他看来，人的全面发展只有在劳动性质得到根本改变、社会关系日益丰富等条件成熟的情况下才可能实现。一方面，随着私有制的消除，劳动性质从根本上得到改变，从而使劳动的主体性在生产过程中得以实现。另一方面，在生产力高度发达、人的自由支配时间充裕以及物质文化程度极高的未来社会，每个人都能摆脱个体的、民族的、区域的种种限制，形成学习、交往的环境和要求，突破因封闭和隔离而产生的局限及制约，在交往和学习中丰富人的本质，促进人的全面发展。因此，社会的发展最终又体现为人的全面发展，随着社会的不断发展，人们日益增长的物质和精神需要得到不断满足。所以，只有社会得到全面发展与进步，人才能实现自由而全面的发展。

2. 小康社会的自由和谐是共产主义社会的基础。

人的自由而全面发展离不开共同体（社会）的基本价值。马克思在对共产主义社会预期时，将社会的本质构建于人的本质之上。可见，共产主义并不仅是一个经济发达的代名词，更因个体自由而全面的发展。经济因素虽然重要，但需要仔细探寻更多的政治、文化、社会因素，即"如何建立和谐的群体行动基础"①。

　　自由必须存在于集体之中，马克思主义认为，一个有效的共同体就是共产主义社会的显著特点。显而易见，作为共同体的共产主义是自由人的联合体，这里"人始终是主体"②，并具有类属性，即"按照他们的社会特质，而不应该按照他们的私人特质来考察"③"人把自身当作普遍的因而也是自由的存在物来对待"④。为了佐证共产主义在个人的发展生产能力方面的必然表现，马克思提出了"三形态说"："人的依赖关系起初完全是自然发生的，是最初的社会形态……以物的依赖性为基础的人的独立性，是第二大形态……建立在个人全面发展和他们共同的社会生产能力成为他们的社会财富这一基础上的自由个性，是第三个阶段⑤。"三种形态反映了不同的自由程度。最后，马克思明确指出共产主义社会在根本上是"以每个人的全面而自由的发展为基本原则的社会形式"⑥。

　　显然，小康也在致力于构建一个自由和谐的社会，这不仅是共产主义的目标，也是人类社会发展的必然趋势。有学者指出："经典马克思主义对现代社会学的发展具有关键性影响⑦。"马克思主义可以为建立一个良好的社会提供指导，从而使共产主义与小康社会密切关联。众所周知，马克思主义"吸收和改造了两千多年来人类思想和文化发展中一切有价值的东西"⑧。中国化马克思主义正是在这样的背景下有力阐发了小康社会思想，不断深化民族特征、凝练中国内涵，使之具有了明显的中国风格和中国气派。

---

① [美] 弗雷德里克·德沃金：《西方政治传统》，李丰斌译，新星出版社，2006，第3页。
② 《马克思恩格斯全集》第3卷，人民出版社，2002，第310页。
③ 《马克思恩格斯全集》第3卷，人民出版社，2002，第29页。
④ 《马克思恩格斯全集》第3卷，人民出版社，2002，第272页。
⑤ 《马克思恩格斯全集》第30卷，人民出版社，1995，第107–108页。
⑥ 《马克思恩格斯选集》第2卷，人民出版社，1995，第239页。
⑦ [美] 米尔斯《社会学的想象力》，陈强、张永强译，生活·读书·新知三联，2001，第51页。
⑧ 《列宁全集》第39卷，人民出版社，1986，第332页。

（三）马克思关于贫困与反贫困的理论

马克思始终坚持站在无产阶级的立场上，这使得他坚定地对资本主义的私有制进行深刻的批判，从而成功揭示贫困问题的本质与根源，为无产阶级的解放指明方向。然而，在现阶段，贫困不仅仅是一个国家单独的问题，更成为世界各国和国际社会共同面临的重大挑战。它正严重威胁着整个社会的进步。因此，就我国而言，深入梳理马克思对资本主义贫困的深刻批判和对社会主义反贫困路径的构思，对推进我国新时期的扶贫事业，对于确保如期实现全面小康，都具有重要的指导意义。

1. 马克思贫困理论的无产阶级立场

马克思在《莱茵报》工作期间，在关于林木盗窃法的辩论中，对莱茵省议会判定穷人捡拾树枝为盗窃行为给予批判，并且犀利地抨击了普鲁士专制统治对贫困人民的压榨与剥削，以此维护农民权利。然而，当时的马克思更多的是立足于国家理性的角度，仅局限在法律、国家等抽象的法哲学层面思考贫困的解决与小康的实现等问题，因而在分析农民贫困的根源时，带有极强的主观色彩。而也正是在普鲁士政府黑暗统治的影响下，马克思的关注点开始从国家理性转向社会现实，从而正视社会贫困问题。

之后的马克思开始转向国家行政管理层面去找寻资本主义社会贫困的缘由，并对官僚阶级压榨劳苦大众的行为提出控诉，最后将其观点在《摩泽尔记者的辩护》中详细阐明，由此表明了青年时期的马克思就逐步确立起为受苦难的无产阶级代言的鲜明立场。在马克思看来，摩泽尔河沿岸地区的贫困状况与国家管理机构有直接的关系，应从个人和国家两个层面分析该地区贫困的原因。然而，普鲁士管理机构却不认同，他们相信摩泽尔河沿岸地区的贫困状况与机构的行动毫无关联。更为过分的是，普鲁士官僚机构还对贫困农民的呐喊与求助大加斥责，声称他们故意夸大对贫困状况的描述，想要"图谋私利"，甚至认为他们提出的申诉和请求是"对国家法律的无理的、有失恭敬的指责"[①]。至此，在

---

① 《马克思恩格斯全集》第1卷，人民出版社，1995，第390页。

同情贫困农民和痛恨专制统治这两种心理下，马克思加深了对贫困问题的思考，相对应的关于小康社会的理论观点也渐渐形成。

对林木盗窃法等问题的思考以及对理性的法律和私人利益之间矛盾的进一步认识，使马克思逐渐意识到缺乏实践支撑的纯思辨哲学在解决现实问题上的局限，他开始在方法上注重对政治经济学的运用来思考社会问题。不仅直接将国家的管理不善作为社会贫困的原因，而且还对普鲁士官僚制度的腐朽与落后进行了深入剖析，在经济和制度批判的层面找到了分析贫困问题的切入点，从而为实现小康的路径探索奠定了基础。如恩格斯所说："正是他（马克思）对林木盗窃法和摩泽尔河地区农民处境的研究，推动他由纯政治转向研究经济关系，并从而走向社会主义。"[①] 至此，在社会贫困问题上，马克思已经揭开了那层理性主义的面纱，并开始从社会现实的角度对贫困与国家、与制度的内在关联进行思考。

虽然那时的马克思还未形成完善的唯物主义理论，但很明显他已经开始对黑格尔式理性主义国家观萌生不满，并试图摆脱唯心主义的束缚。后来，在《〈黑格尔法哲学批判〉导言》中，马克思对黑格尔思辨的法哲学进行了批判。此后的马克思开始对资本主义贫困问题进行的深刻的政治经济学批判。

2. 马克思对贫困问题的制度批判及策略思考

马克思在其经典著作《哲学的贫困》《雇佣劳动和资本》《资本论》中，从历史唯物主义角度出发，通过观察劳动工人的贫困现象，揭开了资本主义社会贫困问题的规律、本质与制度根源，并以此为基础对反贫困路径的进行思考，主张通过制度变革来消除贫困，解放人类，实现小康，最终实现人的自由全面发展，从而实现了理论与实践的高度统一。通过该理论，马克思对资本主义制度进行了深刻的批判，揭示了资本主义社会中无产阶级的贫困是无法根除的痼疾，只能变革制度，才有望解决。

---

① 《马克思恩格斯文集》第10卷，人民出版社，2009，第701页。

在《哲学的贫困》中，马克思不仅对蒲鲁东将黑格尔辩证法简单套用在政治经济学上的错误做法进行了批判，也对作为摇摆在资本与劳动之间的蒲鲁东本人以及他试图为资本家对工人的剥削事实进行辩护的改良主义思想进行了批判。并明确指明资本主义社会生产关系的矛盾性质："在产生财富的那些关系中也产生贫困；在发展生产力的那些关系中也发展一种产生压迫的力量。"[1] 后来，在《神圣家族》中，马克思还借助"雇佣劳动"这一概念的提出，意图揭露资本主义的剥削必将导致无产阶级的日益贫困这一事实。在后来出版的《雇佣劳动与资本》中，马克思将此前在《哲学的贫困》和《神圣家族》中关于贫困的论述作了进一步分析与梳理，由此将其在分析贫困问题的基础上形成的小康社会理论又向前推进了一步。

在《雇佣劳动与资本》中，马克思在分析贫困问题时开始更加注重政治经济学方法的运用。他将工资作为突破口，对资本与雇佣劳动之间的关系展开分析，进一步印证了资本主义剥削必将导致工人越发贫困这一想法。

在对商品价格与工资的一般规律进行深入阐释之后，他开始对资本进行深入分析，从而正式触及他研究贫困问题的核心内容。在他看来，"资本的所有组成部分都是劳动的创造物"[2]。资本的实质是"活劳动是替积累起来的劳动充当保存并增加其交换价值的手段"[3]。后来，马克思通过对资本与雇佣劳动相互关系的分析，得出了二者之间互相制约、互为前提的结论。但他特别说明的是，这二者并不属于同一关系的两个面，相反，二者的利益存在根本性的冲突。原因在于工人在生产出产品的同时，也生产出了资本这种被资本家用于支配他们的劳动并借此产生新价值的价值。至此，马克思已经揭开了资本家恰巧是利用了工资这一"障眼法"来对工人创造的剩余价值进行剥削的事实。就工人阶级而言，那种通过降低社会地位才带来的工资水平的提高和生活条件的改善，不仅加深

---

[1] 《马克思恩格斯文集》第1卷，人民出版社，2009，第614页。
[2] 《马克思恩格斯选集》第1卷，人民出版社，1995，第363页。
[3] 《马克思恩格斯选集》第1卷，人民出版社，1995，第346页。

了他们与资本家之间本就无法逾越的巨大鸿沟，更加大了资本家对他们的支配力与他们对资本家的依赖度，因而工人阶级必将越发贫穷。最后，通过对生产资本增加会怎样影响工资这一机理的分析，马克思认为资本家通常会通过细化分工和改进机器等手段以便于在竞争中获利。而这种细化的分工与机器的大量使用无疑会加剧无产阶级的竞争激烈程度，加深他们的贫穷。

在《资本论》中，马克思从历史和当前的事实情况出发，对资本主义剥削下无产阶级的贫困化问题做了深刻的理论剖析。他认为，就工人阶级的日益贫困而言，剩余价值是内在原因，资本主义私有制是制度根源。无产阶级的贫困伴随着资本主义制度的产生而产生，因此，也只能随着该制度的覆灭而覆灭。一开始，马克思在对英国等主要资本主义国家工人阶级的贫困现状进行详细考察的基础上，对其贫困性质进行了深入的分析，从而得出了资本主义的发展史在对资本家是财富积累史的同时，却是工人阶级的贫困积累史与反剥削抗争史的事实。接着，马克思在理解资本主义社会的贫困问题时，将剩余价值当作其理论支点。他指出，正因为资本家无止境地追求剩余价值，才使得工人阶级沦为机器、陷入贫穷。此外，马克思还进一步揭示了资本主义积累的一般规律，从而得出资本积累的趋势必然会逐步提高资本有机构成，最终使得工人阶级陷入极度贫困的境地这一结论。最后，马克思指出，资本主义的原始积累使劳动者与生产资料相分离，使他们只能出卖劳动力成为雇佣工人，最终导致他们只能依附于资本，并受其支配与驱使，最终随着资本财富积累的扩大而陷入贫穷。

当然，马克思除指明资本主义贫困化的社会和制度根源以外，还提出了制度变革、发展生产力和消灭阶级剥削等反贫困路径，为无产阶级的摆脱贫困与小康社会的实现指明了方向。从而形成了系统完整的马克思关于小康社会的理论，为后来全世界的扶贫事业提供了重要的思想指引。

第一，要将制度变革作为贫困治理的首要前提。马克思指出，推翻资本主义私有制和建立社会主义公有制是彻底解决无产阶级贫困问题的首要前提。唯有如此，才能积极促进人类社会生产力水平的提升，才能最终实现全人类的自由全面发展。第二，要将消灭阶级剥削作为贫困治理的根本途径。在变革资本主义私有制，消灭旧的生产关系的同时，还必须要消灭掉给无产阶级带去贫穷的阶级剥削，唯有如此，才能为社会财富的均等分配提供保障，才能避免社会中再有人受到阶级的压迫与统治，从而解决工人阶级的贫困问题。第三，要将生产力的发展作为贫困治理的根本手段。经济基础决定上层建筑，资产阶级之所以强大，就在于其发达的生产力。所以，无产阶级只有牢牢抓住生产力这一推动社会变革的根本武器并建立与之相适应的生产关系，才能彻底摆脱贫困的命运。

第四节　中国共产党对小康社会思想理论升华

从"小康社会"的探索到提出"全面建设小康社会"，再到"全面建成小康社会"，这一历程是我们党对亿万人民做出的战略选择和庄严承诺。无疑，"小康社会"正是在我们党关于小康社会理论的推动下，成为中国特色社会主义道路自信、理论自信、制度自信、文化自信的显著特征。

（一）对"小康"理论根源的探索

众所周知，我国传统"小康"思想反映的是古代人民对于理想社会的热切期望和永恒追求。放眼世界，其他文明也孕育出诸如"理想国""乌托邦""太阳城""新大洋城"等类似的社会理想。特别是马克思主义的"共产主义社会"将空想社会主义变为科学，以其严谨的论证充分呼应了人民大众所想、所思、所盼而为历史所接受，其设想与我国古代"小康社会"产生了思想深处的同频共振。

"共产主义"即"社区""共同体"，指生活在一起，共同劳作，共享财产。

第一章
全面建成小康社会的理论渊源

显然,共产主义和小康社会具有一致性,都以人民幸福生活为理念目标。在实现共产主义的阶段,马克思在《哥达纲领批判》中总结了巴黎公社运动的经验,在批判拉萨尔主义的基础上,科学地提出了"共产主义社会发展阶段理论",将社会发展的过程分为两个阶段:第一阶段和高级阶段。在这两个阶段中,前者"是刚刚从资本主义社会中产生出来的,因此它在各方面,在经济、道德和精神方面都还带着它脱胎出来的那个旧社会的痕迹"[①],这一阶段后来被列宁解释为社会主义社会;后者"在随着个人的全面发展,他们的生产力也增长起来,而集体财富的一切源泉都充分涌流之后只有在那个时候,才能完全超出资产阶级权利的狭隘眼界"[②]。"不仅可能保证一切社会成员有富足的和一天比一天充裕的物质生活,而且还可能保证他们的体力和智力获得充分的自由的发展和运用[③]。"这一阶段最终形成一个自由人的联合体。

很显然,马克思所讲的这两个阶段是相互衔接的,有了前者的积累发展,后者才能出现。马克思并未随意捏造幻想出共产主义社会发展的历史阶段,而是依靠历史唯物主义的方法强调经济现实的重要意义,生产不仅能创造大量财富,更为关键的是为人的自由全面发展奠定物质基础,共产主义由此从第一阶段过渡到高级阶段。从"各尽所能,按劳分配"到"各尽所能,按需分配"。因而"建立共产主义实质上具有经济的性质,这就是为这种联合创造各种物质条件,把现存的条件变成联合的条件"[④]。

由此可见,马克思划分共产主义社会发展时,然而考虑到了经济发展、人的解放等多方面因素,这与今天我们所讲的小康社会建设有密切联系。在共产主义社会发展阶段理论中,马克思认为第一阶段的共产主义社会带有明显的经济性质。生产决定一切,经济的意义就在于商品的生产、交换、分配和消费。

---

① 《马克思恩格斯选集》第3卷,人民出版社,1995,第10页。
② 《马克思恩格斯选集》第3卷,人民出版社,1995,第305-306页。
③ 《马克思恩格斯选集》第3卷,人民出版社,1995,第757页。
④ 《马克思恩格斯选集》第1卷,人民出版社,1995,第85页。

显然，只有人民获得基本的生活保障后，生产才会发生根本形态的位移，不再是劳动者的枷锁，而是提高劳动者财富和能力的渠道，才可能实现劳动向其本位发展，成为真正属于人的活动，才可能去探索并解锁高级的社会发展模式，而这正是小康社会的发展目标。

因而小康社会是共产主义社会基本路径。在党的十八大报告中，全面建成小康社会被提上日程，关于小康社会的一系列指标被更细致化清晰化地明确，比如居民人均可支配收入的增长，人均住房建筑面积的增长，大学入学率的增长，居民最低生活保障率的增长等。这些方面都反映着人民物质生活水平的改善发展，推动小康社会逐步建立建成，不断为实现共产主义社会而努力奋斗。

（二）对"小康"深厚内涵的拓展

中国共产党是中国工人阶级的先锋队，是中国特色社会主义事业的领导核心和中国各族人民利益的代表者。邓小平同志曾强调："中国共产党的含义或任务，如果用概括的语言来说，只有两句话：全心全意为人民服务，一切以人民的利益作为每一个党员的最高准绳。"[1] 共产党所做的一切努力目的都是"为了让人民过上好日子，全面建成小康社会也主要以人民生活水平和质量是否普遍提高为衡量标准"[2]，因此"小康社会"建设是中国共产党倾听人民呼声、回应人民期待的民生工程。

1. "小康"之愿望在于改善民生、共同富裕

"小康不小康，关键看老乡。"小康社会的评价标准就是以人民生活为核心，是否在精神以及物质上达到小康的"幸福"水准。"小康"这个词既是对人民意愿的表达，也是国家建设目标的表现。一方面，马克思主义认为人民群众是"全部国家生活的基础"[3]，国家事业发展的根本目的都是从人民群众的利益出发，

---

[1] 《邓小平文选》第一卷，人民出版社，1994，第245页。
[2] 李克强：《全面建成小康社会新的目标要求》，《人民日报》2015年11月6日。
[3] 《列宁全集》第37卷，人民出版社，1986，第166页。

并且将人民的民生福祉作为我们党的诉求来源。习近平总书记特别指出"全面建成小康社会突出的短板主要在民生领域"[①],党的路线就是一切为了人民群众,要对人民有信心、有耐心,改革发展必须有效听取人民的意见,对人民的物质需求以及精神需求进行全面考虑,把群众所忧心、所期盼的事情放在我们党的日程上。在教育、劳动力就业、医疗、赡养以及居住等各个有关人民生活方面都要有实质的进展。另一方面,小康社会是全面总体的小康,"消除贫困、改善民生、实现共同富裕,是社会主义的本质要求"[②]。我国的基本国情还并未改变,对于困难群众仍应有系列保障措施,全面小康的目标还得做好补位措施,对社会上的脆弱群体应尽到格外关心,在社会发展的各个环节都要做到普惠、兜底保障。小康是否能够达到目标,上述工作都是"实打实"的评判标准。

"治国有常,而利民为本。"小康社会建设的根本要求就是基于人民的立场思考国家发展的主题方向,国家的权力、利益以及国家的多方考虑都要归根到群众的民生上来,将人民群众的所想、所思、所忧和所盼作为小康社会发展的主题线,实事求是地推动全面建成小康社会伟大工程取得胜利。

2. "小康"之原则在于全面协调、统筹改革

"不谋万事者,不足谋一时,不谋全局者,不足谋一域。"小康社会是一个全面发展的小康社会,要遵循全面协调、统筹全局的基本宗旨。

小康社会提出的初衷就是"不让一人掉队"。党的十五届五中全会指出我国的小康社会是低水平、发展不全面、不平衡的,党的十八大对全面建成小康社会进行了全方位的描述,从经济、政治、文化、生活、生态五个方面进行了小康社会目标的阐述,要在经济可持续发展、人民民主扩大、文化软实力增强、生活水平全面提高以及环境友好型社会取得更进一步的进展,同时"生产总值和居民收入""两个翻番"的提出更是明确了全面小康的目标。习近平总书记在

---

① 习近平:《在党的十八届五中全会第二次全体会议上的讲话》,《求是》2016年第1期。
② 《习近平谈治国理政》,外文出版社,2014,第189页。

十八届中央政治局常委同中外记者见面时的讲话中，用"更好的教育、更稳定的工作、更满意的收入、更可靠的社会保障、更高水平的医疗卫生服务、更舒适的居住条件、更优美的环境""孩子们能成长得更好、工作得更好、生活得更好"，即"十个更"诠释了小康社会的特质。

可以看出，小康社会的建设理念是"全面协调"，全面建成的小康社会一定是涉及经济、政治、文化、社会、生态文明建设等各领域各方面的小康社会。

3."小康"之支撑在于文化引领、坚守阵地

小康社会的建设驱驾于物质文明和精神文明两个车轮上，物质文明是发展基石，精神文明是升华保障。习近平总书记指出："只有物质文明建设和精神文明建设都搞好，国家物质力量和精神力量都增强，全国各族人民物质生活和精神生活都改善，中国特色社会主义事业才能顺利向前推进。"[1] 精神文明是建设小康社会的基础，社会主义精神文明建设自然离不开社会主义文化支撑和积淀。

文化的价值作用受到越来越多的重视和关注，理念、政策和舆论等的相互影响逐渐成为文化政治产品，一系列主流价值观受到挑战。"导向不能改，阵地不能丢。"[2] 同样，小康社会的建设离不开文化的支撑。因此加强文化的引导作用，增强国家软实力，传播正能量。小康社会建设的重要动力来源就是精神文明建设。因此，坚守意识形态阵地，为全面建成小康社会提供充足动力。

（三）对"小康"实践路径的探析

小康社会的建设需要新的理念，而新的理念指引新的路径，因此根据我国发展历史和发展现状，对小康社会赋予新的内涵是全面小康社会的重要内容，也是推进中国特色社会主义事业的重要一步。

---

[1] 《习近平谈治国理政》，外文出版社，2014，第153页。
[2] 倪光辉：《胸怀大局把握大势着眼大事努力把宣传思想工作做得更好》，《人民日报》2013年8月21日。

1. 坚持理念创新，逐渐适应、把握、引领经济常态化

生产力是小康生活的基本保障，因此实现我国生产力的快速发展仍是根本任务，"最根本最紧迫的任务还是进一步解放和发展社会生产力"[①]，经济是社会发展的基础，因此也是小康社会的物质保障。

如何实现经济的可持续增长，第一，确立经济发展的理念。经济发展的可持续性和效益性是经济发展的根本目标。习近平总书记曾指出，确立合理的经济发展理念，在保持经济增长的同时，保证质量达到要求并保证生态环境不被破坏，实现经济发展的实际价值以及可持续性潜力。不因为用力过猛而为我国经济发展留下棘手的后遗症。第二，正确认识经济发展的战略机遇期。现阶段经济发展已进入常态化，"创新"是发展战略的核心思想，创新才能突破旧体制的束缚，才能解放生产力为科技进步提供动力。第三，根据国际环境变化明确我国经济发展的阶段性特征，综合取舍各种经济发展方式，将目标对准经济增长，如"一带一路"倡议、京津冀协同发展战略等。

"中等收入陷阱"是各个大国发展可能经历的瓶颈期，中国跨越"中等收入陷阱"的过程既是用新发展理念引领经济新发展的过程，也是正确认识和把握全面建成小康社会的时代内涵及其要求的过程。

2. 根据国情不断对制度进行优化完善

小康社会的实现需要中国特色社会主义制度的设计，其本质就是中国人民群众的小康，因此小康社会的建成需要依据中国国情促进制度的优化。

习近平总书记指出："中国特色社会主义制度是特色鲜明、富有效率的，但还不是尽善尽美、成熟定型的。"[②] 从党的十八大召开以来，制度建设已经摆在国家发展的突出位置上。习近平总书记指出，在设计国家制度时，必须"注重历史和现实、理论和实践、形式和内容有机统一"[③]。因此在完善现有制度的同时发

[①] 《习近平谈治国理政》，外文出版社，2014，第92页。
[②] 《习近平谈治国理政》，外文出版社，2014，第10页。
[③] 《人民代表大会制度重要文献选编》四，中国民主法制出版社、中央文献出版社，2015，第1770页。

挥中国特色社会主义制度的优越性，从中国的国情出发，不断优化和完善我国的制度。

积极应对国际国内的形势变化，坚持总结历史经验和历史遗留的问题，为全面建成小康社会提供行之有效的制度保障。"构建系统完备、科学规范、运行有效的制度体系"[①]。

3. 坚定政治立场，加强理想信念教育

小康社会的精神支撑就是中国精神，国家的强大不只是物质上的强大，更是精神上的强大，没有文化支撑的繁荣都是脆弱的壳子，小康社会的目标也难以实现。因此需要中国特色社会主义文化为小康社会夯实精神基石，成为实现小康社会的助力器。

意识形态工作关乎党的前途命运，关乎国家的长治久安，关乎民族凝聚力。社会主义核心价值观作为我们党和国家的凝聚力和强基固本的基础工程，吸收中华民族文化精华推动传统文化的现代转型，从而推动传统文化的创造性转化和创新性发展。

4. 落实民生任务，提高党员实干水平

人民对美好生活的不断追求就是党和国家的奋斗目标，民生是小康社会考核的重点指标。纸上谈兵只会耽误发展，党员干部作为党的中坚力量，也是全面建成小康社会的重要力量来源，因此提高党员干部的实干水平迫在眉睫。

小康社会的建设成色怎样是党员干部干出来的，评判话语权由人民掌握，"实干"作为检验党员干部能力的重要指标。发扬螺丝钉精神，每个基层力量都要将这种精神运用到全面建成小康社会的目标上。其次将各方面力量进行统筹安排，凝聚各方力量，为实现中国梦拧成一股绳。在党员干部的领导下，对群众工作机制和工作方法进行创新，同时加强人民群众的主人翁意识，让民生领域的政策制度措施落到实处，让人民群众真正享受到全面建成小康社会的成果。

---

① 《习近平谈治国理政》，外文出版社，2014，第10页。

总之，小康社会思想的理论涵盖比较全面，中国共产党既吸取多年来建设小康社会的经验，同时也从国情出发，在中国共产党领导下，探索出一条符合中国国情的中国特色社会主义小康社会道路。

第二章

全面建成小康社会的伟大历程

"小康生活"是千百年来中国人民对美好生活的憧憬和向往。中华人民共和国成立后，中国共产党人致力于民族复兴，守正出新引出"小康社会"。邓小平同志在20世纪70年代末80年代初用"小康"一词来描述中国式的现代化是"小康之家"，指达到第三世界中比较富裕一点的国家人民的生活水平。经过七十多年的奋斗，"小康社会"已经成为中国原创、接轨世界的中华民族伟大复兴之路。

第一节 选择：从建设"四个现代化"到提出"小康之家"

自中华人民共和国成立和社会主义基本制度建立，中国共产党对我国现代化建设道路持续了七十多年的艰辛探索，同时也为"小康社会"思想的形成奠定了根本政治前提和制度基础。1949年，毛泽东同志在《论人民民主专政》中写道："经过中华人民共和国到达社会主义和共产主义，到达阶级的消灭和世界的大同。"[1] 在以毛泽东同志为主要代表的中国共产党人带领下，中国完成了新民主主义革命，建立了中华人民共和国。

---

[1] 毛泽东：《毛泽东选集》（第四卷），人民出版社，1991，第1471页。

（一）"四化"与"小康"

"四个现代化"目标的提出与实现，是在中国共产党领导下历经数代中国人民不懈奋斗的实践成果。以毛泽东同志为核心的党的第一代中央领导集体进行新民主主义革命，探索社会主义建设的过程中，逐渐形成和发展了中国"小康社会"战略构想。1953年12月，毛泽东同志在《关于党在过渡时期总路线的学习和宣传提纲》中初步提出了实现四个现代化，即现代化农业、现代化工业、现代化交通运输业和现代化国防。将农业放在了现代化发展的首位，主要反映的是中华人民共和国对物质文明的追求，由此形成现代中国早期的"小康社会"目标。1954年9月，周恩来在一届全国人大第一次会议上所作的《政府工作报告》中首次提出"四个现代化"。1956年，党的八大又把"四个现代化"写进了党章总纲中。1959年底至1960年初，毛泽东同志在读苏联的《政治经济学教科书》时进一步明确提出："建设社会主义，原来要求是工业现代化、农业现代化、科学文化现代化，现在要加上国防现代化。"[1] 此次关于"四个现代化"的内容，侧重点有所改变，更加注重科学技术的现代化，初步明确了"小康社会"建设既包括物质文明建设也包括精神文明建设，体现了中华人民共和国成立后物质基础建设初见成效，对精神文明建设提出了更多需求。

小康社会战略构想的演进是中国客观实情的侧面反映，与现代化建设紧密相关。1962年1月，毛泽东同志在中央工作扩大会议上指出："中国的人口多，底子薄，经济落后，要是生产力很大地发展起来，要赶上和超过世界上最先进的资本主义国家，没有一百年的实践，我看是不行的。"[2] 毛泽东同志基于客观国情提出了符合实际的现代化发展步骤，并且首次以"一百年"作为发展计划的

---

[1] 毛泽东：《毛泽东选集》（第八卷），人民出版社，1999，第116页。
[2] 毛泽东：《毛泽东选集》（第八卷），人民出版社，1999，第302页。

时间节点，为后来"小康社会"建设的百年建设目标提出奠定了基础。1963年9月，中央工作会议在讨论国民经济发展的长远规划时，明确提出了中国现代化建设"分两步走"的战略思路：第一步是建立一个独立的、比较完整的工业体系和国民经济体系；第二步是全面实现农业、工业、国防和科学技术的现代化，使我国经济走在世界前列。由此可见，小康社会战略构想的形成和发展与"四化"目标的提出有着密切联系。

（二）国家工业化与"小康"雏形

工业的发达程度是衡量一个国家实力的重要指标。国家工业化建设时期，党的第一代领导集体反复强调均衡发展，在生产力的布局上实施均衡发展的战略方针，一直在为实现共同富裕而努力。在不到三十年的时间里，中国现代化发展成果使西方发达国家刮目相看。这个阶段，我国在经济社会发展中处于"摸着石头过河"的状态，发展过程中难免出现一些错误和挫折，但中华人民共和国成立后的中国共产党第一代领导集体对中国式现代化建设问题的探索，特别是他们所提出的中国现代化发展目标、发展道路、发展战略、发展动力等，为"小康社会"战略构想的形成积累了丰富的历史依据和实践经验。

"四个现代化"建设目标是中华人民共和国的经济基石，为小康社会战略构想的形成打下了坚实的实践基础。新民主主义革命时期，虽然当时中国共产党主要任务是反帝反封建，但是毛泽东同志已经高瞻远瞩地提出，中华人民共和国要实现"两个现代化"，即工业化和农业现代化，这是对实现现代化的最初设想。中华人民共和国成立前夕，毛泽东同志在党的七届二中全会上指出："在革命胜利以后，迅速地恢复和发展生产，对付国外的帝国主义，使中国稳步地由农业国变为工业国，把中国建设成一个伟大的社会主义国家。"社会主义国家和资本主义国家的区别不仅体现在政治体制上，还反映在经济社会建设的目标设定上，这为后来"小康社会"总体构想指明了发展方向。毛泽东同志强调："中国工人阶级的任务，不但是为着建立新民主主义的国家而斗争，而且是为着中国的工业化和农业近代化而斗争。"①

中华人民共和国成立之初,以毛泽东同志为核心的党的第一代中央领导集体根据我国实情,制定三个"五年计划",为我国从战后的薄弱工业基础到实行社会主义工业化奠定了初步基础,为建设社会主义现代化国家做好了准备。与此同时,毛泽东同志还提出了五个关于工业化建设的观点:一是工业化建设要和社会主义改造,特别是要和农业社会主义改造同步进行;二是要把优先发展重工业作为实现社会主义工业化的中心环节;三是工业化建设要从我国的基本国情出发,走自己的工业化道路;四是工业化的实现标准是在全国建立一个相对独立的、完整的工业体系;五是中国的工业化将经历一个相当长的历史时期。由此可见,国家工业化建设不仅是中国现代化道路的重要组成部分,而且是中国小康社会发展目标的雏形。

(三)"小康之家"概念形成

改革开放总设计师邓小平同志在继承传统小康思想的基础上,在马克思主义思想指导下,把握世界发展趋势,立足我国初级阶段的基本国情和中国特色社会主义发展的现实要求,提出了"中国式现代化"这一新的发展目标,不断探索中国社会发展的新出路。"四个现代化"的目标历经波折,1975年6月,邓小平同志在四届人大进一步描述了现代化"两步走"的发展战略,第一步是用十年时间使各方面都有比较好的发展,第二步是20世纪末期达到现代化水平②。

小康社会不仅要从生活水平的角度来理解,还是一个体现经济和社会全面协调发展的全新概念。在中国这样一个人口基数大、资源匮乏的大国搞现代化建设,邓小平同志认为首先要认清世界现代化的进程,明确我国与世界现代化的差距,也就是"看看人家的现代工业发展到什么水平了,也看看他们的经济

---

① 毛泽东:《毛泽东选集》(第三卷),人民出版社,1991,第1081页。
② 中共中央文献研究室:《邓小平年谱》(1975—1997)(上),中央文献出版社,2004,第53页。

工作是怎么管的"①。1978年，通过出国实地考察，邓小平同志更真切地了解到当代世界现代化进程。他指出"我们头脑里开始想的同我们在摸索中遇到的实际情况有差距"②，而且这一个差距不可能通过短时间就能追上的，必须经过长时间、有计划、按步骤地奋斗，才能逐步缩小这一差距。他重新审视中国在20世纪末实现四个现代化战略目标现实的可行性，认为"本世纪末我们肯定不能达到日本、欧洲、美国和第三世界中有些发达国家的水平"③。这种差距不单单体现在经济建设上，更多反映的是社会建设和人民生活的水平，而适合中国生产力的发展道路应该是"中国式现代化"，也就是建设中国特色社会主义的"小康社会"。

20世纪70年代末80年代初，是邓小平同志小康社会的战略构想初步形成的重要阶段。这期间，"中国式现代化"和"小康社会"是密不可分的，邓小平同志把"中国式现代化"开创性地称为"小康之家"④，"小康社会"⑤被赋予了新的时代内涵，他不仅描绘了小康社会的发展蓝图，而且构想了建设小康社会的跨世纪发展战略，即著名的"三步走"发展战略。由此，小康社会作为中国现代化的一个阶段性目标，正式开启了具有中国特色的建设之路。1979年3月21日，邓小平同志根据我国工业基础和经济发展现状，提出了中国式的四个现代化的概念，并承认了我国社会发展与发达国家还存在着一定的差距。同年12月6日，他在会见来访的日本首相大平正芳时指出："我们要实现的四个现代化是中国式的'四个现代化'。我们的'四个现代化'的概念，不是像你们那样的现代化的概念，而是'小康之家'。"1984年3月25日，邓小平同志在会见日本首相中曾根康弘的谈话中，进一步明确了对小康社会的定义，他说："翻两

---

① 中共中央文献研究室：《邓小平年谱（1975—1997）（上）》，中央文献出版社，2004，第305页。
② 中共中央文献研究室：《邓小平年谱（1975—1997）（上）》，中央文献出版社，2004，第631页。
③ 中共中央文献研究室：《邓小平年谱（1975—1997）（上）》，中央文献出版社，2004，第732页。
④ 邓小平：《邓小平文选（第二卷）》，人民出版社，1993，第237页。
⑤ 邓小平：《邓小平文选（第三卷）》，人民出版社，1993，第54页。

番，国民生产总值人均达到八百美元，就是到本世纪末在中国建立一个小康社会。这个小康社会，叫作中国式的现代化。"此后，邓小平同志结合中国经济社会发展的实际情况不断完善"小康"的内涵，并逐步形成了系统的小康社会构想。

第二节　发展：从解决"温饱"问题到实现"小康"

党的十一届三中全会提出将党的工作重心重新转移到经济建设上来，以邓小平同志为代表的中国共产党人在对小康理论进行继承和弘扬的基础上，结合现实国情，对中国社会发展的新出路做出了大胆探索。随着改革开放的推进以及对小康社会认识的不断深入，我们党对小康社会建设赋予了新的内涵，并逐渐实现了经济建设效率、政治文化发展以及人民生活改善和社会主义制度优越性的充分结合，从而为邓小平同志提出建立小康社会奋斗目标提供了重要动力。

（一）"翻两番"目标提出

1978年12月，党的十一届三中全会重新恢复了实事求是的思想路线，[1]做出将工作重心转移到社会主义经济建设上来的重大决定，使得改革开放之初的中国在汲取以往近三十年的经验和教训的基础上，开始走上踏实稳重的前行道路。1979年3月，邓小平同志在结束了对美国和日本的访问后，深刻且清醒地意识到了现阶段的中国与发达国家在发展程度上的差距，尤其在经济和科技方

---

[1] 邓小平同志在进一步阐述中国式的"四个现代化"和"小康之家"时，指出："到本世纪末，中国的四个现代化即使达到了某种目标，我们的国家生产总值人均水平也还是很低的。要达到第三世界中比较富裕一点的国家的水平，比如国内生产总值和西方来比，也还是落后的。所以，我只能说，中国到那时也还是一个'小康状态'，只是一个小康的国家。"转引自邓小平：《邓小平文选》（第二卷），人民出版社，1993，第237页。

面，更是天壤之别。这种真真切切的感受，使得他开始认真思考中国当下的发展，尝试谋求新的规划，从而逐渐提出并形成了他的小康社会理论。1979年12月，邓小平同志在与日本首相大平正芳会面时，首次提出了"小康之家"的概念，并将其当作中国现代化建设的目标。后来，在1981年4月14日与中日友好议员联盟的访华团会面时，邓小平同志又一次指出："经过我们的努力，设想十年翻一番，两个十年翻两番，就是达到人均国民生产总值1000美元。经过这一时期的探索，看来达到1000美元也不容易，比如说800美元、900美元，就算是800美元，也算是一个小康生活了。"[①] 这是邓小平同志第一次提出实现小康的设想，虽然此处所描述的小康仅仅是在经济指标层面的限定，但此后，人均国民生产总值"翻两番"就成了我国小康社会实现程度的重要界定尺度。后来在1982年党的十二大上，还对到20世纪末实现全国工农业生产总值"翻两番"的目标以及其具体实施步骤进行了正式的确立。

（二）"分三步走"战略提出

在邓小平同志看来，小康社会的实现必须坚持将政治制度作为保障，"不坚持社会主义，中国的小康社会形成不了"[②]。反过来，小康社会不仅追求人民生活水平的普遍提高，更进一步追求实现共同富裕，这又是社会主义优越性的充分体现。1982年8月，邓小平同志在与澳大利亚总理会面时提到了"小康水平"，这与随后党的十二大报告所提出的"力争使全国工农业总产值翻两番"相一致。由此可见，"小康"在当时的中国便已然成为我国经济建设的重要目标，此时它是指达到一种吃不好但可以吃饱的状态，这种状态虽然不会像发达国家一样那么富有，但能够建立起人民都有饭吃、有衣穿的一种温饱型社会。

1983年2月，邓小平同志在江苏省苏州市考察时依据其所见所闻对小康社

---

① 中共中央文献研究室：《邓小平年谱（1975—1997）（上）》，中央文献出版社，2004，第732页。
② 邓小平：《邓小平文选（第三卷）》，人民出版社，1993，第64页。

会的大体轮廓进行了描绘[①],此时的他所理解的小康社会应该不仅仅指代人民基本生活水平的提高,还应包括教育、医疗等民生问题的改善、社会的安定和谐以及政治、经济、文化的协同发展。实际上,小康社会从其本质上来说,就是从属于我国现代化进程中的一个重要阶段,它的实现过程,也就是同时伴随着生产力的不断发展、综合国力的不断增强以及社会的全面进步。1987年4月,邓小平同志在会见西班牙副首相时指出,共同富裕才是小康社会,并将以前提出的"分两步走"构想进一步扩展为"分三步走"战略。后来召开的党的十三大就以中央文件的形式正式将"分三步走"战略确立下来:第一步,实现国民生产总值比1980年翻一番,基本解决人民的温饱问题;第二步,到20世纪末,实现国民生产总值比1980年翻两番,人民生活达到小康水平;第三步,到21世纪中叶,国民生产总值接近世界中等发达国家水平,人民生活比较富裕,基本实现现代化。

(三)小康战略形成

党的十三大不仅对实现中国现代化"分三步走"的发展战略进行了规划,而且还提出了富强、民主、文明的全面现代化目标。以邓小平同志为核心的中国共产党第二代领导集体对我国的现代化道路作了具体的构想,并对其具体框架进行了大致描绘,因此,邓小平同志也被称为"中国现代化的设计师",推动建设小康社会上升为"中国式现代化"战略层面的行动纲领。

1987年,我国成功实现了国民生产总值翻一番的目标,提前三年完成了"分三步走"战略的第一步。于是,1990年召开的党的十三届七中全会决定把

[①] 邓小平同志此时所描绘的"小康社会"是指:"第一,人民的吃穿用问题解决了,基本生活有了保障;第二,住房问题解决了,人均达到20平方米。因为土地不足,向空中发展,小城镇和农村盖二三层楼房的已经不少;第三,就业问题解决了,城镇基本上没有待业劳动者;第四,人不再外流了,农村的人总想往大城市跑的情况已经改变;第五,中小学教育普及了,教育、文化、体育和其他公共福利事业有能力自己安排了;第六,人们的精神面貌变化了,犯罪行为大大减少。"转引自邓小平:《邓小平文选》(第三卷),人民出版社,1993,第25页。

"人民生活从温饱达到小康,生活资料更加丰裕,消费结构趋于合理,居住条件明显改善,文化生活进一步丰富,健康水平继续提高,社会服务设施不断完善"作为整个 20 世纪 90 年代经济建设的主要内容。这表明小康社会的发展目标会随着实际发展情况适时进行调整,以适应不断发展的生产力和人民的现实需求。到 1995 年,我国又成功实现了国民生产总值"翻两番"的目标,提前五年完成了"分三步走"战略的第二步。于是,当年召开的党的十四届五中全会决定把"基本消除贫困现象,人民生活达到小康"作为"九五"时期我国的主要奋斗目标。1997 年,我国又一次提前实现了"翻两番"目标——人均国民生产总值"翻两番",跟以往相比,这个目标的实现代表着更高的发展水平,强调了人民的实际收入和生活水平的提高。

改革开放后,小康社会战略构想给中国社会发展带来了诸多的改变。"工作重点已由以阶级斗争为纲转变为以经济建设为中心;生产资料所有制已由过去的'一大二公三纯'、公有制一统天下,改变成以公有制为主体、多种所有制共同发展的经济制度;经济体制已由高度集中统一的计划经济体制转变为市场经济体制;社会开放程度已由封闭和墨守成规的社会转变为对外开放、融入世界和全面进行改革、越来越活跃的社会;价值取向已由过分强调为国家、为人类做贡献,转变为强调改善人民生活,以民为本。"[1] 以邓小平同志为核心的党的第二代中央领导集体站在更深层次的角度深入理解并阐释了小康社会的重大意义和根本主旨,并且还对其实现步骤进行了具体的设想与构思。在改革开放的大背景下,小康社会战略顺势引领我国的现代化进程,并在其一步步的实践运用中展现出强大的生机与活力。

---

[1] 习近平总书记指出我国制度的先进性,http://politics.people.com.cn/n1/2016/0717/c1001-28560463.html.

第三节 成型：从"总体小康"到"全面小康"

小康社会理论发端于邓小平同志提出"在20世纪末实现四个现代化"的现实思考，脱胎于"中国式的现代化"的宏伟目标[1]。"小康"这一概念的提出是马克思主义中国化的一个重要体现，指向的是以共同富裕为最终目标的社会主义社会，也是物质文明建设和精神文明建设全面进步的社会。20世纪90年代，改革开放和社会主义现代化建设快速推进，我国完成了人民生活由温饱到小康的历史性跨越。但实现小康不是一蹴而就的[2]，21世纪前后，中国共产党人在推动中国特色社会主义现代化强国建设的伟大征程中，不断推进马克思主义中国化、不断解放思想、不断推进理论创新，提出了"三个代表""科学发展观"等重要理论并进行了成功实践，为小康社会建设注入了更丰富的内涵和活力。

（一）新的"三步走"战略提出

邓小平同志关于小康社会的一系列论述和探索，为全面建设小康社会理论的形成与发展奠定了坚实的基础。尽管困难重重，但小康社会的建设不曾停歇、不断推进，中国现代化进程仍向前发展，当时的中国朝着基本实现总体小康奋勇前进。江泽民同志在1992年党的十四大上提出："到建党一百周年的时候，我们将在各个方面形成一整套更加成熟而定型的制度。在此基础上到建国一百周年的时候，基本实现社会主义现代化。"在全党和全国各族人民的共同不懈努力之下，我国综合国力和人民生活水平得到切实提高。这一阶段已基本解决了全国人民的生存性需求，总体上达标"小康"。

以江泽民同志为核心的第三代中央领导集体从更高标准上分析了当时局势，

---

[1] 李君如：《小康中国》，浙江人民出版社，2003，第9页。
[2] 邓小平同志在1992年的南方谈话中强调："从现在起到下世纪中叶，将是很要紧的时期，我们要埋头苦干。我们肩膀上的担子重，责任大啊！"转引自邓小平：《邓小平文选》（第三卷），人民出版社，1993，第226-227页。

认为现阶段中国的小康社会发展很不平衡，存在不全面、水平低的特点，距离实现全面小康还存在一定的距离。总体小康是一个较低水平的"小康"标准，只是小康社会的初级阶段。当下，提升和巩固小康社会水平还面临着许多挑战。1997年9月党的十五大上，江泽民同志提出了小康阶段新的"三步走"战略，为建设小康社会提供了科学的指导思想和新的奋斗目标，对21世纪前50年中国现代化的发展进行了谋划。新的"三步走"是在原来的分"三步走"战略的基础上形成的，包括第一步，在21世纪头一个十年，国民生产总值比2000年翻一番，人民生活更加富足，形成较为完善的社会主义市场经济；第二步，再经过十年的努力，到建党一百周年时，国民经济发展更为迅速，各项制度更加健全；第三步，到21世纪中叶建国一百周年时，基本达到现代化水平，使我国成为富强、民主、文明的社会主义国家[1]。

新的"三步走"战略指明了在21世纪初中华人民共和国成立一百年时，基本实现建成现代化的社会主义国家[2]，这是中国现代化进程中的一个阶段性长远目标。我们党在坚持社会主义初级阶段理论的基础上，提出来了结合我国国情和实际在21世纪中叶实现小康社会，在精神文化、物质基础等方面全面跟进的前提下，实现下一步计划安排。由此可见，新的"三步走"战略不断推进小康社会由总体小康过渡到全面小康，这是一个循序渐进的过程，与江泽民同志随后在庆祝中国共产党成立80周年大会上的讲话精神相一致[3]。

---

[1] 江泽民：《在中国共产党第十五次全国代表大会上的报告》，中国共产党历次全国代表大会数据库，1997年9月12日。

[2] 《中国共产党第十五次全国代表大会文件汇编》编委会：《中国共产党第十五次全国代表大会文件汇编》，人民出版社，1997，第4页。

[3] 2001年，江泽民同志在庆祝中国共产党成立80周年大会上指出："社会主义社会是全面发展、全面进步的社会，社会主义现代化事业是物质文明和精神文明协调发展的事业。"转引自中共中央文献研究室：《十五大以来重要文献选编》(下卷)，人民出版社，2003，第1895页。

（二）全面小康战略构想的提出

随着改革开放的持续深入，中国很大一部分人已达到了"小康"的生活水平，但总体小康并不只意味着个人实现全面的小康。所谓全面的小康社会，是要满足城乡发展在经济、政治、文化、社会等各个方面的需要。以江泽民同志为代表的中国共产党人顺应时代的发展潮流，将全面建设小康社会战略列入历史使命。并结合实际提出"三个代表"重要思想，在实现物质丰富的同时，注重小康社会的民主政治建设和精神文化建设，将小康社会建设推向广泛化、全面化。

2000年10月，党的十五届五中全会首次提出了"全面建设小康社会"的战略构想，同时对江泽民同志提出的"比较宽裕的小康社会"作了重要部署。从"小康生活"到"比较宽裕的小康"，我们党不断满足人民群众日益增长的物质需求。江泽民同志在2001年庆祝中国共产党成立80周年大会的讲话中再次指出："我国已经进入全面建设小康社会、加快推进社会主义现代化的新的发展阶段。"[①] 并提出了推进社会主义现代化在经济、政治、文化、人的发展、人与自然的关系等方面的要求和任务，推进建设小康社会，进一步完善和丰富了全面建设小康社会的理论。这一时期提出的"全面建设小康社会"目标，完善和丰富了小康社会的基本内容，是对新的"三步走"战略的进一步发展。现实中，在中国共产党不断地接力探索中，人民生活总体上进入了小康的"门槛"。

"全面小康社会"的科学内涵在发展过程中不断拓展。2002年，在党的十六大报告上，江泽民同志再次郑重指出："在21世纪头20年这个重要的战略机遇期，集中力量，全面建设惠及十几亿人口的更高水平的小康社会，使经济更加发展、民主更加健全、科教更加进步、文化更加繁荣、社会更加和谐、人

[①] 江泽民同志在大会上宣布："我们仅仅用半个多世纪的时间，不仅改变了旧中国一穷二白的落后面貌……而且总体上达到小康水平。"转引自中共中央文献研究室：《十五大以来重要文献选编》（下卷），人民出版社，2003，第1897页。

民生活更加殷实。"① 这"六个更加"的集中表述反映了全面小康社会的内涵,并不断延伸其内涵。小康社会是一个涵盖民主法制、经济发展、科教文卫、资源环境、社会和谐等方面的综合发展系统,而不再仅仅是一个经济指标的概念。同时,报告界定了全面建设小康社会的具体内容:首先,全面建设小康社会要坚持以经济建设为中心,不断解放和发展生产力②;其次,全面建设小康社会除了包含经济方面,还包含着文化和政治上的目标③;最后,全面建设小康社会离不开党的建设、国防建设以及其他方面的具体部署④。总的来说,经济发展是实现小康水平从低到高发展的必然要求,能有效保障建设惠及十几亿人口更高水平的小康社会。

(三)全面建设小康社会理论的深化

党的十七大提出了"全面建设小康社会"的新要求,到党的十八大提出"全面建成小康社会",这一提法的变化彰显了我国建成小康社会目标的底气和自信。小康社会是和谐社会的应有之义,胡锦涛同志任总书记时党中央提出了构建社会主义和谐社会的目标,强调促进社会公平正义,维护社会安定团结。

---

① 江泽民:《全面建设小康社会,开创中国特色社会主义事业新局面》,人民出版社,2002,第16页。
② 党的十六大报告指出,全面建设小康社会的总体经济指标为"国内生产总值2020年力争比2000翻两番",针对总体小康建设中发展不平衡的问题,报告明确提出改善东中西部地区之间发展失衡的问题,协调地区发展;缩小城乡之间的差距,通过建立现代农业,发展农村经济并增加农民收入;通过深化分配制度改革,优化分配理论和分配制度,将贫富差距控制在合理的范围内。转引自江泽民:《在中国共产党第十六次全国代表大会上的报告》,中国共产党历次全国代表大会数据库,2002年11月8日。
③ 党的十六大报告指出,全面建设小康的政治目标是社会主义民主法制的完善,贯彻依法治国的基本方略,切实保障人民的政治和文化权益。转引自江泽民:《在中国共产党第十六次全国代表大会上的报告》,中国共产党历次全国代表大会数据库,2002年11月8日。
④ 党的十六大报告指出,在我们这样一个多民族的发展中大国,要把全体人民的意志和力量凝聚起来,全面建设小康社会,加快推进社会主义现代化,必须毫不放松地加强和改善党的领导,全面推进新时代党的建设新的伟大工程。转引自江泽民:《在中国共产党第十六次全国代表大会上的报告》,中国共产党历次全国代表大会数据库,2002年11月8日。

全面建成小康社会从和谐社会建设层面拓展了中国现代化范畴，把现代化建设的内容从"四个现代化"拓展到"推进国家治理体系和治理能力现代化"[①]的"第五个现代化"，中国现代化进程向政治层面拓展，延伸了"中国智慧"和"中国勇气"的内涵。2004年党的十六届四中全会在全面把握社会建设全局的基础上，在推进全面建设小康社会进程中，提出了构建社会主义和谐社会和涵盖经济、政治、文化、社会"四位一体"的建设的总布局。中国共产党从十六大到十六届四中全会两年多时间内提出的三大概念分别是：全面小康、科学发展观、和谐社会[②]。

2007年，党的十七大根据我国经济社会的新发展，结合国内外形势的新变化，顺应广大人民群众的期待，确保各族人民过上好生活的基本纲领，完善和充实全面建设小康社会的奋斗目标，并在此基础上提出了"五个方面"的更高要求[③]。一是增强发展协调性，努力实现经济又好又快发展；二是扩大社会主义民主，更好保障人民权益和社会公平正义；三是加强文化建设，明显提高全民族文明素质；四是加快发展社会事业，全面改善人民生活；五是建设生态文明，基本形成节约资源能源和保护生态环境的产业结构、增长方式和消费模式。这一系列新要求首次将生态文明建设纳入"五位一体"当中，表明我们追求的小康社会不单单只是一个经济目标，而是一个系统性目标，涵盖经济、政治、文化、社会、生态文明各个方面；小康社会是衡量一个国家富强、民主、文明、和谐和人民生活水平、生活质量的目标。这"五方面"的更高要求使"全面建设"的描述更加具体，特点更加鲜明，内容更加完备，进而推进小康建设的蓝图更加清晰。

[①] 《中国共产党第十八届中央委员会第三次全体会议文件汇编》编写组：《中国共产党第十八届中央委员会第三次全体会议文件汇编》，人民出版社，2013，第18页。
[②] 杨义芹：《全面小康、科学发展观和和谐社会》，《理论与现代化》2005年第5期，第49-52页。
[③] 党的十七大报告指出："今天，一个面向现代化、面向世界、面向未来的社会主义现代化中国巍然屹立在世界东方。"转引自胡锦涛：《在庆祝中华人民共和国成立60周年大会上的讲话》，《光明日报》2009年10月2日。

"科学发展观"在党的十八大正式被确定为党的指导思想，这一内容是对小康社会建设和中国式现代化建设指导思想的重大发展，并再次强调了在新中国成立一百年时建成富强、民主、文明、和谐的社会主义现代化国家这一"两个一百年"奋斗目标。党的十八大报告对小康社会的提法改动了一个字，即由"全面建设小康社会"改为"全面建成小康社会"。虽然只改动了一个字，但这意味着党对全面建成小康社会有了更高、更全面的要求，意义更加深远、内涵更加深刻：从时间上看，全面建成小康社会的起点是2012年党的十八大，并在中国共产党成立一百年时实现这一宏伟目标；从空间上看，全面建成小康社会是一个系统性的目标，党的十八大报告从"五位一体"在总体布局出发，界定了全面建成小康社会的具体内容[①]；从质量上看，全面建成小康社会是从低水平、不全面、不平衡，向平衡性、协调性、可持续性发展，从经济、政治、文化、社会、生态文明五个方面加快小康社会建设步伐[②]。

第四节 突破：从"决胜小康"到建成现代化强国

党的十八大报告把"全面建成小康社会"作为一个新概念提出，这一概念具体是指"确保实现国内生产总值和城乡居民人均收入比2020年翻一番"。报告进一步提出要实现全面建成小康社会的目标，就必须"进一步深化各领域体

[①] 党的十八大报告指出，全面建成小康社会的具体内容包括经济持续健康发展，人民民主不断扩大，文化软实力显著增强，人民生活水平的全面提高，资源节约型、环境友好型社会建设取得重大发展。转引自胡锦涛：《坚定不移沿着中国特色社会主义道路前进，为全面建成小康社会而奋斗》，《人民日报》2012年11月9日。

[②] 党的十八大报告提出的"五个加快"，即加快完善社会主义市场经济，加快推进社会主义民主政治制度化、规范化、程序化，加快完善文化管理体制和文化生产经营机制，加快形成科学有效的社会管理体制，加快建立生态文明制度。转引自胡锦涛：《坚定不移沿着中国特色社会主义道路前进，为全面建成小康社会而奋斗》，《人民日报》2012年11月9日。

制改革，消除一切妨碍科学发展的思想观念和体制弊端，构建起一个系统完备、科学规范、运行有效的制度体系，使各方面制度更加成熟稳定"①。实现人类全面而自由的发展是全面建成小康社会的最终目标，因此，全面建成小康社会推动我国跨越"中等收入陷阱"，从中等收入国家迈向高收入国家，是中国特色社会主义前进道路上的重要里程碑。进入新时代，在以习近平同志为核心的党中央坚强领导下，我们坚持问题导向，着力破解小康社会建设存在的突出问题，以"敢啃硬骨头"的责任意识吹响全面建成小康社会和社会主义现代化强国的"集结号"。

（一）"四个全面"战略布局

自党的十八大报告旗帜鲜明地做出了"全面建成小康社会"新部署，小康社会建设更加注重保障和改善民生，加强生态文明建设。全面建成小康社会进入了攻坚阶段，以习近平同志为主要代表的中国共产党人为推动全面建成小康社会不懈努力、砥砺奋进，带领全国人民决胜全面建成小康社会，夺取新时代中国特色社会主义伟大胜利。2014年11月，习近平总书记到福建考察时提出"三个全面"：协调推进全面建成小康社会、全面深化改革、全面推进依法治国进程。2014年12月，习近平总书记在江苏调研时将"三个全面"上升到"四个全面"②，提出"协调推进全面建成小康社会、全面深化改革、全面推进依法治国、全面从严治党，推动改革开放和社会主义现代化建设迈上新台阶③"的战略举措，是成功化解全面建成小康社会矛盾的法宝，为夺取全面小康提供了精确

---

① 胡锦涛：《坚定不移沿着中国特色社会主义道路前进，为全面建成小康社会而奋斗》，《人民日报》2012年11月9日。

② 从时间轴来看，"四个全面"是在不同时期提出来的，分别是2012年11月党的十八大提出"全面建成小康社会"，2013年11月党的十八届三中全会提出"全面深化改革"，2014年10月党的十八届四中全会提出"全面推进依法治国"，2014年10月党的群众路线教育实践活动总结大会上提出"全面推进从严治党"。

③ 黄家茂、杨露：《"四个全面"战略布局形成脉络及内在逻辑》，《唯实》2015年第11期，第29—31页。

方案。

2015年2月，习近平总书记在省部级主要领导干部学习贯彻党的十八届四中全会精神全面推进依法治国专题研讨班开班仪式上，进一步系统阐述了"四个全面"战略布局：全面建成小康社会是战略目标，全面深化改革、全面依法治国、全面从严治党是三大战略举措；要让全面深化改革、全面推进依法治国如鸟之两翼、车之双轮，全面推动小康社会总目标的实现。具体来说，"四个全面"之间的相互关系体现在以下三个方面：第一，全面建成小康社会是方向指导和战略目标，为解决我国发展面临的一系列问题、进一步解放和发展生产力，就必须实行全面深化改革，为全面建成小康社会提供不竭动力，推动全面深化改革有利于实现发展动力和战略目标相统一。第二，全面推进依法治国为全面建成小康社会提供法治保障，全面推进依法治国关系党的发展、国家的长治久安、人民的幸福安康，推动全面依法治国有利于实现战略目标与治理方式的相统一。第三，全面从严治党为全面建成小康社会提供领导保障，党的形象、创造力和凝聚力，关系党和国家的生死存亡，推动全面从严治党有利于实现战略目标与组织力量的统一。

从"四个全面"战略布局的提出，不难看出我们党带领全体人民所做的努力都在为全面建成小康社会服务，全面建成小康社会这一战略目标是龙头，小康社会的全面建成在现阶段有着非比寻常的重要性。"四个全面"战略中的全面建成小康社会与其他战略相互衔接，协调战略举措之间的互生关系，是实现全方位、全领域小康社会的理论指导。党中央协调推进"四个全面"战略布局，更加注重保障和改善民生，不断加强生态文明建设，积极贯彻新发展理念等实践为全面建成小康社会目标的实现提供了实践基础。

（二）明确"新发展理念"

全面建成小康社会需要循序渐进、分步骤、有计划地落实工作，因而在建设过程中可以划分出不同的时期。2010年10月，胡锦涛同志在党的十七届五中全会上指出,"十二五"时期是深化改革开放、加快转变经济发展方式的攻坚时期,是实现全面建设小康社会的关键时期。经过这一时期的努力,将为全面建成小康社会打下具有决定性意义的基础[①]。伴随着小康社会建设的持续深入,发展理念也会不断更新和调整,发展理念反映发展实践的内在要求。2014年10月,党的十八届四中全会作出已进入全面建成小康社会决胜阶段,改革进入攻坚期和深水区的重要判断。2015年10月,党的十八届五中全会遵循我国经济社会发展的新需要、新要求、新变化,提出了"新发展理念"——创新、协调、绿色、开放、共享。这一理念指明了"十三五"乃至更长时期我国的发展着力点、发展方向和发展思路,要深入理解、准确把握其科学内涵和实践要求[②]。

2015年10月,习近平总书记在《中共中央关于制定国民经济和社会发展第十三个五年计划的建议》说明中明确指出"新发展理念"的指向:一是创新发展,着力解决发展动力的问题,注重科技对经济增长的贡献率以及对社会发展的支撑能力;二是协调发展,着力解决发展不平衡的问题,突出表现在经济建设和国防建设、区域、城乡、经济和社会、物质文明和精神文明等关系上;三是绿色发展,着力解决人与自然和谐问题,尤其是生态系统退化、环境污染严重、资源约束趋紧等问题;四是开放发展,着力解决发展内外联动的问题,在提升应对国际经贸摩擦、争取国际经济话语权的能力的同时,提升用好国际国内两种资源、两个市场的能力;五是共享发展,注重的是解决社会公平正义问题,尤其是分配不公问题,找到收入差距、城乡区域公共服务水平差距扩大的原因和解决办法。"新发展理念"是我国现阶段经济社会发展的实施策略,为全面建成小康社会决胜阶段提供了先进的发展理念,同时也是如期全面建成小康

---

① 胡锦涛:《中共第十七届中央委员第五次全体会议公报》,中国共产党历次全国代表大会数据库,2010年10月18日。
② 中共中央宣传部:《习近平总书记系列重要讲话读本(2016年版)》,学习出版社、人民出版社,2016,第82页。

社会的五大实现路径①。

"新发展理念"为现阶段和下一阶段我国经济社会的发展格局拓展、发展矛盾化解、发展动力转化、发展环境保护、发展成果分配指明了新方向，给出了新的"中国方案"，为全面建成小康社会决胜阶段注入了符合发展实际、紧扣发展主题、回应发展中存在问题的先进性理念。理念的先进性是全面建成小康社会决胜阶段最明显的特征，具体体现在：一是坚持以人民为中心的发展思想，"新发展理念"集中反映了我们党对我国发展规律的新认识，是社会主义建设规律同人类社会发展规律的统一②；二是经济发展进入新常态，这是全面建成小康社会决胜阶段经济领域的新特征，"适应、把握、引领"新常态是全面建成小康社会决胜阶段经济发展的大逻辑③。因此，"新发展理念"集中反映了我们党对经济社会发展规律认识的深化，为我们党带领全国人民决胜全面建成小康社会提供了强大的思想武器。

（三）"两个一百年"奋斗目标提出

2017年10月，党的十九大明确了新时代背景下，我国社会主要矛盾转化为人民日益增长的美好生活需要和不平衡不充分的发展之间的矛盾。以习近平

---

① 全面建成小康社会的五大实现路径：一是更加自觉地把创新作为全面建成小康社会决胜阶段的发展动力，依靠创新转变发展机制，引领全面建成小康社会决胜阶段发展；二是更加自觉地把协调作为全面建成小康社会决胜阶段的发展要求，依靠协调处理发展矛盾，促进全面建成小康社会决胜阶段健康持续发展；三是更加自觉地把绿色作为全面建成小康社会决胜阶段发展主旋律，依靠绿色发展保护环境，保持全面建成小康社会决胜阶段永续发展；四是更加自觉地把开放作为全面建成小康社会决胜阶段的内驱力，依靠开放化发展格局，推动全面建成小康社会决胜阶段繁荣发展；五是更加自觉地把共享作为全面建成小康社会的根本目标，依靠分享分配发展成果，实现全面建成小康社会决胜阶段发展成果由人民共享。转引自冯志彪：《坚定不移沿着中国特色社会主义道路前进，为全面建成小康社会而奋斗》，《人民日报》，2012年11月9日。
② 冯志彪：《全面建成小康社会决胜阶段的基本特征和重大难题的突破》，研究生论文西南大学，2017年4月20日。
③ 中共中央宣传部：《习近平总书记系列重要讲话读本（2016年版）》，学习出版社、人民出版社，2016，第141页。

同志为核心的党中央坚持马克思辩证唯物主义思想，发挥矛盾推动社会发展内在力量的作用，坚持以人民为中心的发展思想，发挥人民群众的创造性，不断促进人的全面发展和实现全体人民的共同富裕，小康社会战略发展到了新高度、新境界。党的十九大报告进一步明确，在全面建成小康社会决胜阶段，实现"两个一百年"奋斗目标的重要任务：既要全面建成小康社会，又要全面建设社会主义现代化国家。"两个一百年"奋斗目标不单单规划了小康社会建设的进程，更重要的是将全面建成小康社会纳入社会主义现代化强国建设征程中。它明确了新时代的发展宗旨和战略任务是实现社会主义现代化和实现伟大中国梦，进一步丰富了小康社会战略思想的内涵。

习近平新时代中国特色社会主义思想开拓了小康社会战略的新境界，在全面建成小康社会的基础上，按照新"两步走"战略引领建成社会主义现代化强国的新时代航向：第一阶段从2020年到2035年，奋斗15年，在全面建成小康社会的基础上，基本实现社会主义现代化；第二阶段从2035年到21世纪中叶，再奋斗15年，在基本实现现代化的基础上，把我国建成富强民主文明和谐美丽的社会主义现代化强国。从"两步走"战略基本解决了温饱问题，"三步走"战略基本达到总体小康水平，"新三步走"是更高战略构想的细化，再到如今的新"两步走"实现"两个一百年"这一波澜壮阔目标的实施，凝聚了十几亿中国人民的共同梦想，"实现人的全面发展"的宗旨贯穿于中国特色社会主义现代化建设的进程中，是全体劳动人民的智慧结晶。

2019年10月，党的十九届四中全会重点研究坚持和完善中国特色社会主义制度、推进国家治理体系和治理能力现代化的问题，并做出重要决定，这对全面建设社会主义现代化国家、全面建成小康社会具有重大而深远的意义[①]。2020年2月，习近平总书记强调要抓好涉及全面建成小康社会、决战脱贫攻坚的重

---

① 习近平：《关于"中共中央关于坚持和完善中国特色社会主义制度，推进国家治理体系和治理能力现代化若干重大问题的决定"的说明》，新华社，2019年11月5日。

点任务，不能有缓一缓、等一等的思想①。现阶段我国正处于全面建设社会主义现代化国家的重要战略期，一方面全面建成小康社会与现代化建设战略衔接，另一方面乘势而上向全面建成社会主义现代化强国迈进。这是向全党、全国人民发出的夺取新时代中国特色社会主义伟大胜利的政治宣言和行动纲领，既继承了"四个现代化""中国式的现代化"的价值取向和精神实质，又顺应了时代新变化的人民新需求，深刻体现了社会主义现代化的大逻辑和大方向，彰显了以习近平同志为代表的当代中国共产党人的政治智慧和使命担当②。可以说，此时的中国现代化征程在符合中国国情、谋求人民幸福和赶上时代潮流的基点上，成功开辟了中华民族"强起来"的光明道路，为更有力地推进社会主义现代化创造了新的起点。

---

① 习近平：《在中央政治局常委会会议研究应对新型冠状病毒肺炎疫情工作时的讲话》，《求是》2020年第4期。
② 包心鉴：《新中国70年与社会主义现代化》，《辽宁日报》2019年9月17日。

第三章

全面建成小康社会的历史方位

中国特色社会主义进入新时代，标明了全面建成小康社会的历史方位。决胜全面建成小康社会，是中国共产党提出的"两个一百年"奋斗目标的第一个百年奋斗目标，是中国特色社会主义进入新时代的重大历史任务，是中华民族伟大复兴进程中的重要里程碑。全面建成小康社会是社会主义初级阶段的一个重要里程碑，全面建成小康社会的如期顺利实现，必将进一步激发和汇聚实现中华民族伟大复兴的磅礴力量，必将为开启全面建设社会主义现代化国家新征程打开坚实的前进通道，必将为到中华人民共和国成立一百年时把我国建设成为社会主义现代化强国提供强有力的保障。

第一节 中国特色社会主义迎来新时代

"十三五"时期是全面建成小康社会决胜阶段，也是中国特色社会主义踏入新时代的关键时期。全面建成小康社会是新时代的题中之义和必然选择，新时代是在全面建成小康社会的基础上，我们党团结带领全国各族人民开创光明未来的新阶段。新时代意味着中华民族迎来了从站起来、富起来到强起来的伟大飞跃。新时代也诞生了新思想、新方位、新使命，迎来了实现中华民族伟大复兴的光明前景。深刻认识新时代的新思想、新方位和新使命，是把握新时代发展方向的重要前提。

(一)新思想引领时代转变

深刻认识和精准把握各阶段的特征和主要矛盾，及时转变发展思路，是我党在成长过程的重要经验。新民主主义革命主要是解决站起来的问题，社会主义革命、社会主义建设和改革开放前期主要是解决富起来的问题，中国特色社会主义新时代则主要是在长期努力的基础上解决强起来的问题。党的十九大作出了中国特色社会主义进入新时代的重要论断，并指出"时代是思想之母，实践是理论之源"。这一论断标志着我国发展站在了新的历史方位，新方位需要新思想。中华民族由富起来到强起来是新时代的本质要求，由富起来到强起来的发展转变首先将面临新时代坚持和发展什么样的中国特色社会主义、怎样坚持和发展中国特色社会主义的问题。要从社会主要矛盾和党的历史使命出发，找出能引领中国强起来的新思想，这个新思想就是习近平新时代中国特色社会主义思想。

在经济领域，2008年后我国经济增速明显放缓，2012年中国经济增速、结构和动力发生了重大变化，增长速度换挡期、结构调整阵痛期、前期刺激政策消化期三期叠加，改革进入攻坚期和深水区。习近平总书记深入分析国内外经济形势，作出了我国经济发展进入新常态的重大判断。又先后提出了以人民为中心的发展思想和创新、协调、绿色、开放、共享的新发展理念，作出了"加强供给侧结构性改革"的重大决策。在经济领域，确保经济平稳健康运行，为全面建成小康社会营造了良好的经济氛围，奠定了全面建成小康社会的经济基石。

在政治领域，历史反复印证了一个道理：一个国家政治制度的设计、发展和完善，必须坚持从实际出发、从本国国情出发，注重历史与现实、理论与实践、形式与内容相统一，走适合国情的民主政治道路。习近平新时代中国特色社会主义思想要坚持党的领导、人民当家作主和依法治国的有机统一，不断推进国家治理体系和治理能力现代化。社会主义民主是人民当家作主的民主，是真实为人民的民主。习近平总书记反复强调："人民当家作主是社会主义民主政治的本质和核心。人民民主是社会主义的生命。没有民主就没有社会主义，就没有社会主义的现代化，就没有中华民族伟大复兴。"[①]

在党的建设领域，新时代的"四大考验""四种危险"更加尖锐。不断提高党的领导水平和执政水平、提高拒腐防变和抵御风险能力，是党巩固执政地位、实现执政使命首先要面对的重大课题。习近平总书记提出坚持和加强党的全面领导，坚持党要管党、全面从严治党，加强党的长期执政能力建设、先进性和纯洁性建设，坚定理想信念宗旨，调动全党积极性、主动性、创造性，并围绕落实这项方针提出了一系列重大思想。不断增强党的自我净化、自我完善、自我革新、自我提高的能力，为全面建成小康社会打造了一支与时俱进的领导干部队伍。

在文化领域，树立社会主义核心价值观，增强意识形态领域领导权和话语权，发展中华优秀传统文化的创造性和创新性，推动社会主义物质文明和精神文明协调发展；在社会领域，夺取三大攻坚战胜利，保证人民在全面建成小康社会中有更多获得感和幸福感；在生态文明领域，践行"两山理论"，实行最严格的生态环境保护制度。这些思想的提出，为新时代建设提供了根本遵循。中国共产党人将中国特色社会主义理论结合实践，系统回答了新时代中国特色社会主义的发展道路问题，指明了全面建成小康社会的发展方向。

（二）新方位明确时代坐标

历史方位是指我们党在中国和世界历史发展进程中所处的地位、环境和条件。精准把握历史方位必须把握新时代的世情、国情和党情，必须从中国和世界的历史、现状和未来着眼。中国共产党的历史方位的变迁主要经历了以下几

---

① 习近平：《在庆祝全国人民代表大会成立六十周年大会上的讲话》，《人民日报》2014年9月6日。

个阶段：第一阶段，中国共产党成立，并从参与革命到独立领导中国革命的党。复杂多变的国内外形势给予了幼年时期的中国共产党严峻的挑战与考验。第二阶段，从独立领导逐步转变为领导核心的党。大革命后，中国共产党人发动的南昌起义，成为党走上独立领导中国革命的新起点。第三阶段，从一个领导核心变迁为民族解放的中流砥柱。中国十四年抗日战争的历程充分证明：中国共产党才是中华民族最终取得抗战胜利的决定性力量，才是全民族利益最坚定忠实维护者。第四阶段，成为代表中国人民掌握全国政权的执政党，推进中国特色社会主义现代化建设。

全面小康社会正处于决战决胜阶段，我国发展已处于新的历史方位。新方位为党的目标任务、历史使命赋予新的时代内涵，为全面推进社会主义现代化建设提供了科学依据和时代坐标。为明确下一阶段的历史任务、坚持和发展新时代中国特色社会主义指明了方向。我们要深刻认识明确新时代这个历史方位的重大意义和丰富内涵，深刻认识当前我国社会主要矛盾转变，牢牢把握我们党在新时代的历史使命，继续在实践中统筹推进"五位一体"总体布局，协调推进"四个全面"战略布局。

（三）新使命推进伟大事业

中国特色社会主义进入新时代是经济社会发展到一定阶段必然的历史飞跃，是从全局视野、改革开放历程和全面建成小康社会取得的历史性成就和历史性变革的方位上，所作出的科学判断，具有深远的实践内涵和历史内涵。习近平总书记在党的十九大报告中，用"三个意味着"从三个角度诠释了中国特色社会主义进入新时代的重大意义。"中国特色社会主义进入新时代，意味着近代以来久经磨难的中华民族迎来了从站起来、富起来到强起来的伟大飞跃，迎来了实现中华民族伟大复兴的光明前景；意味着科学社会主义在21世纪的中国焕发出强大生机活力，在世界上高高举起了中国特色社会主义伟大旗帜；意味着中国特色社会主义道路、理论、制度、文化不断发展，拓展了发展中国家走向现代化的途径，给世界上那些既希望加快发展又希望保持自身独立性的国家和民族提供了全新选择，为解决人类问题贡献了中国智慧和中国方案。"[①]

新时代是承前启后、继往开来的时代，必须进行伟大斗争、建设伟大工程、推进伟大事业，实现伟大梦想。"三个意味着"不仅阐释了新时代的重大意义，也指明了新时代的新使命。新时代就是夺取中国特色社会主义伟大胜利，全面建成小康社会，进而全面建成社会主义现代化强国，逐步实现全体人民共同富裕，实现中华民族伟大复兴中国梦的时代。中国共产党的初心和使命，就是为中国人民谋幸福，为中华民族谋复兴。进入新时代，要继续为中华民族伟大复兴奋斗，要求我们党团结带领人民进行具有新的历史特点的伟大斗争；深入推进新时代党的建设新的伟大工程，永葆党的旺盛生命力和强大战斗力；围绕中国特色社会主义这个改革开放以来党的全部理论和实践的主题，增强"四个自信"，推进伟大事业。以党的十九大精神为指引，以永不懈怠的精神状态和一往无前的奋斗姿态创造无愧于新时代的新业绩，我们党才能不负人民重托、无愧历史选择，凝聚起同心共筑中国梦的磅礴力量。

第二节　全面建成小康社会的重要内涵

2000年，党的十五届五中全会指出我国进入了全面建成小康社会决胜阶段。结合我国经济社会发展实际和阶段性特征，2012年，党的十八大报告首次提出全面建成小康社会。"建设"与"建成"虽一字之差，但意义深远。前者是过程，后者是结果，建设的目的就是建成。建设阶段是让部分人先富起来。全面建成小康社会强调经济发展和全面富起来，更强调人民幸福感和获得感。我国发展仍处于可以大有作为的重要战略机遇期，实现全面建成小康社会宏伟目

[①] 习近平：《决胜全面建成小康社会 夺取新时代中国特色社会主义伟大胜利》，人民出版社，2017。

标，必须深化改革，破除体制机制弊端，构建系统完备、科学规范、运行有效的制度体系，使各方面制度更加成熟、更加定型。

（一）小康社会的时代内涵

在农业社会，解决温饱、衣食无忧是达到小康的一个重要指标。具体地讲就是小康生活处于有余与不足之间，也就是人们正好吃饱穿暖，在生活工作中能获得尊严和体面。尽管千年前人们就表达了对小康社会的向往，甚至作出了一些描绘，但农业社会的局限性导致其自身很难达到小康水平。然而，今天，在中国共产党的带领下，中国人民经过不断的努力，正在逐步实现这个小康梦。

党的十三大提出的中国经济建设的"三步走"总体战略部署，其中实现小康被列为"三步走"发展战略的第二步目标。党的十三届七中全会审议并通过的《中共中央关于制定国民经济和社会发展十年规划和"八五"计划的建议》对小康作了详细的描述，所谓小康水平，是指在温饱的基础上，生活质量进一步提高。在这一阶段，小康社会的目标是实现总体小康生活。2000年，党的十五届五中全会提出，我国进入了全面建成小康社会决胜阶段，加快推进中国特色社会主义现代化建设。党的十六大报告中进一步明确了今后二十年全面建设小康社会的任务。党的十七大从实际出发，在党的十六大的基础上，提出了实现全面建设小康社会奋斗目标的新要求。这些要求是对党的十六大目标的补充和充实，总的来说比党的十六大目标稍高，要求更严，充分体现了科学发展观的精神。

党的十八大报告中正式提出了2020年全面建成小康社会的宏伟目标。小康社会要求民众收入稳定、家庭和睦，以及诚实守信的文化氛围和没有后顾之忧的工作和生活，人们在工作之余能放松身心，精神方面有所爱好和追求。当前，我们正处于全面建成小康的决胜时期，全面建成小康社会首先需要实现决战决胜期的现实目标。2021年，我国脱贫攻坚战取得全面胜利，完成了消除绝对贫困的艰巨任务。在增加人民收入目标上，稳定增收全面落实高效率举措，努力缩小贫富差距、城乡差距和地区差距，为夺取全面建成小康社会伟大胜利奠定了坚实基础。

（二）小康社会的实践内涵

小康水平有一个从低到高的发展过程，总体小康和全面小康是实现小康社会的不同阶段，具有明显的发展层次差异。首先，总体小康只能说是初步跨入小康的门槛。全面小康社会中人民生活更加殷实、宽裕。其次，总体小康偏重物质消费，而全面小康特别注重人们的精神生活、民主权利以及生活环境的改善等，旨在实现社会全面进步。全面小康追求的是物质、政治、精神和生态文明的共同发展。从消费角度，人们可以把更多的时间和金钱花费于精神消费。最后，总体小康是一个发展不均衡的小康，而全面小康将缩小地区、城乡和阶层的差距。

党的十八大报告首次提出全面建成小康社会，"建设"与"建成"一字之差却意义深远，全面建成小康社会核心是"全面"。全面建设小康社会是党的十六大确定的21世纪头二十年我国经济和社会发展的总目标，也是实现现代化建设的第三步战略目标必须经过的承上启下的发展阶段。全面建设小康社会就是要巩固目前达到的小康水平，同时促进小康社会提高水平、全面发展。党的十八大确定的全面建成小康社会的奋斗目标是包括城市、农村、经济、政治、文化、生态环境及人的全面发展在内的综合性目标。

综观国际国内大势，我国发展仍处于可以大有作为的重要战略机遇期。我们要确保2020年实现全面建成小康社会宏伟目标。要在党的十六大、十七大确立的全面建设小康社会目标的基础上努力实现新的要求，主要目标是：经济持续健康发展，转变经济发展方式取得重大进展，实现国内生产总值和城乡居民人均收入比2020年翻一番；人民民主不断扩大，文化软实力显著增强，人民生活水平全面提高，资源节约型、环境友好型社会建设取得重大进展。习近平总书记在党的十八届五中全会第二次全体会议上的讲话中指出："全面小康覆盖的区域要全面,是城乡区域共同的小康。努力缩小城乡区域发展差距,是全面建成小康社会的一项重要任务。全面建成小康社会,必须以更大的政治勇气和智慧,不失时机深化重点领域改革,坚决破除一切妨碍科学发展的思想观念和体制机制弊端,构建系统完备、科学规范、运行有效的制度体系,使各方面制度更加成熟更加定型。"

(三)小康的核心内涵是全面

离开了目标,发展就失去方向。离开了动力,发展会面临阻碍。党的十八大以来,我国紧扣改革发展主线,积极推进"五位一体"总体布局和"四个全面"战略布局,两个布局又统一于小康社会建设和现代化建设。"小康"强调发展水平,"全面"则强调发展的平衡性、协调性、可持续性。因此,"全面"是全面建成小康社会的重点和难点。正如习近平总书记反复强调的,如果到2020年我们在总量和速度上完成了目标,但发展不平衡、不协调、不可持续问题更加严重,短板更加突出,就算不上真正实现了目标。

第一,覆盖领域要全面。经过多年实践,我们在经济建设、政治建设、文化建设、社会建设、生态文明建设都取得了一定成绩,但仍存在许多亟须补齐的短板。全面小康社会的目标要求是经济持续健康发展,人民民主不断扩大,文化软实力显著增强,人民生活水平全面提高,资源节约型、环境友好型社会建设取得重大进展。全面小康是"五位一体"全面进步的小康,这些目标要求相互联系、相互促进,只有补齐各个领域的短板,才能促进现代化建设各个环节和各个方面全面发展、协调发展。

第二,覆盖人口要全面。我国在社会保障、义务教育、就业、公共服务等社会民生领域仍然存在短板。必须持续加大保障和改善民生力度,注重机会公平,保障基本民生,不断提高人民生活水平,实现全体人民共建共享全面小康社会。必须实施精准扶贫、精准脱贫,以更大决心、更精准思路、更有力措施,实施脱贫攻坚战略,确保我国现行标准下农村贫困人口实现脱贫、贫困县全部摘帽、解决区域性整体贫困。必须坚持发展为了人民、发展依靠人民、发展成果由人民共享，做出更有效的制度安排。

第三，覆盖区域要全面。经过四十多年的改革发展，区域发展的相对差距逐步缩小，区域差距进一步扩大的趋势得到初步遏制，但部分农村特别是西部地区发展仍然滞后。全面小康是城乡区域共同的小康，没有农村和欠发达地区的全面小康，就不算全面小康。我们必须加大统筹城乡发展和区域发展力度，推进城乡发展一体化，缩小区域发展差距。不仅要缩小国内生产总值总量和增长速度的差距，而且要缩小居民人均收入水平、基础设施建设水平、基本公共服务均等水平、人民生活水平等方面的差距。只有补齐落后地区的发展短板，才能实现全面小康。

第四，我国幅员辽阔，各地经济发展差距较大，生产力发展水平差异较大，不可能达到同一小康水平，即使全面建成小康社会也会存在差距。全面建成小康社会不是每个地区、每个民族、每个人都达到同一个水平，不能把全面建成小康社会的指标简单套用于各省市，既要坚持一定标准，又要实事求是、因地制宜。

第三节　社会矛盾转变与全面建成小康社会的内在联系

党的十九大对当前我国社会主要矛盾作了新表述："中国特色社会主义进入新时代，我国社会主要矛盾已经转化为人民日益增长的美好生活需要和不平衡不充分的发展之间的矛盾。"我国社会主要矛盾的新表述是由新阶段的客观现实决定的，社会主要矛盾的变化是关乎全局的历史性变化，没有改变我国所处历史阶段。决战决胜全面建成小康社会，必须深刻把握我国社会主要矛盾变化，坚决打好三大攻坚战。清醒认识和精准把握我国社会主要矛盾转变是党在全面建成小康社会决胜阶段科学施政、精准发力的重要前提。

（一）矛盾转变与全面小康的历史使命

社会主要矛盾是一个国家社会发展阶段和生产力发展水平的综合反映。主要矛盾的变化是一个自然的历史过程，不是人为的主观选择，必须与生产力发展水平和社会发展阶段相适应。对其判断必须及时准确，对社会主要矛盾的超前或滞后认识都会阻碍社会生产力发展。

社会主义改造基本完成以后，当时我国经济社会发展水平不高、社会生产力相对落后。社会主要矛盾是人民日益增长的物质文化需要同落后的社会生产之间的矛盾。改革开放四十多年来，人民收入快速增长，生活水平有效改善，即将实现全面小康。当前，我国经济总量稳居世界第二，社会生产力水平显著提高，诸多领域进入世界前列，中国特色社会主义制度日益成熟定型。随着生产力发展水平和人民对美好生活需要的变化，我国社会主要矛盾也转化为人民日益增长的美好生活需要和不平衡不充分的发展之间的矛盾。

我国经济社会发展水平虽然明显提高，但总体上与发达国家依然存在较大差距。具体而言就是，我国发展不平衡不充分的状态并没有根本改变，而且成为满足人民日益增长的美好生活需要的主要制约因素。与物质文化需要相比，全面小康社会的人民美好生活需要内容更加丰富、更加个性化，它不仅包括物质文化需要这些客观"硬需要"，还包括获得感、幸福感、安全感和尊严等具有主观色彩的"软需要"。人们对收入、教育、社会保障、医疗卫生服务、居住环境和精神文化生活的需求越来越高、越来越多样化。已有的"硬需要"逐渐升级，个性化和差异化需求不断增加，消费矛盾从需求端转向供给端，生产供给侧在市场的导向下面临结构性改革。"软需要"则表现为对民主、法治、公平、生态、环保等的更高层次需求，对人的全面发展、社会全面进步的积极追求。

可见，我国社会主要矛盾的变化是关系全局的历史性变化。社会主要矛盾的变化与全面建成小康社会的历史使命紧密相关，它要求我们要着力解决好发展不平衡不充分问题，大力提升发展质量和发展效益，更好满足人民在教育、社会保障、居住环境、医疗卫生服务、精神文化生活等方面日益增长的需要，更好推动人的全面发展、社会全面进步，实现共同富裕。

（二）矛盾转变与全面小康的客观现实

全面建成小康社会是历史性与必然性的统一。全面建成小康社会是我国经济发展的必然阶段，实现全面建成小康社会主体过程需要一定的经济条件。由于我国经济已经处于总需求为主要驱动因素的经济增长阶段，这使得经济"软着陆"对经济增长产生了持久的干预影响，由此导致我国经济周期波动将在一轮"软扩张"过程中实现。我国经济增长已经逐步由粗放型经济增长向集约型经济增长转变，由追赶式经济增长向可持续经济增长转变，由政策促进型的经济增长向市场调节型的经济增长转变。这些转变过程恰好同总需求单因素驱动的经济增长阶段相吻合，因此导致了经济周期波动出现了调整期的惰性和惯性，使得我国经济增长在平稳的态势下出现了拖长的增长型长尾。

我国扩张内需和外需的需求管理政策具有长期化趋势。我国经济周期波动的稳定态势和增长水平，是近年来方向连续的宏观经济政策的"微调"结果，带有市场条件和资源供给条件的一些"自然"增长属性，目前经济增长的平均水平可以认为是经济增长自然率水平在某种程度上的体现。我国宏观经济政策将继续坚持"微调"的操作方式，但是在政策力度、取向和期限等方面更具有规则性和透明性，不仅保证了经济行为个体正确预期的形成，也有利于经济个体行为的渐进调整，显著降低了经济运行的不确定性和风险水平。需求管理政策需要一定的时间期限和稳定的政策工具，因此应该在一段时间内扩张总需求和培育总需求兼顾、扩张国内需求和国外需求并重，这势必要求我国积极财政政策和稳健货币政策继续具有长期化的趋势，并且应该对一些政策工具附加长期化的内容（例如，调整国债和国债投资项目的期限结构、增加利率的市场化成分等）。在总需求单因素驱动经济增长阶段，我国将努力扩大内需和积极培育需求作为经济的长期发展战略确实是一个正确的选择。我国已经实现的"初步小康增长"为"全面小康增长"奠定了坚实的基础，而"全面小康增长"目标的实现势必要求我国经济增长在目前的长尾水平上稳定持续二十年左右的时间。经济周期波动的稳定性和经济增长轨迹的长尾特征将是我国全面建成小康社会的基本要求和必需保障。因此，我国经济已经在正确的起点和方向上步入了全面建成小康社会的轨道。如果分析与此相伴的其他经济条件，例如，我国虚拟经济和实际经济比较和谐的相互关系、持续和稳定的高水平投资率、不断增加的全要素生产率贡献、不断升级和扩容的行业和市场规模，以及加入WTO后带来的"经济增长趋同"带动等诸多因素，都预示着我国在目前经济增长的周期波动态势和经济增长的阶段性中展现了全面建成小康社会的必经之路。

（三）矛盾转变与全面小康的战略目标

全面建成小康社会战略目标的提出、形成和确立，是逐步演进的历史过程。概括地说，就是经历了一个由"小康"到"全面建设小康社会"再到"全面建成小康社会"的演进过程。在"四个全面"战略布局中，全面建成小康社会是战略目标，全面深化改革、全面依法治国、全面从严治党是三大战略举措。"四个全面"之间是相辅相成、相互促进、相得益彰的关系。

在小康社会演进过程中，社会主要矛盾转变与小康社会建成相辅相成、互为因果。在经济发展上，全面小康要求增强发展协调性，转变发展方式，完善市场经济体制。在优化结构、提高效益、降低消耗、保护环境的基础上，显著提高自主创新能力和科技进步对经济增长的贡献率，提高居民消费率，形成消费、投资、出口协调拉动的增长格局。促进供给侧结构性改革，满足人们日益增长的多元化需求，有效缓解社会主要矛盾。在民主建设上，全面建成小康社会要求扩大社会主义民主，更好保障人民权益和社会公平正义，有序扩大公民政治参与，深入落实依法治国基本方略，进一步增强全社会法治观念，完善基层民主制度。在文化建设上，全民族文明素质明显提高。社会主义核心价值观深入人心，良好思想道德风尚进一步弘扬。覆盖全社会的公共文化服务体系基本建立，文化产业占国民经济比重明显提高、国际竞争力显著增强，适应人民需要的文化产品更加丰富。在社会事业发展上，现代国民教育体系更加完善，终身教育体系基本形成，全民受教育程度和创新人才培养水平明显提高，社会就业更加充分。覆盖城乡居民的社会保障体系基本建立，人人享有基本生活保障。合理有序的收入分配格局基本形成，中等收入者占多数，绝对贫困现象基本消除。在生态文明建设上，基本形成节约能源资源和保护生态环境的产业结构、增长方式、消费模式。循环经济形成较大规模，可再生能源比重显著上升。主要污染物排放得到有效控制，生态环境质量明显提高。

第四节 新发展理念引领全面建成小康社会的内在逻辑

党的十八届五中全会提出了创新、协调、绿色、开放、共享的新发展理念。新发展理念是全面建成小康社会和社会主义现代化建设的发展思路、发展方向和发展着力点的集中体现，反映出我们党对我国经济社会发展规律认识的新高度，对破解发展难题、增强发展动力、厚植发展优势具有重大指导意义。唯有牢固树立并切实贯彻新发展理念，才能确保如期全面建成小康社会。新发展理念是全面建成小康社会决胜阶段的纲领性灵魂，需要在思想上有新认识，行动上有新举措。

（一）中华民族伟大复兴的"三步走"战略

1987年，党的十三大提出"三步走"的总体战略部署：第一步目标，1981年到1990年实现国民生产总值比1980年翻一番，解决人民的温饱问题；第二步目标，1991年到20世纪末国民生产总值再增长一倍，人民生活达到小康水平；第三步目标，到21世纪中叶，人均国民生产总值达到中等发达国家水平，人民生活比较富裕，基本实现现代化，人均国民生产总值达到中等发达国家水平。按照邓小平同志设计的分"三步走"基本实现现代化的发展战略，到2000

年已经如期完成了前两步发展目标。在告别20世纪之际，中国的国内生产总值达到10810亿美元，人均854美元。如果按可比价格计算，2000年的国内生产总值是1980年的6倍以上，也就是说，超过了原定二十年翻两番的目标要求。许多重要工农业产品产量也跃居世界前列；长期困扰经济发展和人民生活的商品供应短缺的状况从根本上得到改善；市场供求格局由卖方市场转变为买方市场。也就是说，中国已经从总体上进入了小康社会。"三步走"总体战略明确指出了中国经济建设的阶段性任务，是中国经济建设和民族复兴的阶段性实践，大大调动了中国人民在实现"三步走"战略目标和中华民族伟大复兴过程中的积极性。

全面建成小康社会，意味着经济高质量发展、人民生活水平和质量普遍提高、国民素质和社会文明程度显著提高、生态环境总体改善、各方面制度更加成熟更加定型。正是有了这样的基础，中国社会主义现代化的内涵更加丰富，标准不断提高。进入21世纪，中国人的任务就转到实施"三步走"发展战略的第三步战略部署，也就是要用五十年时间基本实现现代化，把几代中国人坚持不懈地追求的中国梦完全变为现实。党的十九大在实现时间不变的基础上，提高了现代化的标准。第一个阶段目标提前到2035年基本实现现代化，第二个阶段目标则是到21世纪中叶全面建成社会主义现代化强国，且现代化的内容更加全面，在"富强民主文明和谐"的要求上又加上了"美丽"。这表明，在阶段性实践"三步走"战略的过程中，我们超额完成了建设任务，对各阶段的经济建设提出了更高层次的战略目标。

全面建成小康社会，是中国作为发展中国家，将社会主义初级阶段与"三步走"战略有效融合。中国结合自身实际，寻求适合自己的道路和办法，走出了中国特色社会主义现代化道路，拓展了现代化途径，为现代化建设提供了新选择。对于中国社会来说，决胜全面建成小康社会，进而全面建成社会主义现代化强国的时代，也是全体中华儿女勠力同心、奋力实现中华民族伟大复兴中国梦的时代。在全面建成小康社会历史进程中，中华民族走出了中国特色社会主义道路，这是一条实现国家富强、民族振兴、人民幸福的现代化道路，是实现中华民族伟大复兴的人间正道。

（二）新发展理念与全面小康的内在联系

新发展理念对全面建成小康社会乃至今后的社会主义现代化建设都具有极大的正向促进作用。创新是全面小康的第一动力，协调是全面小康的内在要求，绿色是全面小康的必要条件，开放是全面小康的必由之路，共享是全面小康的本质要求，五者相辅相成、层层递进。新发展理念对发展的整体性、协调性、包容性和可持续性具有极大的促进作用，既是对传统发展方式的革新升级，又是对现代发展内涵的全面提升，还是对现代发展外延的全方位拓展。必须将新发展理念统一贯彻、一体推进，才能取得全面建成小康社会的伟大胜利。

创新发展着力提高发展质量和效益。2020年是全面建成小康社会的收官之年，创新发展注重的是解决发展动力问题。一要创新理念。解放思想、拓宽视野，从新思想中寻策问道，从新理念中对标找差距，推进发展思路创新、体制机制创新。二要创新产业。通过转型升级传统产业，加快产业科技创新，培育引进科创产业、科创企业，推动产业向中高端迈进。三要创新文化。全面放大特色品牌效应，全力推进文化建设，把文化资源优势转化为经济社会发展的优势。四要创新环境。以高品质的生态环境、居住环境和高质量的公共服务、营商环境，让人们工作更便捷、生活更舒适，不断满足人民群众特别是创业创新人才对美好生活的向往。扩大高校和科研院所自主权，赋予创新领军人才更大人财物支配权、技术路线决策权。积极培育公开透明、健康发展的资本市场，推进股票和债券发行交易制度改革。

协调发展注重的是解决发展不平衡问题。过去中国经济高速发展，但缺乏系统性的协调，导致了局部失衡。协调发展就是要处理好发展中的重要关系，深化改革拓展空间。新形势下，协调既是手段又是目标，同时还是评价标准和尺度。我们要牢牢把握中国特色社会主义事业总体布局，正确处理发展中的重大关系，以促进城乡区域协调发展为重点，加快促进新型城镇化、农业现代化、工业化、信息化同步发展，注重提升国家软实力，增强发展的整体性和协调性。

绿色发展着力改善生态环境，注重解决人与自然和谐共生问题。首先，要在加强全民环保意识上下真功夫，让尽可能多的老百姓参与到环保工作中来。其次，需要建立健全绿色发展法律法规，从立法高度去提高绿色发展和生态文明的地位，让各级环保部门有据可查、有法可依，严肃追责问责。最后，发展绿色产业技术，支持绿色清洁生产。推进交通运输低碳发展，实施新能源汽车推广计划，推广绿色建筑和建材。实行最严格的水资源管理制度。改革环境治理基础制度，建立覆盖所有固定污染源的企业排放许可制。

开放发展着力实现合作共赢。在金融领域，健全外汇管理和货币结算制度，提升我国金融体系质量和抵御金融风险的能力。扩大金融业双向开放，有序实现人民币资本项目可兑换。转变外汇管理和使用方式，从正面清单转变为负面清单。在对外政策上，加强宏观经济政策国际协调，积极参与基础领域、核心领域、先进领域等的国际规则制定。

共享发展着力增进人民福祉。全面小康是城乡区域共同的小康，是惠及全体人民的小康，是经济、政治、文化、社会、生态文明建设"五位一体"全面进步。《中共中央关于制定国民经济和社会发展第十三个五年规划的建议》指出，针对现阶段我国社会事业发展、生态环境保护、民生保障等方面存在的一些明显短板，必须坚持城乡一体发展和区域协同发展，坚持物质文明与精神文明并重。全面建成小康社会首先必须弥补短板，但短板领域也具有后发优势，越在薄弱环节上多用力，越能起到"四两拨千斤"的良好效果。同时，各地必须因地制宜，在多管齐下的同时，也应抓住牵一发而动全身的关键点，努力做到新发展理念全面协调发展，在落实各项举措时相互促进，使新发展理念真正成为全面建成小康社会的行动指南。

（三）全面小康在实践中检验新发展理念

党的十八届五中全会提出的新发展理念是对中国特色社会主义建设的深刻总结。新发展理念以理念转变引领方式转变，以发展方式转变推动发展质量和效益提升，是全面建成小康社会的新理念，是"十三五"时期全面建成小康社会决胜阶段的纲领性灵魂。同时，全面建成小康社会又是对新发展理念的重要检验。

全面建成小康社会，最重要的是要补短板。全面建成小康社会后，我国的发展思路、发展模式、发展体制机制、发展质量、发展效益等都会得到全面提升，将会对新发展理念做出全面验证。我国科技创新能力、科技成果转化率、贡献率仍然不足，全面小康仍然需要推进理论、制度、科技、文化等各个领域的创新，在经济下行压力下，如何突破发展瓶颈，不仅需要发展方式、方法的创新，更要从思想上创新。协调发展被放在"创新"之后的第二位，是对我国现存问题的针对性指导，全面小康对协调发展提出了新要求，必须统筹规划、总体布局，在提升国家软实力的同时，不断增强发展的整体性和协调性。我国面临着较为严峻的资源环境约束和生态污染，必须坚持绿色发展，坚持可持续发展。绿色低碳循环发展将会是全面小康的重要增长点，也是经济转型的强大动力。如今，中国开放型经济建设的成果有目共睹，全面小康必须坚持发展更高层次的开放型经济，积极参与全球经济治理和公共产品供给，增强自身制度性话语权。我国人口基数庞大，人民是不是共同享受到了全面小康的发展成果是全面小康的最重要判断标准之一。必须保障人民的根本利益，增强人民的获得感和凝聚力。发展是一个不断变化的过程，理念是发展的、变化的。基于中国的实际，新发展理念解决的是"十三五"时期以及未来一个较长时期的发展问题，展示的是一个实现创新发展、协调发展、绿色发展、开放发展、共享发展的全面小康社会新格局。

第五节　决胜全面建成小康社会的重点任务

"小康不小康，关键看老乡。"2020年中央一号文件指出，脱贫攻坚最后堡垒必须攻克，全面小康"三农"领域突出短板必须补上。脱贫攻坚质量怎么样、小康成色如何，很大程度上要看"三农"工作成效。2020年是决胜小康的关键之年，新冠疫情给决胜全面小康带来了艰巨挑战。在坚决做好疫情防控工作的同时，努力减少疫情带来的影响是决胜全面小康的重要保证。中国经济韧性强劲，内需空间广阔，产业基础雄厚，我们有信心、有能力实现2020年经济社会发展目标，特别是抓好决胜全面建成小康社会的重点任务。

（一）决胜全面建成小康社会的目标要求

党的十八大以来，以习近平同志为核心的党中央立足当前小康社会建设成果，综合考量全面建成小康社会中的短板和阻力，对全面建成小康社会提出了切实可行的目标要求。当前，我国总体上已基本实现了全面建成小康社会的目标。人民生活显著改善，经济实力大幅跃升，经济结构逐步优化，基础设施日益完善，民主法治建设不断加强，生态文明建设呈现新气象。

第一，推动经济持续健康发展，增强发展协调性。2019年城乡居民人均可支配收入之比为2.64，农村和城乡结合部低收入群体人数仍然较多。区域发展不平衡问题客观存在。深度贫困地区均位于中西部，贫困人口较为集中。中西部地区经济发展水平和居民收入仍落后于东部地区。2019年，中部、西部、东北地区居民人均可支配收入分别相当于东部地区的66.0%、60.8%、69.4%。全面建成小康社会决胜阶段，要缩小城乡之间、不同群体之间收入差距，增强发展协调性。

第二，国民素质和社会文明程度显著提高。全面小康不仅是物质的小康，更是精神的小康。中国梦和社会主义核心价值观更加深入人心，爱国主义、集体主义、社会主义思想广泛弘扬，向上向善、诚信互助的社会风尚更加浓厚，国民思想道德素质、科学文化素质、健康素质明显提高，全社会法治意识不断增强。公共文化服务体系基本建成，文化产业成为国民经济支柱产业。中华文化影响持续扩大。

第三，人民生活水平和质量普遍提高。全面建成小康社会决胜阶段，脱贫攻坚战取得全面胜利后，要切实做好巩固拓展脱贫攻坚成果同乡村振兴有效衔接各项工作，让脱贫基础更加稳固、成效更可持续。要围绕立足新发展阶段、贯彻新发展理念、构建新发展格局带来的新形势、提出的新要求，全面推进乡村振兴战略。

第四，生态环境质量总体改善。生产方式和生活方式绿色、低碳水平提升。能源资源开发利用效率大幅提高，能源和水资源消耗、建设用地、碳排放总量得到有效控制，主要污染物排放总量大幅减少。主体功能区布局和生态安全屏障基本形成。全面建成小康社会决胜阶段，生态环境、公共服务、基础设施等方面短板犹存。重点地区大气污染治理任务艰巨，秋冬季重污染天气多发，少数地区水环境改善不明显，土壤污染防治压力大。

第五，制度更加成熟更加定型。人民民主更加健全，法治政府基本建成，司法公信力明显提高。人权得到切实保障，产权得到有效保护。开放型经济新体制基本形成。中国特色现代军事力量体系更加完善。党的建设制度化水平显著提高。国家治理体系和治理能力现代化取得重大进展，各领域基础性制度体系基本形成。全面建成小康社会决胜阶段，市场经济秩序仍需规范，社会文明水平尚需提高，全面依法治国任务依然繁重，社会治理体系和治理能力有待加强。

（二）统筹推进"五位一体"总体布局

中国特色社会主义是全面发展的社会主义。党的十八大报告中提出，要全面落实经济建设、政治建设、文化建设、社会建设、生态文明建设"五位一体"总体布局。"五位一体"总体布局科学回答了"实现什么样的发展、怎样发展"这一重大战略问题。党的十九大明确以"五位一体"的总体布局推进中国特色社会主义事业建设，制定了新时代统筹推进"五位一体"总体布局的战略目标。"五位一体"总体布局虽涉及不同领域，但它们之间相辅相成、有机统一。统筹推进新时代"五位一体"总体布局，首先要在理念上升华认识，再在实践中加以落实。

在理念上，随着新时代社会主要矛盾的变化，要满足人民日益增长的多元化物质和精神需要，就必须以坚持发展为基础，解决好发展不平衡不充分问题。在经济建设方面，必须贯彻新发展理念，加快建设现代化经济体系，实现更高质量、更有效率、更加公平、更可持续的发展。在政治建设方面，健全人民当家作主制度体系，进一步体现人民意志、保障人民权益、激发人民创造活力。在文化建设方面，要坚定文化自信，推动社会主义文化繁荣兴盛，激发全民族文化创新创造活力。在社会建设方面，要提高保障和改善民生水平，加强和创新社会治理，使人民获得感、幸福感、安全感更加充实、更可持续。在生态文明建设方面，要加快生态文明体制改革，建设美丽中国，形成人与自然和谐发展现代化建设新格局。

在实践中，在经济建设方面，坚持新发展理念，以供给侧结构性改革为主线，推动经济发展质量、效率和动力的全面变革，持续解放和发展生产力。在政治建设方面，充分发挥我国制度优势和特点，保证人民当家作主。在文化建设方面，坚持建设社会主义核心价值体系，提倡发展中国特色社会主义优秀文化，坚持做好文化建设的创造性、创新性。在社会建设方面，坚持在发展中保障和改善民生，在发展中补齐民生短板、促进社会公平正义，持续完善社会保障建设和基础设施建设。在生态文明建设方面，坚持人与自然和谐共生，形成节约资源和保护环境的空间格局、产业结构、生产方式、生活方式，提高资源的利用效率，走绿色循环的可持续发展道路。

（三）坚决打好三大攻坚战

2020年是全面建成小康社会的决战决胜之年，也是脱贫攻坚的收官之年。

我们坚决打赢疫情防控的人民战争，为如期实现"两个一百年"奋斗目标奠定坚实基础。坚决打好防范化解重大风险、精准脱贫、污染防治的攻坚战，是全面建成小康社会的必然要求，是迈向高质量发展必须跨越的关口。党的十八大以来，面对国内国际复杂局面，在以习近平同志为核心的党中央坚强领导下，各地各部门突出抓重点、补短板、强弱项，三大攻坚战取得实质性进展。在新冠疫情影响下，只有坚决打好三大攻坚战，才能战胜各种风险挑战，才能为我国开辟更加广阔的发展空间，为全面建设社会主义现代化强国和民族复兴奠定坚实基础。

坚决打赢防范化解重大风险攻坚战。防范化解重大风险是决胜全面建成小康社会三大攻坚战的首要战役。当前，世界不稳定性和不确定性增加，我国社会改革进入深水区，各个层次矛盾交织叠加，社会发展面临的风险明显增加。立足国内外形势发展变化，党的十八大以来，以习近平同志为核心的党中央洞悉国内外形势发展变化，把防范化解重大风险作为维护国家安全的重大课题，坚持以总体国家安全观为指导，统筹做好防范化解重大风险工作。坚持把维护政治安全放在第一位，坚持以人民安全为宗旨，统筹发展和安全两件大事，统筹疫情防控和经济社会发展两大任务，统筹内部安全和外部安全、传统安全和非传统安全、自身安全和共同安全，善于从错综复杂的形势中把握走势，善于在各种风险挑战中抓住主要矛盾，下好先手棋，打好主动仗，避免小风险演化为大风险，个别风险演化为综合风险，局部风险演化为区域性或系统性风险，经济风险演化为社会政治风险，国际风险演化为国内风险，为全面建成小康社会创造良好环境。

打赢脱贫攻坚战。党的十八大以来，党中央团结带领全党全军全国各族人民，把脱贫攻坚摆在治国理政突出位置，充分发挥党的领导和我国社会主义制度的政治优势，采取了许多具有原创性、独特性的重大举措，组织实施了人类历史上规模最大、力度最强的脱贫攻坚战。经过八年多持续奋斗，我们如期完成了新时代脱贫攻坚目标任务，现行标准下农村贫困人口全部脱贫，贫困县全部摘帽，消除了绝对贫困和区域性整体贫困，近1亿贫困人口实现脱贫，取得了令全世界刮目相看的重大胜利。

坚决打赢污染防治攻坚战。党的十八大以来，我国先后制定修订9部生态环境法律和20余部行政法规。2015年又实施了"史上最严"的新环境保护法，并进行了多轮中央生态环境保护督察，生态环境质量总体提高。打好污染防治攻坚战，必须深化生态环保领域改革，大力推动形成绿色发展方式和生活方式，加大生态保护力度，有效防范和化解环境风险。必须顶住经济下行压力确保环境监管不放松，坚持方向不变、力度不减，突出精准治污、科学治污、依法治污。

第六节 全面建成小康社会开启现代化建设新征程

全面小康社会是为实现社会主义现代化建设和中华民族伟大复兴奠定坚实基础的小康社会，是一个承上启下的发展阶段。全面建成小康社会开启全面建设社会主义现代化国家新征程，是新时代坚持和发展中国特色社会主义的战略安排。我们既要全面建成小康社会实现第一个百年计划，又要乘势而上开启全面建设社会主义现代化国家新征程，为实现第二个百年奋斗目标努力。

（一）社会主义现代化建设的时代机遇

为实现"三步走"的现代化发展战略，在实现"三步走"前两个战略目标的基础上，2012年党的十八大又明确了"两个一百年"奋斗目标。2020年，我国已基本完成第一个百年奋斗目标，即全面建成小康社会，并进一步明确了第二个百年奋斗目标的阶段性任务：第一阶段，从2020年到2035年，在全面建成小康社会的基础上，再奋斗十五年，基本实现社会主义现代化。第二阶段，从2035年到21世纪中叶，在基本实现现代化的基础上，把我国建设成为富强民主文明和谐美丽的社会主义现代化强国。

全面建成小康社会是"两个一百年"奋斗目标的第一个目标，是第二个目标坚实的发展基础，第一个百年奋斗目标的实现标志着我们向第二个百年奋斗目标迈出了至关重要的一步。立足于发展基础和发展阶段，实现第二个百年奋斗目标就需要在实践中落实好统筹规划，抓住战略机遇期的重要时代契机，充分发挥独特优势。一是产业结构优化新机遇。我国经济结构失衡，产业门类虽然齐全，但产业大而不全、不精，主要集中于低端产业。应抓住结构优化机遇期，加快改造提升传统行业，发展先进制造业，培育和发展有竞争力的现代服务业，构建现代化产业体系。二是创新发展机遇。当前我国亟须转变经济发展方式，加快建立现代企业制度，提高自主创新能力。实施创新驱动发展战略，更多依靠内需拉动，更多依靠科技进步，劳动者素质提高，管理创新驱动，提高经济发展的质量和效益，增强自主创新能力，构建以提质增效为核心的技术创新体系。三是绿色发展新机遇。尊重自然、顺应自然、保护自然是人类开发利用自然资源的重要前提。相对于工业文明为自然带来的破坏，绿色发展是人类发展的一个新的阶段，是人类面临资源环境约束和生态污染的科学选择。同时，也是世界各国发展的重要机遇期，我国要构建低耗能、低排放、低污染的绿色循环低碳型经济发展模式，提高自然资源利用的可持续性。四是全球治理新机遇。随着中国在全球舞台上扮演的角色愈加重要，中国有能力也有责任为全球治理体系的合理化和公正化贡献中国智慧。

（二）开启全面建设社会主义现代化新征程

建设现代化国家和实现中华民族伟大复兴，是近代以来中华民族孜孜以求的奋斗目标。在不同历史阶段，结合国内外实际，提出相应战略目标是中国共产党执政兴国的重要经验。党的十九大描绘了全面建成小康社会、开启全面建设社会主义现代化新征程和民族复兴的蓝图。全面建成小康社会是现代化建设的新起点，开启现代化建设的新征程必须在实现全面建成小康社会的基础之上。

从全面建成小康社会到基本实现现代化，再到全面建成富强民主文明和谐美丽的社会主义现代化强国，既包括经济、政治、社会、文化、生态等领域的一系列伟大变迁，也包括地区之间、城乡之间、社会各阶层之间利益格局的深刻变化，既充满着机遇，也面临了新的矛盾和挑战。开启全面建设社会主义现代化国家新征程不仅需要明确现代化的目标和方向，更需要凝聚全社会力量，不忘初心，勠力同心。第一，埋头苦干，确保全面建成小康社会目标如期实现。在全面建成小康社会的决胜之年，紧扣我国社会主要矛盾变化，全面攻克短板弱项。坚持问题导向，对照全面建成小康社会目标要求，着力解决突出矛盾和问题。第二，不忘初心，制定和实施系统、协调的社会主义现代化发展战略。全面建成小康社会就是要妥善处理各种社会矛盾和利益关系，为现代化营造平稳的建设环境。将基本实现现代化时间提前到2035年，是党中央结合我国发展建设实际作出的科学决断。同时，也要落实以人为本的科学发展观，做好经济建设、政治建设、文化建设、社会建设、生态文明建设等相应的战略规划。第三，坚韧不拔，奋力推进现代化建设。要实现社会主义现代化强国的蓝图和目标，必须贯彻习近平新时代中国特色社会主义思想，坚持党的领导地位，明确前进方向，调动全社会积极性，凝聚全社会力量。

第七节　全面建成小康社会的世界意义和影响

近代以来，中华民族历经坎坷，经历了百年屈辱。如今，我们正在走近世界舞台中央，扮演着无可替代的角色。中国作为世界上人口最多的发展中国家，建成惠及十几亿人口的全面小康社会，将极大促进人的全面发展，将极大推动人类减贫事业的进步，为人类社会发展贡献中国力量。

（一）促进人类社会全面发展

中华人民共和国成立初期，社会主义中国贫穷落后，社会主义中国的农村一度被认为是地球上最落后的地方。直到1981年，中国绝对贫困人口数量为8.35亿人，占当时世界总贫困人口总数43.1%。"冷战"时期美国国务卿艾奇逊曾预言："中国人口众多，历代政府包括国民党政府都没有解决中国人的吃饭问题。同样，共产党政权也解决不了这个问题。"

全面建成小康社会，标志着中国人民将彻底告别贫困，普遍过上殷实富裕的生活，人民的生存权、发展权得到更好的保障。改革开放后，中国大力推动全面小康社会建设，人民生活水平大幅提升。2019年，我国人均国民总收入达到10410美元，高于中等收入国家平均水平，而1978年人均国民总收入只有200美元。2019年，我国居民恩格尔系数为30.2%，而1978年约为60%。人民生活水平的高低是衡量人权保障能力的主要指标，贫困是影响人权实现的最大障碍。中国把贫困人口脱贫作为全面建成小康社会的底线任务和基本标志，积极致力于扶贫事业，促进了世界贫困人口数量的大幅下降，全球贫困人口数量减少的成就90%以上来自中国，中国在联合国减贫目标实现的过程中成为领军力量。并且，在中国共产党的领导下，社会主义中国已成功地走出了一条符合国情的人权发展道路，丰富和发展了人类文明的多样性。中国的减贫经验为发展中国家消除贫困提供了可借鉴的模式，丰富了世界减贫模式，对人类社会发展产生了重要影响。全面小康社会将促进人的全面发展作为根本任务和目标，彰显了中国特色社会主义制度的优越性；不仅更好地保障了人民的生存权，而且有效保障了人民的经济、社会、文化权利的实现；既造福中国人民，也造福世界各国人民，为世界人权事业的发展作出了重要贡献。

（二）促进世界经济快速发展

全面建成小康社会，实现社会主义现代化和中华民族伟大复兴，最根本的任务还是要进一步解放和发展社会生产力。2020年，实现国内生产总值和城乡居民人均收入比2010年翻一番，是中国全面建成小康社会提出的经济增长目标。同时，中国经济发展已成为世界经济发展的重要引擎，要为世界经济发展不断创造新机遇。

国家统计局报告显示,改革开放四十多年来,中国经济以年均近10%的速度增长,GDP增长33.5倍,在世界经济总量的比重从1%提高到12%。2006年开始,中国对世界经济增长贡献率稳居世界第一,成为世界经济增长第一引擎。2012年以来,中国经济发展进入新常态,增速虽有所放缓,但增长速度仍然位居世界主要经济体最前列。近年中国经济增长对世界经济增长的贡献率达30%左右。伴随着全面建成小康社会的实现,中国需求将持续强劲释放,为世界经济发展带来新机遇。当前,全球范围内的消费力量正从传统欧美发达市场向新兴市场转移。中国庞大的人口基数和购买力,有望成为世界规模最大的进口市场和增长最快的进口市场。庞大的中国市场将成为引领全球经济持续增长的新动力。《2020年国民经济和社会发展统计公报》显示,我国经济总量突破百万亿大关,是全球唯一实现经济正增长的主要经济体。新冠疫情暴发后,我国经济恢复走在世界前列,在2020年一季度国内生产总值大幅下降的情况下,二季度增速由负转正,三四季度不断增长,走出了一条令世界惊叹的"V"型曲线,成为推动全球经济复苏的主要力量。

(三)拓展发展中国家发展道路选择

小康社会建设使得中国的综合国力显著增强,在世界舞台上扮演的角色越来越重要。改革开放使中国经济活力迅速释放,在发展规模和发展速度上取得了举世瞩目的增长。推动这样一个庞大经济体的改革与发展,在国际范围内也无先例可循。《中共中央关于全面深化改革若干重大问题的决定》在论述改革开放的成功经验时,特别指出:"最重要的是,坚持党的领导,贯彻党的基本路线,不走封闭僵化的老路,不走改旗易帜的邪路,坚定走中国特色社会主义道路,始终确保改革正确方向。"找到了适合自身、寻求公正与高质量增长发展途径的中国现代化发展道路引起了世界广泛关注。中国的发展模式和经验,既增强了其他发展中国家探索自己发展道路的信心,也为他们提供了一定的借鉴。

中国建设小康社会的富强之路为世界贡献了中国经验和中国智慧，提供了选择发展道路的新方案。

中国对世界的贡献不仅在于促进经济增长，还在于发展模式创新和社会主义制度创新等贡献。"四个全面"战略布局、新发展理念，完整表述了面向中国未来发展的治国理政总体框架和中国国家治理思想的内核，彰显了对中国特色社会主义的道路自信、理论自信、制度自信、文化自信，是对全球治理模式的重大创新。社会主义制度最大的优越性是共同富裕，最明显的标志是生产力发展。只有人人都能够享受到改革发展的成果，达到共同富裕，才能够更好地显示社会主义制度的优越性。全面建成小康社会将是中国特色社会主义制度优势的集中体现，是对社会主义发展模式的重大创新。当前，中国正以共商共建共享理念提出构建人类命运共同体，为全人类共同的美好未来指明了方向，为推动人类社会共同进步贡献出中国智慧。中国共产党领导下的中国，正在实现自身发展目标的道路上稳步前行，同时也为促进世界和平、稳定与发展作出越来越重要的贡献。

第四章

全面建成小康社会的行动指南

党的十八大以来，以习近平同志为核心的党中央深刻把握国内国际两个大局，从党和国家事业发展的工作全局出发，向全体中国人民和全世界作出了全面建成小康社会的庄严承诺。在当前全面建成小康社会决胜阶段，实现全面建成小康社会的宏伟目标、夺取全面建成小康社会的最终胜利要牢牢把握行动指南。全面建成小康社会行动指南紧紧围绕全面建成小康社会的总目标，既与党的十八大提出的夺取中国特色社会主义新胜利要把握的"八个坚持"一脉相承，又与"四个全面"布局相衔接，有丰富的科学内涵，是适应全面建成小康社会决胜阶段现实状况提出的，是实现全面建成小康社会宏伟目标的重要保障。

第一节　坚持人民主体地位

坚持人民主体地位是全面建成小康社会的根本力量。坚持人民的主体地位，是由我们马克思主义政党的唯物史观和始终如一的全心全意为人民服务的工作宗旨所决定的。习近平总书记在十三届全国人大一次会议上强调，中国共产党要始终坚持尊重人民、相信人民、依靠人民的优良工作传统。党的十八届五中全会将坚持人民主体地位放在行动指南之首，表明了在全面建成小康社会决胜阶段对人民主体地位的高度重视。坚持人民主体地位，以人民为中心，解决了

第四章
全面建成小康社会的行动指南

全面建成小康社会为了谁、依靠谁的问题，是马克思主义群众观点的体现，是社会主义的本质要求，也是我们党的根本宗旨所决定的。全面建成小康社会，必须始终坚持人民主体地位，始终坚持人民的实践主体地位、利益主体地位、价值主体地位，注重充分发挥人民的主观能动性和历史创造性，进而不断增进人民福祉，发展全过程人民民主，有效维护社会公平正义，更好地保障人民平等发展的权利。

（一）以增进人民福祉为出发点

全面建成小康社会，充分体现我们党始终站在时代发展的最前沿，始终把增进人民福祉，促进人的全面发展作为执政兴国的根本出发点和落脚点。党的十八大以来，我们党接续推动的全面深化改革伟大事业，其核心内容之一便是致力于全面建成发展成果可以普惠14亿中国人民的小康社会。在全面建成小康社会的历史征程中，不断增进民生福祉，始终是我们党领导人民开展经济社会建设的根本出发点。中华人民共和国成立以来，特别是党的十八大以来，我国各族人民在党中央的坚强领导下，真抓实干，逐步实现了由贫困到温饱、由温饱到全面建设小康社会，再到全面建成小康社会的跨时代发展，正大步行进在全面建成小康社会的康庄大道上。

习近平总书记在全面深化改革领导小组第23次会议上提出"改革既要往有利于增添发展新动力方向前进，也要往有利于维护社会公平正义方向前进"的改革发展方向，为我国立足于全面深化改革决胜全面建成小康社会、不断增进人民福祉提供了方向指引和行动遵循。党的十八大以来，党中央始终坚持以人民为中心的发展理念，依托惠民富民的政策法律支撑，不断加强经济建设和民生福利保障，全面压实民生工程指标，进而不断稳步提升广大人民群众的工作生活安全感、获得感与幸福感。

习近平总书记曾多次指出，人民是推动发展的根本力量，必须坚持以人民为中心的发展思想，把增进人民福祉、促进人的全面发展作为发展的出发点和落脚点，发展全过程人民民主，维护社会公平正义，保障人民平等参与、平等发展权利，充分调动人民积极性、主动性、创造性。以增进人民福祉为出发点，是全面建成小康社会并使改革发展成果真正惠及14亿中国人民的内在要求，是我们党持之以恒的核心执政理念。特别是党的十八大以来，我们党充分发扬社会主义民主，不断激发民生活力，广泛汇聚民间智慧，全方位激发群众创造活力，不断增强广大人民群众的幸福感、获得感。

（二）发展人民民主

决胜全面建成小康社会，开启全面建设社会主义现代化国家新征程，是我们党直面国内国际形势的深刻变化做出的重要战略安排。改革开放四十多年以来，我们党带领中国广大人民成功地实现了经济的快速发展，全面有序地实现了全国人民的温饱无虞，如今正奋力行进在全面建成小康社会的康庄大道上。为此，我们党确立了"两个一百年"奋斗目标，即到建党一百年时建成经济更加发展、民主更加健全、科教更加进步、文化更加繁荣、社会更加和谐、人民生活更加殷实的小康社会，然后再奋斗三十年，到中华人民共和国成立一百年时，基本实现现代化，把我国全面建成社会主义现代化国家。

古语有云："治国有常，而利民为本。"中国共产党的根本宗旨是全心全意为人民服务。《中国共产党章程》总纲中明确指出，坚持全心全意为人民服务。党除了工人阶级和最广大人民群众的利益，没有自己特殊的利益。党在任何时候都把群众利益放在第一位，同群众同甘共苦，保持最密切的联系，不允许任何党员脱离群众，凌驾于群众之上。党在自己的工作中实行群众路线，一切为了群众，一切依靠群众，从群众中来，到群众中去，把党的正确主张变为群众的自觉行动。始终坚持人民当家作主，不断创新和发展社会主义民主，与时俱进地加强与人民群众的鱼水关系，进而牢固依托广大人民群众的衷心拥护不断推进我国社会主义建设各项事业全方位发展进步，是新时代条件下我们党治国理政，不断提升治理能力和治理水平，稳步实现国家治理体系和治理能力现代化的强有力支撑。

在改革开放进入深水区和全面建成小康社会进入攻坚期的历史阶段，要始终坚持中国共产党的正确领导，充分发扬社会主义民主，使人民政府为人民服务的宗旨得到切实践行，对人民服务的工作信条得到有效实施，进而从根本上充分保障广大人民群众的利益。此外，通过在全国范围内广泛开展人民政治协商、多种形式的人民民主监督，求真务实地参政议政，在虚心倾听人民心声的基础上自觉接受人民的监督，将有中国特色的社会主义民主实践不断地进行有效实践和丰富，不断激发人民群众投身社会主义建设事业的主观能动性和创造性，为全面建成小康社会和实现中华民族伟大复兴的中国梦积聚磅礴的社会民意支撑。

（三）维护社会公平正义

中国共产党自成立之日起，就把实现和维护社会公平正义作为始终不渝的价值目标。中华人民共和国成立以来，特别是改革开放以来，我国经济社会发展取得的巨大成就，为实现社会公平正义提供了物质基础和有利条件。随着我国社会深刻变革，影响社会公平正义的各种矛盾和问题日益突出，人民群众对党和政府维护社会公平正义的要求越来越强烈。因此，在全面建成小康社会的过程中，要始终注重在全社会形成一种充分保障社会公平正义的良好氛围，立足制度建设，切实保障广大人民群众的切身合法权益，从而确保全体人民依法平等享有法律所赋予的各项权利与义务。

维护和促进社会公平正义是实现全面小康发展的关键一环。从改革开放四十多年的奋斗历程来看，在20世纪末基本实现总体小康之前，我国经济社会发展的着力点主要聚焦在发展这个重点方面，主要是为全面建设小康社会以及维护和促进社会公平正义积累所需的社会物质财富。21世纪以来，随着我国经济社会日新月异的巨大发展进步，特别是我国一跃成为世界第二大经济体之后，党中央在党的十八大上基于前一阶段更高水平全面小康发展的工作基础，提出要全面建成小康社会,并强调要把维护和促进社会公平正义与改革发展并重,全面提升人民群众的幸福感、获得感。

在改革开放的很长一段时间里,我们党都强调允许一部分地区和一部分人在市场经济中,通过自身的合法经营首先富起来,并在富起来之后依托自身的发展优势带动更多的地区和更多的人富裕起来,在这个过程中有效地去维护和促进整个国家的社会公平正义。随着市场经济的日益完善和经济社会的不断发展进步,人民群众对社会公平的关注度日益提升,维护和促进社会公平正义的社会发展理念日益深入人心。进入新时代以来,随着人民群众对美好生活的需要和向往与现实供给不充分不平衡的矛盾逐步凸显,城乡发展不平衡和我国居民收入差距不断拉大等问题日益突出,经济社会发展不均衡、不协调、不可持续等问题愈发凸显。在此基础上,我们党着眼于全面建成小康社会的总体战略布局,从全局出发,不断加强对关乎社会公平正义的法律政策的健全与完善,下大力气培育和营造责任、权利、义务平等的社会公平保障体制机制。维护和促进社会公平正义,既是全面建成小康社会的题中应有之义,也是有效保障广大人民群众更加有尊严地享有幸福工作生活的合法权益的必然要求。

维护和促进社会公平正义,始终是我们党立党为公、执政为民的基本信条之一。我国当前及长期处于社会主义初级阶段这一现状短期之内不会改变,尽管中国已经通过改革开放的伟大征程实现了经济社会翻天覆地的大发展,但我国人口众多、人均发展水平偏低的现状依然不容忽视,中国仍然是最大的发展中国家的基本国情并没有发生根本性的改变,所以在相当长的一段历史时期内,发展仍然是解决我国一系列经济社会发展问题的核心。改革与发展,始终是推进我国经济社会实现长远健康可持续发展的关键动力驱动。党的十八大以来,党中央聚焦全面建成小康社会,推进全面深化改革各项工作部署,注重从顶层设计层面去科学系统地推进有中国特色的全面小康社会建设发展之路。改革开放四十多年的奋斗历程已经表明,党中央在推进全面建成小康社会的过程中,始终注重维护和促进社会公平正义,并在此基础上充分发挥市场在资源配置中的决定性作用,全面解放和发展社会主义生产力,改革和破除一切束缚经济社会发展的生产关系,调动广大人民群众勤劳致富、建设小康家园的主观能动性和伟大创造力。当下,我国的全面深化改革事业已经进入了深水区,全面建成小康社会的伟大事业也已经进入了攻坚决胜的关键期,改革和建设的压力及挑战前所未有,也在客观上呼唤着更加注重社会公平正义的经济社会发展环境,进而实现有效保障全体社会成员平等参与发展建设的合法权利与义务,更好地分享我国改革发展的巨大成果,为全面建成小康社会形成强大的社会凝聚力与民族向心力。

(四)保障人民平等发展权利

党的十八届五中全会通过的《中共中央关于制定国民经济和社会发展第十三个五年规划的建议》,明确指出要坚持人民主体地位,人民是推动发展的根本力量,实现好、维护好、发展好最广大人民根本利益是发展的根本目的。必须坚持以人民为中心的发展思想,把增进人民福祉、促进人的全面发展作为发展的出发点和落脚点,发展全过程人民民主,维护社会公平正义,保障人民平等参与、平等发展的权利,充分调动人民的积极性、主动性、创造性。

党的十八大报告明确指出,公平正义是中国特色社会主义的内在要求。因此,我国要在积极推动经济社会持续健康发展的同时,抓好顶层设计,建立一系列可以有效维护和促进社会公平正义,有助于实现广大人民群众合法权利、责任、义务同步发展的制度保障体系,进而在全社会营造一种更加有利于保障全体人民平等参与经济社会发展各项事业,平等享受改革与发展中惠民红利的健康社会环境。党的十八大以来,以习近平同志为核心的党中央聚焦人民群众对美好生活的向往,直面群众关注的民生问题,在持续有效推进经济社会健康有序发展的基础上,从不断加强和改善民生保障体制机制建设,不断推进以人民为中心的深化改革,不断丰富和拓展公共产品和公共服务的供给领域与供给质量,不断促进社会资源的优化配置流动,持续推进事关民生的教育、医疗、养老、住房等重点领域改革工作。久久为功，已基本形成了全体人民学有所教、劳有所得、病有所医、老有所养、住有所居的全体人民平等发展社会格局，有效地推动了社会公平正义在中国大地的和谐有序发展。

中国既是一个发展中的大国，也是全世界最大的发展中国家。我们党作为领导拥有14多亿人民的世界性大国的核心中坚力量，始终坚持道路自信、理论自信、制度自信、文化自信，持续推进全面建成小康社会的各项工作，取得了举世瞩目的改革发展成就。中国是世界上历史最为悠久灿烂的文明古国之一，中国人民具有勤劳、勇敢、善良、智慧的优秀品质，中国人民为整个人类社会的发展与进步作出了历史性的重大贡献。中华人民共和国成立以来，特别是党的十八大以来，我国公民平等参与发展的各项权利得到不断的丰富与发展。在党中央的领导下，依托科学精准施策，我国广大人民群众的平等参与权与平等发展权、平等受益权已进一步得到了充分有效的保障，为全面建成小康社会打下了坚实的社会发展基础。

（五）充分调动人民的积极性、主动性和创造性

"大道之行也，天下为公。"党中央领导全国人民接续推进全面建成小康社会的伟大事业，就是要更好地为人民服务，更好地务实惠民，更好地推进社会均衡发展进步，更好地推进平等发展权利义务均等化、更好地推动改革发展建设成果惠及全体中国人民，更好地提升经济社会发展进步的公平性、正义性、可持续性，进而更有效地充分调动起广大人民群众积极投身全面深化改革与全面建成小康社会各项事业的积极性、主动性和创造性。

在全面建成小康社会的过程中，我们党要始终从人民的根本利益出发，站在广大人民群众的立场上科学系统地驾驭和引领好全面深化改革的发展方向，妥善地处理好事关群众切身发展利益的改革发展重大时代问题，不断丰富和完善发展理念、发展模式，不断促进社会公平正义。新时代条件下，我们党充分有效地调动广大人民群众参与小康社会建设的积极性主动性、创造性，实质上

就是要在党中央的坚强领导下,将全体中国人民的智慧与力量统一到经济社会建设的各项事业中。同时,在全面建成小康社会的过程中,要立足不断维护和促进社会公平正义的有效实现,持续地使改革发展成果更多更好更公平地惠及广大人民群众,稳步增进民生福祉。

第二节 坚持科学发展

坚持科学发展是全面建成小康社会的指导方针。习近平总书记在庆祝改革开放四十周年大会上的重要讲话中强调,只有牢牢扭住经济建设这个中心,毫不动摇坚持发展才是硬道理、发展应该是科学发展和高质量发展的战略思想,推动经济社会持续健康发展,才能全面增强我国经济实力、科技实力、国防实力、综合国力,才能为坚持和发展中国特色社会主义、为实现中华民族伟大复兴奠定雄厚物质基础。科学发展原则强调通过提高发展质量来实现目标。新时代条件下,发展不能只追求速度,不讲质量;不能只追求局部,不讲整体;不能只追求当下,不顾长远。坚持科学发展,统筹做好稳增长、调结构、促改革、惠民生各方面工作,实现全面协调可持续的发展是全面建成小康社会的关键。

(一)把握发展新特征

改革开放四十多年来,中国人民在中国共产党的坚强领导下,通过艰苦卓绝的发展奋斗,取得了令世界瞩目的伟大成就,中国成为世界第二大经济体。据国家统计局统计数据表明,我国经济总量突破百万亿大关,近年来我国经济增长对世界经济增长的贡献率高达30%。在世界经济发展趋缓的大背景下,我国依然是拉动世界经济发展与增长的强大动力源,我国人均GDP突破1万美元,已稳居世界中等收入国家行列。当前我国经济社会持续健康向前发展,政治建设持续推进,社会文化建设事业不断取得新的进步,和谐社会建设不断向前推进，生态文明建设成绩斐然，全面建成小康社会各项工作稳步有序推进，都为党中央把握时代发展特征与规律，推动中国经济社会由高速度向高质量发展奠定了坚实的基础。

改革开放四十多年以来，我国各族人民在党中央的坚强领导下，始终坚持以经济建设为中心，坚持把发展作为执政兴国的第一要务，用艰苦创业实践生动谱写了一幅中国经济社会跨越式发展的宏伟画卷。发展，始终是解决中国一切经济社会问题的根本支撑所在。过往成功的经济社会发展经验已经雄辩地证明，发展既是推进我国经济社会不断发展进步的硬道理，也是中国最广大人民群众的实际民意的最佳表达。当前，我国改革开放各项工作已经进入了深水期与攻坚期，很多制约我国进一步深化发展的结构性矛盾依然较为突出，所以我们需要通过继续坚持以发展为执政兴国的第一要务，广泛地汇聚起全面深化改革和全面建成小康社会的磅礴力量，进一步持续增强我国的综合国力，不断提升我国的经济社会发展水平。

党的十九大报告指出，中国特色社会主义进入新时代，我国社会主要矛盾已经转化为人民日益增长的美好生活需要和不平衡不充分的发展之间的矛盾。随着我国社会主要矛盾的转化，中国特色社会主义事业也迈入了新的发展阶段，这无疑为我国经济社会由高速度向高质量发展奠定了坚实的物质基础和群众民意基础。进入21世纪以来，世界政治、经济格局已发生了极为深刻的变革，世界经济的增长动能已由欧美转到以中国为代表的亚太地区。经济全球化及世界政治经济治理体系都面临着新的改革调整机遇。同时，我们在充分肯定我国巨大经济社会发展成就的同时，也要清醒地意识到我国仍然处于并将长期处于社会主义初级阶段，我国仍然是世界上最大的发展中国家，我国人口众多而带来的人均水平偏低，区域经济社会发展不平衡，社会生产力发展水平还有待进一步提高等基本国情。要始终保持战略定力，聚焦把我国建设成为社会主义的现代化强国，实现"两个一百年"奋斗目标和中华民族伟大复兴的中国梦，持续发力，久久为功。

（二）加大结构性改革力度

习近平总书记在党的十八届五中全会上指出，要大力推进结构性改革，持续推动经济持续健康发展。我国在全面深化改革和全面建设小康社会的过程中，要始终坚持锐意改革、大胆创新的工作思路，与时俱进地解放思想、实事求是，坚持以创新、协调、绿色、开放、共享的新发展理念为引领，不断加大结构性改革力度，下大力气从我国经济社会发展全局的角度全方位调整优化资源要素配置不平衡的问题，不断优化资源供给质量，不断推进供给侧结构性改革，持续推进经济社会健康发展。

加大结构性改革，是全面深化改革的必然要求。在全面深化改革和全面推进小康社会建设工作的过程中，要始终坚持和依靠在事关经济社会发展事业成败的关键领域和重要环节的全面深化改革工作，要不断依托结构性改革的工作优势，聚焦全面建成小康社会各项工作目标，妥善化解制约我国经济社会发展的体制机制性问题，有效实现以创新带动新发展，以新发展促进供给侧结构性改革的发展局面，进而更加科学有效地实现党中央设定的稳增长、调结构的战略性发展目标。

加大结构性改革，是有效破除我国经济社会发展结构性矛盾的关键。党的十八大以来，党中央聚焦全面建成小康社会各项重点工作，从结构性改革入手，持续开展了化解过剩产能、降低实体经济企业成本、化解房地产库存、防范化解金融风险四项重点工作，积极探索破解传统产业转型升级难，结构性问题突出等深层次问题，不断优化资源要素投入结构，推进经济增长动力转型升级提质换挡。同时，还要紧紧依托加大结构性改革，不断深化经济体制改革，不断健全和完善促进经济社会健康可持续发展的体制机制，不断推进科学发展。

（三）加快转变经济发展方式

2020年既是全面建成小康社会的决胜之年，也是"十三五"规划的收官之年，还是脱贫攻坚决战决胜之年。尽管新冠疫情给我国的经济社会运行造成了巨大的影响，给全面建成小康社会、完成"十三五"规划以及脱贫攻坚带来了十分严峻的挑战，但我国作为有着巨大人口基数的内需强劲型国家，经济社会发展具有十分巨大的发展韧性，故而我国经济社会发展稳中向好、逐步爬升、长期向好的基本面没有发生变化。在新冠疫情常态化防控的形势下，在党中央的坚强领导下，我们始终坚定改革发展全面奔小康的信心，善于化解和利用疫情的不利影响，化危为机，大力推进加快转变经济发展方式的提质换挡进程，稳步推动我国经济社会由高速度向高质量发展转变。

目前，我国疫情防控形势整体平稳可控，对经济社会运行的不利影响正在逐步化解。在系统统筹推进疫情防控和经济社会发展工作的同时，应该继续坚持新发展理念，持续加快转变经济发展方式，把实体经济特别是制造业做实做强做优，推进5G、物联网、人工智能、工业互联网等新型基建投资，加大交通、水利、能源等领域投资力度，补齐农村基础设施和公共服务短板，着力解决发展不平衡不充分问题。围绕产业链部署创新链、围绕创新链布局产业链，推动经济高质量发展迈出更大步伐。坚持稳中求进的工作总基调，坚持新发展理念，扎实做好稳就业、稳金融、稳外贸、稳外资、稳投资、稳预期工作，全面落实保居民就业、保基本民生、保市场主体、保粮食能源安全、保产业链供应链稳定、保基层运转任务，努力克服新冠疫情带来的不利影响，确保全面建成小康社会。

（四）实现高质量的可持续发展

习近平总书记在党的十九大报告中，描绘出我国2020年全面建成小康社会，2035年基本实现社会主义现代化，2050年建成富强民主文明和谐美丽的社会主义现代化强国的宏伟蓝图。这就需要我们在直面人民日益增长的美好生活需要和不平衡不充分的发展之间的矛盾，精准把控经济社会运行过程中的主要矛盾，不断创新和完善经济社会发展模式，努力实现经济社会高质量可持续发展。

当前，我国正处在社会主义现代化经济由高速度发展向高质量发展转变的关键时期，高质量和可持续已然成为发展之外最重要的目标设定。这就意味着全面建成小康社会过程中要更加遵循人与自然的规律，进而处理好人与自然的关系，实现政治、经济、文化、社会、生态五个方面协调发展。可持续发展要求经济发展方式向集约型转变，实现生态效益、经济效益、社会效益的统一。这与全面建成小康社会目标相一致。要不断加强质量有保障、生态可持续、经济高质量的经济体系建设，从全局的角度不断优化经济运行结构，为建设现代化经济体系夯实实体经济基础。同时，还应紧扣高质量发展的可持续发展目标，不断加强以创新驱动为引领的创新、协调、绿色、开放、共享为内核的现代化经济社会运行体系，不断丰富和完善社会主义市场经济体制，建立健全建设现代化经济体系的制度安排。

（五）坚定走文明发展道路

党的十九大报告提出，我国要坚持节约资源和保护环境的基本国策，坚定走生产发展、生活富裕、生态良好的文明发展道路，建设美丽中国。坚定走文明发展道路，就必须牢固树立生态文明建设理念。生态文明建设，是关系中华民族永续发展的千年大计。习近平总书记反复强调必须大力践行绿水青山就是金山银山的重要发展理念，坚持节约资源和保护环境的基本国策。

坚定走文明发展道路，就是要在全国范围内大力践行生态文明理念，实行严格的生态环境保护。在推进经济社会发展的过程中，始终注重敬畏自然、顺应自然和切实保护自然生态环境，不断推进人与自然和谐共生、美美与共的生产生活实践，为经济社会健康持续发展打下坚实的物质基础。同时，在大力推进文明发展的过程中，要切实做好生态自然资源的有效保护利用工作，不断健全和完善生态自然资源确权交易及可持续循环利用的体制机制，不断推进垃圾分类和自然生态资源有序可持续利用工作，全方位打造以低碳、生态、环保、可持续为内核的生态资源利用体系。

习近平总书记曾多次强调，山水林田湖是一个生命共同体，人的命脉在田，田的命脉在水，水的命脉在山，山的命脉在土，土的命脉在树。我国在坚定不移走文明发展道路的过程中，要始终注重加强对山水林田湖在内的森林、草原、湿地、湖泊、海洋等自然生态资源的可持续开发与保护利用，要坚持做好系统保护治理工作，在为后世子孙留下金山银山的基础上，也留下一片可供永续发展利用的绿水青山。为此，在加强国土绿化建设和生态综合治理的过程中，要不断健全和完善生态环境保护的相关法律法规，依法加强对生态环境保护领域的考核问责，进而确保中华民族的永续健康发展。

第三节 坚持深化改革

坚持深化改革是全面建成小康社会的内在动力。肆虐全球的新冠疫情给我国经济社会发展运行带来了极为严峻的风险与挑战，我国2020年各项经济社会发展目标圆满实现，实属难能可贵，是党领导广大人民群众艰苦奋斗的宝贵成果。面对经济下行趋势不断加剧的国内外形势，我们需要更好地依托全面深化改革，有效激发社会发展的新活力、新动能与新潜力，切实做好常态化疫情防控工作，并在此基础上有效稳定住各类市场主体，贯彻落实好党中央设定的工作目标。

（一）完善和发展中国特色社会主义制度

坚持和完善中国特色社会主义制度、推进国家治理体系和治理能力现代化，是关系党和国家事业兴旺发达、国家长治久安、人民幸福安康的重大问题。党的十八大以来，以习近平同志为核心的党中央统筹国内国际两个大局，从全面建成小康社会的战略全局着眼，在党的十九大报告中明确提出要始终清醒地意识到"坚持和巩固什么、完善和发展什么"这个核心问题，下大力气完善和发展好中国特色社会主义，为我国在新时代条件下实现国家治理体系和治理能力现代化打下坚实的政治基础。

当前，我们正处在全面建成小康社会的收官之际，需要在党中央的坚强领导下把全党的思想和行动高度统一起来，从现实和理论实践的角度去更好地践行以习近平同志为核心的党中央的一系列战略部署，切实把事关全局发展成败的关键领域、关键环节工作抓实、抓细、抓牢、抓好。在全面完善和发展好中国特色社会主义制度的前提下，不断增强社会主义市场经济的发展活力，不断有效推进经济社会的健康可持续发展。同时，我们还要在党中央的坚强领导下，坚持和完善我国的基本经济制度，有效推动公有制经济和非公有制经济和谐有序共融发展，不断推进更高水平的社会主义市场经济开放发展体系，为我国经济社会由高速度发展向高质量发展转变提供强有力的支撑。

（二）健全使市场在资源配置中起决定性作用的制度体系

党的十八届三中全会指出，要使市场在资源配置中起决定性作用。习近平总书记在《切实把思想统一到党的十八届三中全会精神上来》讲话中强调，要始终坚持社会主义市场经济改革的方向不动摇，这既是我国科学有序推进社会主义经济体制改革的基本遵循，也是全面深化改革发展的重要战略支撑。使市场在资源配置中发挥决定性作用，主要涉及经济体制改革，但必然会影响到政治、文化、社会、生态文明和党的建设等各个领域。为此，我们要从不断健全和完善社会主义市场经济体制出发，持续推进健全和完善使市场在资源配置中起决定性作用的制度体系。

健全使市场在资源配置中起决定性作用的制度体系，要始终坚持党的领导，坚持社会主义市场经济改革的正确方向，科学系统地处理好政府和市场在经济社会运行过程中的关系，在充分发挥市场在资源配置中起决定性作用的同时，也要注重发挥好政府的宏观调控作用，并逐步健全和完善相关体制机制。在全面深化改革和全面建成小康社会的伟大历史进程中，依托政府和市场的良性互动作用，不断完善社会主义现代化市场经济体系、宏观调控经济体系和开放型市场经济体系。要持续从创新驱动的角度出发，不断加快转变经济社会发展方式，稳步推进中国特色社会主义经济社会发展各项事业，促进统一开放、竞争有序的社会主义市场经济加快形成，进而在全社会营造出更加公平、更有效率、生态可持续的良好发展局面。

（三）以经济体制改革为重点

党的十八届三中全会做出的《中共中央关于全面深化改革若干重大问题的决定》（以下简称《决定》），全面系统地规划了我国今后全面深化改革的路线图和时间表，是指导我国建设更加成熟、更加定型的中国特色社会主义制度的纲领性文件。《决定》同以往有关改革问题的决定的重要区别在于它是"五位一体"的全面深化改革的文件，表明中国改革已迈入一个新的阶段。与此同时，《决定》也明确指出，全面深化改革，要以经济体制改革为重点，发挥经济体制改革的牵引作用。

经济体制改革作为全面深化改革工作的重点任务。改革开放四十多年以来，我国始终坚持以经济建设为中心毫不动摇。在决胜全面建成小康社会的伟大历史征程中，在努力向高收入国家行列迈进而努力规避"中等收入陷阱"的过程中，在全力实现"两个一百年"奋斗目标，即到建党一百年时，使国民经济更加发展，各项制度更加完善；到建国一百年时，基本实现现代化，建成富强民主文明的社会主义国家，无疑都要求我们以抓铁有痕、踏石留印的工作实绩奋力推进我国的经济社会发展进程。为此，我们需要在党中央的全面领导下，立足于全面深化改革，以经济体制改革为重点，进一步破除束缚经济社会发展的一系列体制机制性障碍，不断地健全和完善社会主义市场经济体制，依托对资本、技术、管理等关键要素的科学系统有效激活，不断提升社会主义市场经济的市场活力，进而全方位促进经济社会的健康可持续发展。

全面建成小康社会，实现社会主义现代化，实现中华民族伟大复兴，最根本最紧迫的任务还是进一步解放和发展社会生产力。在此过程中，我们遇到的所有问题都要求我们必须坚持以经济建设为中心，不断解放思想，不断增强社会活力，全面地解放和发展社会主义生产力，毫不动摇地以经济体制改革为重点，有效实现经济社会的健康可持续发展。

（四）把创新摆在国家发展全局的核心位置

进入新时代，党和政府从国家民族复兴的战略高度，把创新摆在国家发展全局的核心位置，高度重视科技创新。围绕实施创新驱动发展战略、加快推进以科技创新为核心的全面创新，提出一系列新思想、新论断、新要求，为我国发挥科技创新在全面创新中的引领作用，不断加快形成以创新为主要引领和支撑的经济体系和发展模式，实现"两个一百年"奋斗目标，实现中华民族伟大复兴的中国梦，指明了发展方向。

党的十八届五中全会提出的创新、协调、绿色、开放、共享的新发展理念中，"创新发展"居于引领位置。在全面建成小康社会收官之际，更是需要坚持以创新为引领，充分发挥科学技术创新的提纲挈领性作用，系统地去改变我国过去在改革开放四十多年以来历史进程中客观存在的创新能力不强、科学技术水平有待进一步增强、科技成果有效转化率偏低的不利局面。始终注重把创新摆在国家发展全局的核心位置，实现科技创新对我国经济社会长期向好发展的动力支撑作用。

从发达国家的发展经验和我国经济社会提质增速、转型升级的客观实际出发，牢固树立以科技创新赢得未来世界科技领域发展先机和中华民族伟大复兴创新支撑的战略思维。以一种时不我待的创新精神有效破除改革发展难点重点问题，不断夯实创新发展基础，培育经济社会健康可持续发展的创新发展动力，加快形成以创新为主要引领和支撑的经济体系和发展模式，以及形成强劲的经济社会发展新动力，进而为全面建成小康社会提供强有力的科技创新支撑。

（五）破除一切不利于科学发展的体制机制障碍

习近平总书记于 2014 年 6 月 9 日在中国科学院第十七次院士大会、中国工程院第十二次院士大会上发表重要讲话并强调，多年来，我国一直存在着科技成果向现实生产力转化不力、不顺、不畅的痼疾，其中一个重要症结就在于科技创新链条上存在着诸多体制机制关卡，创新和转化各个环节衔接不够紧密。就像接力赛一样，第一棒跑到了，下一棒没有人接，或者接了不知道往哪儿跑。要解决这个问题，就必须深化科技体制改革，破除一切制约科技创新的思想障碍和制度藩篱，处理好政府和市场的关系，推动科技和经济社会发展深度融合，打通从科技强到产业强、经济强、国家强的通道，以改革释放创新活力，加快建立健全国家创新体系，让一切创新源泉充分涌流。[1]

全面深化改革，实质上就是要破除一切不利于经济社会科学发展的体制机制障碍，革除掉一切不符合创新、协调、绿色、开放、共享的新发展理念的体制机制痼疾。破除一切不利于科学发展的体制机制障碍，关键在于不断创新优化发展核心要素的市场化配置体制机制，不断提升我国经济社会发展领域的科技创新能力，不断深挖技术和产业发展潜力。在关乎国家民族全面复兴发展的重要领域，要依托更加行之有效的制度安排，进一步全面解放有利于满足广大人民群众日益增长的物质文化需求的社会主义生产力，为决胜全面建成小康社会积聚强大的制度优势。

第四节　坚持依法治国

坚持依法治国是全面建成小康社会的可靠保障。习近平总书记从党和国家

---

[1] 习近平：《在中国科学院第十七次院士大会、中国工程院第十二次院士大会上的讲话》，http://cpc.people.com.cn/n/2014/0610/c64094-25125594.html。

工作大局着眼，在党的十九大报告中深刻指出，全面依法治国是中国特色社会主义的本质要求和重要保障，是实现国家治理体系和治理能力现代化的必然要求，事关我们党执政兴国，事关人民幸福安康，事关党和国家长治久安。党的十九大报告把坚持全面依法治国确立为新时代坚持和发展中国特色社会主义的基本方略之一，既为我国在新时代条件下全面深化依法治国实践和全面建成小康社会等重大战略任务指明了发展方向，又为社会主义法治建设迈进新时代、开启新征程、谱写新篇章提供了强大思想武器和科学行动指南。

（一）建设中国特色社会主义法治体系

党的十九届四中全会审议通过的《中共中央关于坚持和完善中国特色社会主义制度、推进国家治理体系和治理能力现代化若干重大问题的决定》，对"坚持和完善中国特色社会主义法治体系，提高党依法治国、依法执政能力"作出了专门部署，对建设中国特色社会主义法治体系提出了明确要求。确定了当前和今后一个时期的努力方向、目标要求和重点任务。

党的十八大以来，我们党领导广大人民群众通过深入践行依法治国的基本方略，不断建立健全和丰富完善中国特色的社会主义法律体系，为我国经济社会的长期健康可持续发展提供了强大的法律体系支撑。在全面建成小康社会的收官之际，党领导人民进一步建立健全和丰富完善社会主义法治体系，不断从法治方面为解决党和国家事业发展面临的一系列问题提供制度化方案，为全面建成小康社会奠定更为坚实的法治基础。

（二）坚持科学立法

科学立法要求根据经济社会发展的客观需要及时制定、修改法律法规，不断健全法律制度。中华人民共和国成立以后，特别是改革开放四十多年来，我国的立法工作取得了举世瞩目的成就，逐步建立起了中国特色社会主义法律体系。党的十八大报告指出，要推进科学立法，完善中国特色社会主义法律体系；

党的十八届四中全会进一步要求形成完备的法律规范体系，完善以宪法为核心的中国特色社会主义法律体系。

全面建成小康社会要求在依法治国原则下，推进科学立法，建立起完备的法律规范体系。特别是随着改革进入深水区，社会利益关系、社会矛盾日益复杂，解决好、处理好这些问题，更加需要不断适应社会变化，为现有法律注入新活力，推进立法的科学化、民主化。因此，要更加注重"不断完善立法规划，突出立法重点，坚持立改废并举"。要通过法定程序广泛听取意见，使得立法具有针对性、及时性、可执行性，提高立法的质量，进而使法律真正成为社会认同的最大公约数，让国家意志充分体现党的主张和人民意愿。真正发挥法律作为治国之重器的作用，推动经济社会发展的进程。

（三）坚持严格执法

全面依法治国，坚持严格执法，实质上就是要以壮士断腕的决心和"钉钉子"的严格执法精神去切实落实好党中央全面依法治国的正确决策部署。在全面建成小康社会的全过程中，始终要坚持党中央的坚强领导，依托全面依法治国，坚持严格执法，在全国范围内形成守法者畅通无阻，违法者寸步难行，群众信仰法律、尊崇法律的良好社会风尚。

在全面建成小康社会收官之际，全面依法治国对于坚持和发展中国特色社会主义的重要保障作用更加凸显，坚持依法治国、严格执法，既是我国建设社会主义法治国家的内在要求，也是提升国家治理能力的重要法治支撑。天下之事，不难于立法，而难于法之必行。依托严格执法，持续推进全面依法治国的各项工作，就是在法律实施的具体过程中彰显法律权威，从而为全体中国人民树立法律思维、提升法律思维创造良好的依法治国环境。

坚持严格执法，不断推进依法治国，就是要在实际工作中，敢于坚持真理，不畏强权不为私情，坚持以事实为依据，以法律为准绳，在法律规定的范围内，依法依规严格执法。要始终注重结合工作实际，不断健全和完善执法程序，严格规范执法的工作模式及具体操作流程,将执法过程全记录建设进一步抓实抓好,从而在严格执法的过程中,不断提升文明执法的水平和社会认可度。要始终守住法律授予各执法单位的法律权限,在严格执法过程中进一步明确落实好执法责任,并根据工作实践不断健全和完善执法责任倒查追究问责机制,从而全面保障严格执法始终在法律的轨道上健康有序进行。要始终秉持严格执法为人民服务的初心,在严格执法的全过程中无死角地接受全社会及广大人民群众的全方位监督,并依法依规有效保障全体人民的知情权与参与权等法律法规授予的权利,从而保障全面依法治国下的严格执法始终公平公正地进行,不断提升严格执法的法律公信力与美誉度,为全面建成小康社会和实现中华民族伟大复兴的中国梦形成强大的社会主义法治保障。

(四)保证司法公正

改革开放四十多年来,特别是党的十八大以来,在全面建成小康社会的过程中,以习近平同志为核心的党中央立足顶层设计,全面推进我国的依法治国各项工作,为我国司法体制改革提供了坚强的法治保障。进入新时代,习近平总书记聚焦全面建成小康社会和实现"两个一百年"奋斗目标,着眼于我国经济社会的高质量发展,从坚持依法治国,保证司法公正入手,带领14亿多中国人民坚定不移地走中国特色社会主义法治道路,不断提升我国的国家治理体系和治理能力现代化水平,为决战决胜全面建成小康社会提供了强大的依法治国和司法公正保障。

司法公正作为依法治国的重要组成部分,是中国特色社会主义法治体系建设的重要内容,是我们党领导全体人民实现社会主义公平正义的重要价值理念和使命追求。全心全意为人民服务的党的奋斗宗旨,在客观上就表明了为全体中国人民保障公平正义的生活发展环境是我们党持之以恒的奋斗目标。在全面推进依法治国的过程中,党中央聚焦影响司法公正的深层次问题,下大力气深化司法体制改革,不断健全和完善维护司法公正和社会公平正义的司法体制机制，为有效保障全面建成小康社会的顺利推进筑牢了司法公正保障。在全面依法治国，保障司法公正的具体司法实践中，各级司法机关在党中央的坚强领导下，始终坚持司法为民的工作原则，坚持司法权力在阳光下运行的原则，始终秉持公正、公开的公信力建设原则，不断改进司法工作作风和推进司法公正，为全面有效地保障广大人民群众的公正司法权益开展了大量扎实有效的实践。

（五）实现全面守法

改革开放四十多年来，随着全面依法治国进程的持续全面深入推进，我国广大人民群众敬畏法律、尊崇法律的法律意识不断增强，守法用法护法的法治理念得到进一步提升，我国全面依法治国各项工作取得了长足的进展。但在客观上，由于历史及现实的原因，在广大人民群众中还不同程度地存在一些不讲文明、不守规矩的社会不良现象，需要在全面建成小康社会的进程中通过不断树立法治精神，积极促进全体中国人民形成内化于心、外化于行的全面守法意识和实际行为准则。

在全面建成小康社会收官之际，要始终注重全面推进依法治国各项工作，立足全面深化司法体制改革，不断增强宪法和法律的权威性，始终坚持科学立法的法治原则，在具体司法实践中，以司法公正为目标，坚持严格执法，进而系统地推进全社会全面守法局面的进一步巩固和完善。为此，要持续抓好法治教育和普法宣传工作，在全体公民中树立正确的法治观念和权利意识。要依托典型案例，引导广大人民群众在全面建成小康社会的日常工作中知行合一处理好学法与守法的关系，在守法的基础上要在宪法和法律允许的范围内依法保护自身合法权益。同时，要自觉遵守社会公德，在法律和道德的正确引导下积极履行公民权利义务，用实际行动尊崇和信仰法律，遇事配合执法，依靠司法来化解矛盾、处理纠纷，在依法维护自身合法权利的基础上进一步促进社会公平正义和广大人民群众全面守法意识的进一步提高，从而为构筑法治中国奠定坚实基础。

第五节 坚持统筹国内国际两个大局

坚持统筹国内国际两个大局是全面建成小康社会的必然要求。改革开放四十多年来，我们党统筹国内与国际经济社会发展两个大局，带领全体人民坚持打开国门搞开放，开放市场搞改革、搞发展。始终根据国际与国内形势的发展与变化，与时俱进地与国际国内政治经济同步互动，积极营造有利于世界各国互利共赢的全球和平发展环境。

（一）坚持打开国门搞建设

开放是国家繁荣发展的必由之路。改革开放四十多年来，我国坚持改革开放基本国策，在充分利用两个市场、两种资源的条件下，经济社会实现稳步发展。事实证明，改革开放是我们党领导全体中国人民追赶发达国家发展步伐，实现中华民族伟大复兴的中国梦的强大力量来源，是大势所趋、人心所向，停顿和倒退都没有出路。

决胜全面建成小康社会的奋斗目标，对全面深化改革提出了更加迫切的要求。我国改革已进入攻坚期和深水区，需要解决的问题十分繁重。为此，要继续坚持对外开放战略，打开国门搞建设。应坚持出口和进口并重，利用好两个市场、两种资源。下大工夫总结我国对外开放的成功经验，为夺取全面建成小康社会最终胜利奠定基础。

（二）利用好两个市场和两种资源

党的十八大以来，以习近平同志为核心的党中央直面国内国际形势的变化，始终坚持以经济建设为中心的发展方向不动摇，坚持科学发展，加快转变经济发展方式，全面深化改革，全面依法治国，加快完善各方面体制机制，更好利用两个市场、两种资源，为我国发展不断提供强大动力和有效保障。

中国开放的大门不会关闭，只会越开越大。以国内大循环为主体，绝不是关起门来封闭运行，而是通过发挥内需潜力，使国内市场和国际市场更好联通，更好利用国际国内两个市场、两种资源，实现更加强劲的可持续发展。从长远看，经济全球化仍是历史潮流，各国分工合作、互利共赢是长期趋势。我们要站在历史正确的一边，坚持深化改革、扩大开放，加强科技领域开放合作，切实利用国际国内两个市场、两种资源，不断推动建设开放型世界经济，推动构建人类命运共同体。

（三）推进"一带一路"建设

当今世界处于百年未有之大变局，和平与发展仍然是时代最鲜明的主题。伴随着和平与发展的时代总基调，世界各国之间在全球化日益深入的 21 世纪政治经济合作与交流日益深化，世界各国人民宛若共同生活在一个地球村一样进行各领域的交流与协作，共同朝着世界更美好的未来而共同奋斗。但与之相生相伴的是和平发展遭遇前所未有的风险与挑战，全球化发展面临单边主义等更加严峻的冲击，全球治理难度日益加深。凡此种种都在警示全人类，世界全球性发展进程中的问题和矛盾依然还有很多，需要世界各国共同秉持和平与发展的发展理念，在人类命运共同体理念的正确指导下，顺应世界发展大势，共同积极应对事关全人类发展命运前景的问题，共同谱写更加健康可持续的人类未来。

党的十八大以来，以习近平同志为核心的党中央，坚持统筹国内国际两个大局，从构建人类命运共同体的时代高度出发，提出了建设"一带一路"的伟大倡议，其目标就是要同"一带一路"沿线各国以及世界各国一道积极顺应经济社会全球化大发展大变革的时代潮流，进一步根据全球经济社会格局的深刻变化积极调整优化全球治理体系与治理格局。同时，要在和平与发展的时代主题下，更加科学地推进世界范围内的资源要素整合配置，充分发挥市场在资源配置中的决定性作用，妥善处理好世界各国在发展进程中的分歧，坚持互利互惠共赢的合作发展精神，助推全世界各种族、各信仰拥有者、各文化背景的人们根据自己国家所处的不同发展阶段，平等互利地共同享有世界发展所带来的时代红利，从而有序推进同舟共济、权责共担的共同体意识建设，坚持对话协商、共建共享、合作共赢、交流互鉴，聚焦政策沟通、设施联通、贸易畅通、资金融通、民心相通，推动各国加强政治互信、经济互融、人文互通。

（四）积极参与全球经济治理和公共产品供给

改革开放四十多年来，我国始终坚持改革开放的基本国策不动摇。党的十八大以来，以习近平同志为核心的党中央为了更好地顺应和进一步推进全球化经济深度融合发展的世界发展趋势，在坚持和平共处五项基本原则的基础上，不断拓展与世界各国的互利互惠交流与合作，不断拓展我国开放型经济社会发展的深度与广度，不断推进全球治理格局的发展进步，不断发挥我国负责任世界大国的使命与担当，积极为全球治理作出中国贡献，为全球经济社会发展提供不可或缺的公共产品和公共服务有效供给支撑。随着我国经济社会的持续健康发展，我国的综合国力和国际地位以及世界影响力都不断提升，为世界的和平与发展以及更好满足世界各国所急需的公共产品需求，切实担负起了世界性大国的责任。但随着中国的不断发展进步，有些国家散布"中国崩溃论"和"中国威胁论"，损毁中国的负责任大国形象。因此，在积极参与全球经济治理和公共产品供给的过程中，必须坚持以马克思主义为指导，坚持中国共产党的坚强领导，不断强化道路自信、理论自信、制度自信、文化自信，对西方先进的社会科学成果要以批判的眼光有所鉴别，去伪存真地拿来为我所用。

围绕我国和世界发展面临的重大问题，通过不断加强话语体系建设，着力提出能够体现中国立场、中国智慧、中国价值的理念、主张、方案，让世界更好地了解中国、倾听中国声音。关键是要运用中国话语，以丰富的信息资讯、鲜明的中国视角、广阔的世界眼光，讲好中国故事、传播好中国声音，进而有效实现与中国国力和中国经济影响力相匹配的话语权，保障中国负责任大国形象深入人心，为国际社会所接受和乐见，进一步彰显中国奉行和平和谐、亲诚惠容、合作共赢外交政策的和平崛起的中国国家形象，有效消弭意识形态的歧见，为全面建成小康社会提供重要支撑。

（五）积极维护世界和平

习近平总书记在纪念中国人民抗日战争暨世界反法西斯战争胜利70周年大会上指出，在那场战争中，中国人民以巨大的民族牺牲支撑起了世界反法西斯战争的东方主战场，为世界反法西斯战争胜利作出了重大贡献。其实，纪念历史并不是要铭记仇恨，而是要铭记历史，更好地警醒我国要承担起维护世界和平与发展的时代责任，使历史的悲剧不再重演。

我国作为有着五千多年悠久文化的大国，虽然仍属于世界上最大的发展中国家，但经济体量近年稳居世界第二位。中国五千多年的发展史，向全世界展示了我国热爱和平，坚定不移走和平发展道路的决心，尽管我们所处的这个世界仍然不甚太平，甚至在局部范围内从未停止过冲突与战争，但和平与发展却早已成为当今世界各国所公认的主题。中国作为联合国五大常任理事国之一，始终高举和平与发展的全球化共赢发展大旗，坚定不移履行负责任世界性大国的使命与担当，为建设一个持久和平、共同繁荣的世界，同世界各国一道不懈奋斗着。

党的十八大以来，全体人民在以习近平同志为核心的党中央坚强领导下，始终以构建人类命运共同体、互利互惠共赢地造福世界各国为己任，积极维护以联合国宪章宗旨和原则为核心的国际秩序和国际体系，积极构建以合作共赢为核心的新型国际关系，携手应对气候变化、能源资源安全、网络安全、重大自然灾害等全球性问题，共同推进世界和平与发展的崇高事业。全面建成小康社会收官之际，我国通过自身的减贫事业大发展大进步、全面建成小康社会，坚持走和平与发展的大国崛起之路，不断为世界各国的平等互利共赢发展作出新的历史性贡献。我国作为世界和平与发展的时代潮流的坚定支持者、拥护者与维护者，全体中国人民始终在中国共产党的坚强领导下，秉持更加开放的发展思路，坚定不移地奉行和平共处五项原则，愿意同世界上一切热爱和平与发展的国家平等互惠地开展合作与交流，为促进人类的长久和平与发展作出更大贡献。

第六节 坚持党的领导

坚持党的领导是全面建成小康社会的根本政治保障。中国特色社会主义最本质的特征是中国共产党的领导，中国特色社会主义制度的最大优势是中国共产党领导，党是最高政治领导力量。把党的政治建设作为党的根本性建设，必须坚持党的政治领导。没有党的领导，就没有新中国。没有党的领导，就不可能实现中华民族的伟大复兴。历史和人民选择了中国共产党的领导，就需要我们党以坚强有力的政治领导承担起历史赋予的政治责任，完成伟大的历史使命。

（一）坚持全面从严治党

办好中国的事情，关键在党，关键在党要管党、全面从严治党。党的十八大以来，以习近平同志为核心的党中央创新发展马克思主义党建学说，坚定不移推进全面从严治党，开辟了党的建设的崭新局面。在全面深化改革、全面建成小康社会收官之际，党中央全面分析党的建设面临的新形势新任务，就加强党的建设作出一系列重大部署，为新的历史条件下坚持党的领导、加强党的建设提供了根本遵循。

贯彻全面从严治党要求，必须把政治建设摆在首位。思想建党是马克思主义政党建设的基本原则，是我们党的优良传统和政治优势。习近平总书记强调，理想信念始终是共产党人安身立命的根本，必须坚定对马克思主义的信仰、对共产主义和社会主义的信念、对党和人民忠诚。思想上的清醒是政治上坚定的前提。要坚持用马克思主义中国化的最新成果武装头脑，不断提高马克思主义思想觉悟和理论水平；认真学习党章党规，切实增强"四个意识"主动向党中央看齐，向党的核心看齐，向党的理论和路线方针政策看齐，向党中央决策部署看齐，自觉在思想上政治上行动上同以习近平同志为核心的党中央保持高度一致。对党中央的部署要求，坚决贯彻落实，切实把对党绝对忠诚体现到贯彻落实维护祖国统一、维护社会稳定、维护民族团结上来，用实际行动践行对以习近平同志为核心的党中央的坚决拥护和绝对忠诚。

（二）提高党的执政能力和执政水平

党的十八大以来，以习近平同志为核心的党中央全面推进依法治国，开启了国家治理的一场深刻革命。党的十九大进一步提出，增强依法执政本领，提高党的执政能力和执政水平，加快形成覆盖党的领导和党的建设各方面的党内法规制度体系，加强和改善对国家政权机关的领导。这标志着我们党将进一步增强运用法律手段领导和治理国家的能力，努力推进党的执政方式的现代化。

提高党的执政能力和执政水平，就必须坚持法治思维。人民的利益、人民的意志，都是通过法律得到维护和保障，党和国家的一切活动都要受到"法"的约束；各级领导干部有了法治思维，牢固树立"法无授权不可为"的观念，自觉地在法治的范围内处理问题，依法执政才能有保障。因此，党员干部必须克服人治观念，自觉强化法治意识，不断提高法律素养，自觉遵守与执行法律。

提高党的执政能力和执政水平，重在坚持依宪执政。宪法是我国的根本大法，是我国依法治国的最根本依据，是党和国家事业发展的根本法治保障。全体党员要增强宪法意识，尊崇宪法、敬畏宪法；要认真学习宪法，在行动上遵守宪法、依宪执政，时刻牢记宪法红线不可逾越，宪法底线不可触碰，做遵守宪法的表率，当好尊法、学法、守法、用法的践行者和带头人。

提高党的执政能力和执政水平，必须认真学习和遵守法律法规。党员干部是党和国家政策法律的具体执行者，要带头学习和遵守法律法规，捍卫法治；要时时处处以法律为准绳，不以权压法；要坚持秉公执法，不徇私枉法；要做到法定职责必须为，坚决杜绝不作为。各级领导部门也要建立明确的权力清单，严格依法行政，切实履行职责，坚决克服政府职能错位、越位、缺位等不良现象。

总之，中国特色社会主义进入新时代后，我们党面临着前所未有的新形势和新问题，必须弘扬"赶考"精神，迎难而上，不断提高党的执政能力和领导水平。其中，新发展理念是指挥棒，不断吸收人类文明有益成果是必要准备，依法执政是法治保障。广大党员干部既要政治过硬也要本领高强，要善于处理各种复杂矛盾，敢于战胜前进道路上的各种艰难险阻，为实现全面建成小康社会贡献力量。

（三）完善党领导经济社会发展工作体制机制

中国共产党的领导，是中国革命、建设、改革取得胜利的强大政治保障，是我们改革开放取得历史性发展成就的重大改革发展保障。因此，中国共产党的领导是中国特色社会主义的本质特征，是中国特色社会主义制度的最大优势，是全面建成小康社会，实现中华民族伟大复兴的中国梦的根本政治保障。东西南北中，党是领导一切的，中国经济社会发展也不例外。我们要全面建成小康社会，就必须加强和改善党的领导，完善党领导经济社会发展工作体制机制。

我国作为世界第二大经济体与最大的发展中国家，既面临着前所未有的改革发展历史机遇期，也面临着国内国际矛盾与风险隐患叠加爆发的巨大风险与挑战。面对突如其来的新冠疫情冲击，我们一手抓疫情防控、一手抓经济社会发展，经济稳步恢复，经济增长明显好于预期。这些都充分说明，党的领导是我们抵御风险挑战、引领中国经济行稳致远的根本保证。当前和今后一个时期，我国发展仍然处于重要战略机遇期，但机遇和挑战都有新的发展变化。面对新形势新任务，我们要科学把握我国经济的"时"与"势"，最大限度发挥我国发展的优势和条件，最关键在于坚持和完善党领导经济社会发展的体制机制。首先要把制度优势转化为治理效能。长期以来，我们党领导经济社会发展，主要是把握方向，谋划全局，提出战略，制定政策，推动立法，营造良好环境。在这个过程中，形成了涉及经济社会发展重大问题的集体决策机制、执行机制和监督机制。我们要长期坚持好这些体制机制。与此同时，面对新情况、新矛盾、新挑战，我们必须在改革上用力、在转化上用劲，破除与实践不适应的环节，加快补齐制度短板，从而持续增强发展动力和活力。坚持和完善党领导经济社会发展体制机制，作为推进国家治理体系和治理能力现代化的重要环节，也要求我们必须提高党领导经济工作的能力和水平，理顺党政关系、政企关系，依法执政，按经济规律办事。中央层面要加强前瞻性思考、全局性谋划、战略性布局、整体性推进，实现发展规模、速度、质量、结构、效益、安全相统一。对地方党委来说，主要要结合本地实际确定经济社会发展基本思路和工作重点，确保各项政策部署的贯彻落实。

（四）推进党风廉政建设

习近平总书记着眼于党和国家大力推进党风廉政建设的工作大局，作出了一系列的重要决策部署和讲话指示。进入新时代，我们党以壮士断腕的自我革命精神，从更好地为人民群众服务和更好地实现党的肌体的自我净化、自我完善、自我革新、自我提高的历史自觉出发，反复在各级领导干部中开展党的优良传统的党性锤炼教育工作。

党的十八大以来，党和国家的各级领导干部在以习近平同志为核心的党中央坚强领导下，认认真真向党中央、习近平总书记对标看齐，深入学习贯彻落实党中央的各项决策部署，密切结合各地具体发展实际，把事关全面建成小康社会的各项工作落到实处。各级党委时刻紧绷党风廉政教育这根弦，始终清醒地开展反腐倡廉各项工作，切实将"两个维护"有效贯穿到全面建成小康社会的总体工作布局之中，做让党和人民放心的好干部。

党的十九大以来，全面建成小康社会的工作进程不断加速，这就要求我们党的各级组织和领导干部，始终坚定不移地以习近平新时代中国特色社会主义思想为各项工作的指导，从严落实好全面从严治党的主体责任，精准聚焦反腐败斗争的各项重点工作，出实招遏制"四风"反弹等事关党风廉政建设成败的重要问题。全体党员始终紧密团结在以习近平同志为核心的党中央周围，不断增强执政兴国的使命担当意识和居安思危的忧患意识，永葆刀口向内的自我革命意识，始终从党和人民的利益出发，不断将从严管党治党的各项具体工作落到实处，从而为实现中华民族伟大复兴的中国梦奠定更为坚实的党风廉政建设基础。

（五）深入推进反腐败斗争

习近平总书记围绕深入推进党风廉政建设和反腐败斗争，提出了很多新思想新论断新要求，为当前和今后一个时期的工作指明了正确方向，提供了根本遵循。我们要原原本本学习、认认真真领悟、扎扎实实贯彻，坚持严字当头不松劲、正风肃纪不停步、固本培元不懈怠，坚决打赢这场关系党的生死存亡、兴衰成败的攻坚战持久战。

党的十八大以来，在习近平总书记的坚强领导下，我们党厉行正风肃纪、反腐惩恶，政治生态得到有效治理，反腐败斗争压倒性态势已经形成并巩固发展。我们必须倍加珍惜来之不易的战果，清醒认识严峻复杂的形势，绷紧从严从紧这根弦。深入推进反腐败斗争，必须坚持严字当头、全面从严、一严到底，用好典型案例的警示教育功能，引导党员干部知敬畏、存戒惧、守底线。严格纪律执行，决不允许搞变通、打折扣，决不允许存在"特殊人物"和"铁帽子王"，决不允许留"暗门"、开"天窗"，坚持执行纪律没有例外，以刚性的制度规定和严格的制度执行，实现全面从严治党规范化、常态化、长效化，为全面建成小康社会圆满收官提供强有力的政治保障。

第五章

全面建成小康社会的辉煌成就

"小康"目标是邓小平同志在 1979 年 12 月会见日本首相大平正芳时第一次正式提出来的，此后，四十多年的小康社会建设是贯穿中国改革开放全过程的主旋律[①]。小康社会构想与中国式现代化历程是相伴而生的。因此，以"小康"一词定位一段时间之内的中国式现代化建设的战略目标，是把现代社会价值观与传统社会理想结合起来的睿智创造[②]。可以说，改革开放四十多年小康社会发展的历史进程，从根本意义上讲，就是中国共产党领导全国各族人民不断探索中国现代化道路的历史进程，也是不断创造社会主义现代化辉煌成就的历史进程[③]。

2012 年 11 月，习近平总书记在参观《复兴之路》大型展览时首次将"全面建成小康社会""社会主义现代化国家""实现中华民族伟大复兴"等战略目标凝聚成三个层次不同的梦想，最终汇聚而成中国梦。要想实现中国梦，第一步就是要全面建成小康社会，这是时代的必然要求。中华人民共和国成立七十多年来，中国在经济、政治、文化、社会和生态文明建设方面都取得了骄人成绩，从而为全面建成小康社会打下坚实基础。

[①] 韩保江、邹一南：《中国小康社会建设 40 年：历程、经验与展望》，《管理世界》2020 年第 1 期，第 25-36 页。
[②] 中央文献研究室小康社会研究课题组：《小康目标的提出和小康社会理论的形成》，《党的文献》2010 年第 1 期，第 24-33 页。
[③] 包心鉴：《现代化：新中国 70 年的不懈探索和辉煌历程》，《学习与探索》2019 年第 6 期，第 1-9 页。

第一节 经济发展进入新常态

党的十九大报告中提出"贯彻新发展理念，建设现代化经济体系"需要从以下六个方面着手：深化供给侧结构性改革、加快建设创新型国家、实施乡村振兴战略、实施区域协调发展战略、加快完善社会主义市场经济体制、推动形成全面开放新格局。经济建设一直是我们党的基本路线的核心内容，以经济建设为中心是兴国要务。全面建成小康社会推动我国经济发展进入新常态，通过转变经济发展方式促进经济持续健康发展，一方面深化了社会主义市场经济体制改革，另一方面推进我国经济结构转变。

（一）经济持续健康发展

在全面建设小康社会过程中，我国经济建设取得了可喜的成绩，在发展中不断解决新出现的问题和矛盾，保证经济的持续健康发展。2014年1月，习近平总书记在《切实把思想统一到党的十八届三中全会精神上来》一文中指出："全面建成小康社会，实现社会主义现代化，实现中华民族伟大复兴，最根本最迫切的任务还是进一步解放和发展生产力。"可见，大力发展生产力不仅有利于经济的持续健康发展，还有利于推动产业结构转型升级，为全面建成小康社会提供充足、持久的发展动力。我国经济持续健康发展体现在：一是转变经济发展方式取得重大进展；二是GDP、城乡居民人均收入有着大幅增长；三是我国开始进入创新型国家行列；四是信息化水平大幅提高，工业化基本实现；五是区域协调发展机制基本形成；六是开放型经济逐步培育起来，并增强国际竞争力。

在经济建设领域，"十三五"规划提出的目标要求基本得到完成，包括经济保持中高速增长，经济指标平衡协调，战略性新兴产业加快发展，工业化和信息化更加融合，创新驱动发展取得显著成效，以及发展协调性明显增强等。全面建成小康社会征程中经济建设取得成就包括：

第一，经济总量大幅攀升，综合国力实现历史性跨越。从1979年小康目标正式提出到现在的四十多年间，我国成为世界第二大经济体、制造业第一大国和商品消费第二大国，对世界经济增长的贡献率高达30%，成功实现从低收入国家向中等偏上收入国家的跨越。

第二，经济结构持续优化，产业发展实现历史性突破。我国经济结构不断优化升级，成为推动国家发展的重要动力。从无到有建立起世界上最完备的工业体系和产业链配套体系，成为世界上唯一拥有联合国产业分类目录中所有工业门类的国家。服务业发展水平稳步提升，为建设现代化经济体系，全面建成小康社会奠定了坚实基础。

第三，对外开放取得巨大成就，贸易大国地位得到巩固。1979年我国货物进出口总额仅为293亿美元，2020年我国货物进出口总额高达4.99万亿美元，比1979年增长170倍；1979年末我国外汇储备只有8.4亿美元，到2020年末外汇储备余额为32165亿美元，是1979年的3829倍。2016—2019年，我国对"一带一路"共建国家货物进出口总额4.6万亿美元，占外贸比重提升至29.4%，直接投资721亿美元，占比提升至13.7%。"十三五"时期，设立中国—上合组织等经贸合作示范区，累计建立90多个贸易投资等双边工作组，与14个国家签署第三方市场合作文件。我国已成为货物贸易第一大国、服务贸易第二大国、对外投资第二大国和吸收外资第二大国。以铁一般的事实表明：中国经济已深度融入世界经济。

（二）经济发展潜力巨大

改革开放以来，我国经济发展进入快速轨道。目前，我国经济社会发展的实际成效已超过党的十六大所设立的2020年预期目标，经济发展势头持续向好。我国经济发展拥有巨大潜力，具体体现在以下三个方面[①]：第一，巨大的市场潜

---

① 崔邵霞：《十八大以来全面建成小康社会路径探索》，辽宁师范大学，2015年3月1日。

力。中国拥有全世界最多的人口，其巨大的市场潜力以及较快的经济增长速度对全球高端生产要素产生了强劲的吸引力，而如何能够成功地驾驭这个巨大的市场，我们正在摸索中前行。第二，雄厚的物质技术基础。中华人民共和国成立后，我国进行了五次大规模的技术引进，分别为工业领域、国防领域、产业升级调整和技术创新提供了必要条件。为实现先进技术的更好更快发展，我国将结合现实生产需要，持续加快创新步伐，以创造出更切实际、适用性更强的各类技术设备，为全面建成小康社会提供充足的物质基础。第三，丰富的人力资源储备。改革开放以来，人力资源建设被逐步提上日程，同时，人力资源储备也随之启动，长期来说，我国人力资源储备充足。除此之外，为全面建成小康社会，党和国家都高度重视人才培养，从而进一步保障我国人力资源的丰富与优质。

（三）推进现代化经济体系建设

全面建成小康社会过程中我国经济持续稳步增长，国内生产总值有了大幅提升。《2020年国民经济和社会发展统计公报》显示，面对严峻复杂的国际形势、艰巨繁重的国内改革发展稳定任务特别是新冠疫情的严重冲击，我国经济运行逐季改善、逐步恢复常态，在全球主要经济体中唯一实现经济正增长。全年国内生产总值1015986亿元，比上年增长2.3%。货物和服务净出口拉动国内生产总值增长0.7个百分点[1]。良好的经济发展势头一方面为我国决胜全面建成小康社会打下坚实基础，另一方面为人类发展进步事业作出了应有贡献。

小康社会建设在经济领域取得的成就体现在经济新常态的逐步形成，以建设现代化经济体系开启现代化新征程：一是经济质量效益不断提升，中国经济发展的含金量不断提高；二是经济的结构之困正被一点点突破，战略性新兴产业、装备制造业实现领跑，满足新需求、吸纳更多就业的服务业不断壮大；三

---

[1] 国家统计局：《中华人民共和国2020年国民经济和社会发展统计公报》，国家统计局官网，2021年2月28日。

是经济新动能蓬勃而上,科技进步的贡献率显著提升,一大批体现国家战略意图的重大科技项目接连取得突破;四是物价水平保持稳定,居民消费价格涨幅保持平稳。我国经济实力、科技实力、综合国力和人民生活水平跃上新的大台阶,脱贫攻坚目标任务如期完成,全面建成小康社会胜利在望,中华民族伟大复兴向前迈出了新的一大步。[①] 可以说,经济的现代化发展逐渐缓解或消解了城乡二元经济、工业化结构不协调、工业化与城市化不匹配、城市化结构不协调、工业化城市化与市场经济不协调、三大产业不协调、区域结构不协调、现代化与资源环境不协调、市场与政府关系不清晰等现代化弊病,确保在适应新常态的同时逐步实现经济高质量发展。

第二节　民主法治谱写新篇章

党的十九大报告中提出"健全人民当家作主制度体系,发展社会主义民主政治"需要从六个方面着手:一是坚持党的领导、人民当家作主、依法治国有机统一;二是加强人民当家作主制度保障;三是发挥社会主义协商民主重要作用;四是深化依法治国实践;五是深化机构和行政体制改革;六是巩固和发展爱国统一战线。人民民主是我党、我国以及社会主义事业的重要保障,必须不断完善社会主义民主政治。全面建成小康社会推动我国民主法治谱写新篇章,通过完善民主政治扩大人民民主,一方面推进了社会主义民主政治制度建设,另一方面健全民主建设过程中权力运行制约和监督。

(一)人民民主不断扩大

在全面建设小康社会过程中,我国政治建设取得了长足的进展。人民民主

[①] 宁吉喆:《中国经济再写新篇章》,《中国信息报》2020年2月4日。

是社会主义的生命。中华人民共和国成立以来，广大人民群众摆脱了被压迫、被奴役的命运，成为新中国的主人。改革开放以来，广大人民群众在积极参与经济建设的同时，其政治参与的积极性也在逐渐提高，扩大人民民主是全面建成小康社会的重要保障。人民民主不断扩大这一要求体现了社会主义的优越性，也表明了我们党对民主政治的重视。坚持人民当家作主是我国民主政治建设取得的宝贵经验。随着人民群众民主法治和政治参与意识的提高，将政治体制改革摆在改革的重要位置是新时代发展的应有之义，成功地开辟符合中国国情的政治发展道路。但同时必须认识到，我国民主政治建设虽然取得了不少成绩，但也存在一些不足，在深化改革过程中也遇到一些阻碍。这就意味着全面建成小康社会的伟大进程中，我们党要注重加强民主政治建设和推进政治体制改革，发展更加广泛、更加充分、更加健全的人民民主[①]。

在政治建设领域，"十三五"规划提出的目标要求基本得到完成，包括各项制度更加成熟定型，各领域基础性制度体系基本形成，法治政府基本建成，以及人权得到切实保障等。加强民主法治建设、发展政治文明，不仅构成了我国建设小康社会的一大重要内容，更为全面建成小康社会提供了重要的政治保障。在全面建成小康社会的征程中，政治建设上取得的成就包括：

第一，人民民主不断扩大。一方面，人民代表大会制度作为根本的政治制度，使其强大的生命力和巨大的优越性得到了充分展现。这一制度不仅使人民当家作主的权利得到了充分保障，强调了全体人民的主人翁地位，积极动员他们参与我国的社会主义建设，而且还使各级国家机关的协调高效运转得到了有效保证，从而有力地维护了国家统一、民族团结和社会和谐稳定。另一方面，作为我国人民民主重要形式，社会主义协商民主通过协商民主制度和工作机制的完善，有力推动了协商民主的广泛、多层、制度化发展，实现了协商民主有制可依、有规可守、有章可循、有序可遵。基层民主制度进一步完善，健全了

---

① 张金福：《习近平全面建成小康社会思想研究》，河南农业大学，2018年3月1日。

基层选举、议事、公开、述职、问责等机制，促进了群众在城乡社区治理、基层公共事务和公益事业中依法自我管理、自我服务、自我教育、自我监督，不断提高自身的能力和水平。

第二，全面推进依法治国。法治是治国理政的基本方式，是全面建成小康社会的制度保障。党的十八大以来，全面依法治国被提到空前高度，纳入了"四个全面"战略布局之中。通过坚持依法治国，坚持法治国家、法治政府、法治社会一体建设，在解放和增强社会活力、促进社会公平正义、维护社会和谐稳定和确保党和国家长治久安中发挥了举足轻重的作用。

第三，权力运行制约和监督体系不断健全。建立健全权力运行制约和监督体系，是建设社会主义民主政治的关键环节。党的十八大以来，以习近平同志为核心的党中央，坚定不移推进全面从严治党，持之以恒正风肃纪反腐，把制约监督权力作为永葆党的先进性和纯洁性的重要保障，以党内监督带动促进其他监督，健全了党和国家监督体系，增强了党自我净化、自我完善、自我革新、自我提高的能力，筑牢了国家制度文明的基石。

（二）民主政治逐步健全

一个国家的繁荣关键要看政治民主。改革开放以来，我国民主法制逐步健全。从中国特色社会主义现代化实践看，仅用了约二十年的时间从总体小康水平到全面建成小康社会，如期实现第一个百年奋斗目标，创造了当代世界的"中国奇迹"。民主法治稳步发展是在党的领导下坚持走中国特色社会主义道路的必然趋势，充分显示了我国社会主义国家制度和国家治理体系方面的诸多优势：一方面通过强化政治制度建设，体现中国共产党领导的最大政治优势。党的十六大到十九大所提出的2020年总目标要求具有连续性、继承性、创新性，既相互衔接，又与时俱进，可以分为两个十年，第一个十年主题是"全面建设小康社会"，第二个十年主题是"全面建成小康社会"。根据国内外形势新变化，对这一宏伟目标进行丰富和完善，在之前的基础上对量化指标做了增量调整，不断实现发展升级。另一方面通过加强法治建设，体现党中央对中国特色社会主义现代化大布局优势。党的十六大到十七大、再到十八大对中国特色社会主义总体布局是不断拓展的，从明确提出社会主义经济建设、政治建设、文化建设"三位一体"到社会主义经济建设、政治建设、文化建设、社会建设"四位一体"总体布局，再到社会主义经济建设、政治建设、文化建设、社会建设、生态文明建设"五位一体"总体布局，现代化的布局更加完善，发展目标更加明确，发展内涵更加丰富，发展格局更加协调。为制定全面建成小康社会目标提供了基本依据，也为制定国家发展规划提供了根本遵循。

我国政治民主不断扩大，在全面建成小康社会过程中，必须"继续积极稳妥推进政治体制改革，发展更加广泛、更加充分、更加健全的人民民主"[1]。党的十八大和党的十九大作为打好深化改革基础的两次重要会议，在我国全面建成小康社会的进程中起到了关键作用。党的十八届四中全会上，习近平总书记对"扩大人民民主、推进依法治国"的理念进行了重点阐述。新时代背景下，对"人民民主"和"社会主义协商民主"[2]等理念进行深入理解，将有助于我国民主政治新局面的开展。虽然当前我国的民主政治尚有许多地方亟待改善，但毫无疑问的是，它确实是在我国社会主义市场经济发展过程中推进民主政治建设的重要手段与方法[3]。

（三）推进民主法治现代化建设

小康社会建设实践证明，建立保证人民当家作主的中国特色社会主义制度，不仅为发展中国家的现代化道路提供了全新选择，同时也为人类探索建设

---

[1] 胡锦涛：《坚定不移沿着中国特色社会主义道路前进，为全面建成小康社会而奋斗》，人民出版社，2012年，第8页。
[2] 十八大报告中提到"社会主义协商民主"，并强调"社会主义协商民主是我国人民民主的重要形式"。转引自胡锦涛：《坚定不移沿着中国特色社会主义道路前进，为全面建成小康社会而奋斗》，人民出版社2012年版，第18页。
[3] 崔邵霞：《十八大以来全面建成小康社会路径探索》，辽宁师范大学，2015年3月1日。

更好社会制度贡献了中国智慧和中国方案①。小康社会理论形成的演进过程反映对"中国式的现代化"的诠释是不断发展和变化的，其内核是要建立健全党的领导体制机制，推动社会主义协商民主的广泛多层制度化发展，深化党和国家机构改革，深化经济体制、司法体制、生态文明体制改革，建立国家监督制度。党的十八大以来，"四个全面"战略布局的提出，为民主法治建设提供了理论指导和实践指南。因此，民主法治建设所取得的成就是全面建成小康社会的重要保障。

小康社会建设在政治领域取得的成就体现在民主法治的逐步健全，党的十九届四中全会明确指出，要坚持和完善中国特色社会主义制度，推进国家治理体系和治理能力现代化。一是民主政治的不断完善和发展，我国政治文明意识、政治制度和政治行为建设各方面都取得重大进步；二是社会主义法治更加完备，依法治国基本方略得到全面落实，人民的经济、政治和文化权益得到切实保障；三是基层治理制度更加健全，为良好社会秩序和人民安居乐业提供制度保障。党的十九届四中全会强调，把我国制度优势更好转化为国家治理效能，彰显"中国之治"的显著优势，这些制度优势大都来源于全面建成小康社会过程中积累的经验，为实现中国现代化发展提供有力保证。

第三节　文化繁荣开创新局面

党的十九大报告提出，"坚定文化自信，推动社会主义文化繁荣兴盛"需要从五个方面着手：一是牢牢掌握意识形态工作领导权；二是培育和践行社会主义核心价值观；三是加强思想道德建设；四是繁荣发展社会主义文艺；五是

---

① 施芝鸿：《坚持和完善中国特色社会主义制度、推进国家治理体系和治理能力现代化必须坚持的总体要求和总体目标》，《光明日报》2019 年 12 月 2 日。

推动文化事业和文化产业发展。文化软实力已经成为各国综合国力的重要体现，在全面建成小康社会进程中，发展方向的一个显著变化是改变了过去只注重经济建设不注重文化建设，在发展经济硬实力的同时增强文化软实力的发展。全面建成小康社会推动开创了我国文化繁荣新局面，通过提高文化软实力来增强综合国力和国家凝聚力，一方面推进了文化体制机制的创新，另一方面加强了社会主义核心价值体系建设。

（一）文化软实力显著增强

在全面建设小康社会进程中，我国文化建设也在不断向前发展。2013年12月，习近平总书记在十八届中共中央政治局第十二次集体学习时强调，提高国家文化软实力，事关"两个一百年"奋斗目标和中华民族伟大复兴中国梦的实现。因而，文化软实力的发展也关系到全面建成小康社会能否如期建成[1]。提高国家文化软实力不仅是全面建成小康社会的内容之一，而且通过提高国家文化软实力也有利于增强我国国际竞争力和文化输出。

在文化建设领域，"十三五"规划提出的目标要求基本得到完成，包括中国梦更加深入人心，社会主义、爱国主义、集体主义思想广泛弘扬，以及全社会法治意识不断增强等。文化是民族的灵魂所寄和血脉所传，是民众的精神家园和力量来源，也是小康社会建设的重要组成部分和推动因素。全面建成小康社会征程中文化建设取得成就包括：

第一，积极培育践行社会主义核心价值观。社会主义核心价值观是当代中国精神的集中体现，凝结着全体人民共同的价值追求。党的十八大以来，习近平总书记深刻论述了用文化、文艺等涵育社会主义核心价值观的重要地位、作用、原则和任务。通过理论创新、舆论宣传、教育引导、文化熏陶、实践养成、制度保障等途径，社会主义核心价值观逐渐转化为全体中国人民的精神追求和

---

[1] 张金福：《习近平全面建成小康社会思想研究》，河南农业大学，2018年5月1日。

自觉行动。

第二，社会主义精神文明建设有力加强。社会主义精神文明批判地继承了以往人类精神文明的全部优秀成果，是人类精神文明发展的新阶段，是社会主义社会的重要特征和社会主义制度优越性的重要表现。党的十八大以来，以习近平同志为核心的党中央把精神文明建设贯穿改革开放全过程，纳入社会主义现代化建设总体布局，全民族思想道德水平显著提高，文化事业全面繁荣，文化产业快速发展，为实现中华民族伟大复兴的中国梦提供思想保证、精神力量、道德滋养。

第三，人民精神文化生活进一步丰富。让人民享有健康丰富的精神文化生活，是全面建成小康社会的重要内容。进入新时代，人民美好精神文化需求愈加强劲。我国亿万人民既创造了物质文明发展的世界奇迹，也创造了精神文明发展的丰硕成果，包括文艺作品在内的我国精神文化产品生产供给能力大幅提升、精神文化财富大大增加。

（二）深入推进文化体制改革

文化是民族的血脉，是人民的精神家园。一直以来，我们党始终强调文化体制改革的重要性。党的十六大就对这方面内容作出了战略部署。2011年《中共中央关于深化文化体制改革推动社会主义文化大发展大繁荣若干重大问题的决定》正式发布，进一步表明了我们党对文化事业发展的重视。我国文化教育事业稳步发展，我国作为世界人口最多的国家实现了人类发展的巨大进步。根据联合国计划开发署数据库，我国人类发展指标从2000年的0.594上升至2020年的0.761，在世界189个国家中，中国位居第85位，属于高人类发展水平国家。从文化产业增加值占GDP比重、居民文教娱乐服务支出占家庭消费支出比重和平均受教育年限三项"文化教育"构成指标的监测数据来看，我国文化产业增长速度长期保持在高速状态，特别是2008年以来，我国文化产业更是逆势增长。一方面，教育指标达到世界中高收入国家前列。第七次全国人口普查主要数据显示，我国具有大学文化程度的人口为 21836 万人。与 2010 年相比，每 10 万人中具有大学文化程度的由 8930 人上升为 15467 人，15 岁及以上人口的平均受教育年限由 9.08 年提高至 9.91 年，文盲率由 4.08% 下降为 2.67%。这表明全面深化文化体制改革并推进教育现代化，有利于激发全民族文化创造力。另一方面，我国科技投入与产出创下历史新纪录。我国研发投入规模居世界前列，2020 年全社会研究与试验发展支出为 2.44 万亿元，超过欧盟 15 国平均水平。中国自 2013 年起成为世界第二大研发经费投入国，研发人员总量、发明专利申请量分别连续六年和八年居世界首位。这表明全面深化文化体制改革激发全社会的创新活力，让科技更广更好地惠及人民群众。

中国加入世贸组织后，经济、科技、文化等全方位同国际接轨，而文化作为一种新兴产业，在国际面临的竞争日趋激烈。在竞争环境下发展文化，促使其产品更加丰富，更加适应社会需求。而由文化需求带来的发展及人民对精神世界的追求，使公民文明素质和社会文明程度逐步提高，这为公共文化服务体系的建成打下了良好基础，进一步促成文化成为国民经济支柱性产业[1]。我国在推进文化体制创新方面主要从四个方面入手：一是完善和健全文化管理体制，按照政企分开、政事分开的原则，解决政府部门职能交叉的问题，推动政府部门由办文化向管文化转变；二是加强文化市场的监管，优化内容管理、基础管理以及行业管理，打击各类利用网络进行犯罪的活动，健全网络监管机制；三是创新公共文化服务体系，通过具体举措来完善我国城乡公共文化服务体系，为人民群众提供高质量的文化产品和文化服务；四是促进公共文化服务均等化、标准化，建立群众对公共文化服务的评价机制和反馈机制，并在公共文化基础设施和基金上给予保障[2]。

---

[1] 崔邵霞：《十八大以来全面建成小康社会路径探索》，辽宁师范大学，2015 年 3 月 1 日。
[2] 马丽艳：《全面建成小康社会的历史演进及其实现途径研究》，新疆师范大学，2014 年 6 月 3 日。

（三）推进社会主义文化强国建设

建设小康社会的核心要义是物质文明建设和精神文明建设并重。近年来，我们党对精神文明建设的高度重视，使得全民族的思想道德素质、科学文化素质和身体健康素质得到明显提高，这也离不开现代国民教育体系、科学技术和文化创新体系的强力支撑。在全面建成小康社会建设的进程中，人民普遍享有接受良好教育的机会，基本普及高中阶段教育，还为更优质教育服务和培训机构提供了广阔的发展空间，逐渐在全社会形成全民学习、终身学习的风气，促进人的全面发展。另外，创新驱动发展战略进一步提升我国的文化软实力。截至2020年末，正在运行的国家重点实验室522个，国家工程研究中心（国家工程实验室）350个，国家企业技术中心1636家，大众创业万众创新示范基地212家。国家级科技企业孵化器1173家，国家备案众创空间2386家。全年授予专利权363.9万件，比上年增长40.4%；PCT专利申请受理量7.2万件[1]。

小康社会建设在文化领域取得的成就体现在国民素质和社会文明程度显著提高，以建设社会主义文化强国开创现代化新局面。一是文化输入上做到"取其精华，去其糟粕"，积极引入先进文明成果，尤其是高新技术和人才，展现出对先进文化的兼容并蓄；二是文化输出上运用大数据、新媒体等多种方式，增强中华文化和国家形象的宣传，向国际社会展现和平发展理念。在文化建设目标上，我国继续以全面建成小康社会为载体，努力向社会主义文化强国迈进，实现中华文化的复兴。

第四节 社会治理实现新跨越

党的十九大报告中提出"提高保障和改善民生水平，加强和创新社会治理"

---

[1] 国家统计局：《中华人民共和国2020年国民经济和社会发展统计公报》，国家统计局官网，2021年2月28日。

需要从七个方面着手：一是优先发展教育事业；二是提高就业质量和人民收入水平；三是加强社会保障体系建设；四是坚决打赢脱贫攻坚战；五是实施健康中国战略；六是打造共建共治共享的社会治理格局；七是有效维护国家安全。社会保障是保障人民生活、调节社会分配的基本制度，社会服务是提供公共服务、化解社会矛盾的有效行动。社会保障和社会服务都是社会治理的重要组成部分，社会治理关系到人民的生存权、发展权和参与权，是公众参与社会活动的需求。因此，建立更加公平可持续的社会治理机制，加快公共服务体系均等化建设，有利于我国实现公平合理的社会资源配置，对决胜全面建成小康社会和实现现代化强国打下良好的制度保障基础[1]。全面建成小康社会推动我国社会治理实现新跨越，通过健全社会保障制度与社会服务制度来全面提升人民生活水平，一方面形成科学有效的社会治理体制，另一方面有效实现充分就业。

（一）人民生活水平全面提高

在全面建成小康社会过程中，我国社会治理逐渐趋于完善。习近平总书记指出，我们党领导人民全面建设小康社会、进行改革开放和社会主义现代化建设的根本目的，就是要通过发展社会生产力，不断提高人民物质文化生活水平，促进人的全面发展[2]。全面建成小康社会就是要不断增进人民的福祉，不断提高群众的生活水平，这也是我们党"以人民为中心"发展思想的体现。实现全面提高人民的生活水平，就要在关系到人民群众切身利益的问题上多下功夫，比如就业、教育、医疗、住房保障等[3]。我国在社会治理方面的投入和支持越来越大，目前已总体实现基本公共服务均等化，就业更加充分，城乡之间、区域之间收入分配差距逐渐缩小，全民受教育程度普遍提高，实现社会保障全面覆盖，住房保障体系基本形成。

---

[1] 马丽艳：《全面建成小康社会的历史演进及其实现途径研究》，新疆师范大学，2014年6月3日。
[2] 习近平：《全面贯彻落实党的十八大精神要突出抓好六个方面工作》，《求是》2013年第1期。
[3] 张金福：《习近平全面建成小康社会思想研究》，河南农业大学，2018年5月1日。

在社会建设领域,"十三五"规划提出的目标要求基本得到完成,包括教育现代化取得重要进展,就业比较充分,中等收入群体比重上升,解决区域性整体贫困等。加强和创新社会治理,最大限度增加和谐因素,增强社会发展活力,提高社会治理水平,形成科学有效的社会治理机制,是全面建成小康社会的重要内容,也是全面建成小康社会的治理体系和治理能力支撑。全面建成小康社会征程中,社会建设取得的成就包括:

第一,基本构筑了符合当代中国国情的国家制度和国家治理体系。国家治理体系和治理能力是一个国家的制度完备程度和执行能力的集中体现。社会治理制度是为了维护正常的社会秩序而制定的各种行政法规、章程、制度、公约的总称。在全面建成小康社会的征程中,我们党领导全体人民经过不断实践探索,逐步建立了现代社会治理的基础制度体系,包括法治建设体系、社会组织体系、民主制度体系、社会管理体系、公共服务体系、社会保障体系等,这些制度体系奠定了小康社会建设的治理体系基础。正是有这样的国家制度和治理体系,我国才创造了经济快速增长和社会长期稳定这两大世所罕见的奇迹。

第二,现代社会治理能力与成效不断提升。现代社会治理能力建设,是顺应社会治理现代化的必然要求,是充分发挥社会治理体系效能的关键。党的十八大以来,以习近平同志为核心的党中央,综合运用经济手段、法治手段、科技手段和必要的行政手段,不断推进源头治理、系统治理、依法治理、民主治理、综合治理,创新社会治理的方式方法,推行政府善治、基层自治、全民德治、社会法治,全国城乡社区普遍推行网络化、网格化、精细化管理,切实有效解决治理短板问题,为确保如期实现全面建成小康社会目标筑牢了治理能力支撑。

第三,多元社会主体共建共治的社会治理体制初步确立。社会治理现代化是社会体制的现代化,伴随着小康社会建设,我国社会治理体制经历了国家一元管理为主,逐步到国家、市场、社会、公众协同治理的深刻变革。在这个过程中,打破了以往高度集中的社会管理体制,重视发挥各种社会力量的作用,逐步形成了在党的统一领导下，多元主体共建共治共享的社会治理格局，基本建立了现代社会治理体制框架。

（二）社会治理逐渐步入正轨

中华人民共和国成立七十多年来，社会治理取得了历史性进展和巨大成就，积累了正反两方面经验，逐步实现摆脱绝对贫困向全面建成小康社会转变。党的十一届三中全会以后，我们党坚定不移地推进改革开放和现代化建设，积极推动经济发展和社会全面进步，为促进社会和谐进行了不懈努力。党的十六大以来，我们党坚持以人为本，坚持科学发展观，坚持改革开放，对社会和谐的认识不断深化，明确了社会主义和谐社会在中国特色社会主义事业总体布局中的地位，推动和谐社会建设取得新的成效。经过长期努力，我们拥有了构建社会主义和谐社会的各种有利条件。

社会治理在全面建成小康社会过程中的重要作用越来越受到重视，社会治理的根本目的和重要标志是全体人民生活水平和质量的提高，这推动了社会全面发展进步。我国社会治理在新时期逐渐步入正轨：一是人民的生活需要在不断提升，从物质生活需要逐渐转变为美好生活需要。尤其是改革开放以来，我国城镇居民人均可支配收入有了大幅增长，中等收入群体数量扩大，家庭财产稳步提升，各项生活水平指标明显提高，大部分人的生活得到彻底改善。二是对人才培养的重视程度在不断提升。我国社会发展正由资本开发型转向人力智力型，人民群众的生活水平在总体上达到小康水平，政策的关键点正由解决物质贫乏向解决物质与精神平衡过渡。我国正逐步进入人力资源强国行列，人口素质得到提升，就业水平在稳步提升。三是覆盖城乡的社会保障体系正逐步形成，尤其在养老保险和城镇医疗保险方面，保障范围向全民覆盖，让每一个人特别是生活上有困难的群体都能够得到社会保障制度的帮助。

（三）推进社会治理现代化建设

小康社会并不仅仅是一个经济指标所能反映的，它是指人民生活水平全面提高。市场化改革通过优化资源配置和激发经济活力，提高了人民的生活水平，并极大程度地满足了人民的社会需求。随着小康社会建设的不断推进，基本公共服务均等化在全国范围内总体实现，包括教育、就业、医疗、住房、养老等方方面面，一些地方还探索优质公共服务供给，以满足人民日益增长的美好生活需要。社会保障体系日趋完善，《2020年国民经济和社会发展统计公报》显示，截至2020年末，全国参加城镇职工基本养老保险人数45638万人，比上年末增加2150万人。参加城乡居民基本养老保险人数54244万人，增加978万人。参加基本医疗保险人数136101万人，增加693万人[1]。

小康社会建设在社会领域取得的成就体现在全体人民生活水平和质量提高，以及社会全面发展进步，以社会治理现代化夯实国家治理现代化的基石。一是逐步建立起与国民经济体系相适应的社会保障和民生保障体系；二是创新社会治理路径，完善群众自治制度，形成多元共治、优势互补、共建共享的协同治理格局；三是完善社会治安防控体系，提高预测、预警、预防各类风险能力，健全公共安全体制机制，完善和落实安全生产责任和管理制度，健全公共安全隐患排查和安全预防控制体系；四是加大信访积案化解力度，加强房地产、非法集资、征地拆迁等领域的专项治理，切实维护好群众的合法权益，打赢脱贫攻坚战。我国在长达七十多年的社会大变革中，始终保持稳定的社会大局，全面建成小康社会是人类社会现代化建设史上的伟大奇迹。

第五节　生态文明迈向新时代

党的十八大报告正式将生态文明建设纳入社会主义初级阶段的总布局，建

---

[1] 国家统计局：《中华人民共和国2020年国民经济和社会发展统计公报》，国家统计局官网，2021年2月28日。

立人与自然和谐共生的发展机制。党的十九大报告提出"加快生态文明体制改革，建设美丽中国"。生态文明体制改革需要从四个方面着手：一是加大生态系统保护力度；二是推进绿色循环发展；三是着力解决突出环境问题；四是改革生态环境监管体制。可持续发展之路是一条既能维持经济发展又能保护生态的路径，建设资源节约型和环境友好型社会已经成为全面建成小康社会的必然要求，是推动我国迈向生态文明新时代的必然选择。通过建设资源节约型和环境友好型社会，依靠科技创新实现资源节约和环境保护，进一步加快生态文明制度建设。

（一）建设资源节约型和环境友好型社会

在全面建设小康社会过程中，我国生态文明建设逐渐受到重视。"五位一体"是全面建成小康社会的重要内容，其发展是基于"四位一体"，从"四位一体"到"五位一体"增加的恰恰是生态文明建设，由此可见，生态文明建设在经济发展和社会进步中的重要地位。因此，要牢固树立"绿水青山就是金山银山"的发展理念，大力推进生态文明建设。2013年，习近平总书记在海南省出席博鳌亚洲论坛，并到琼海、三亚等地深入渔港、特色农业产业园、国际邮轮港考察调研，指出："保护生态环境就是保护生产力，改善生态环境就是发展生产力。良好生态环境是最公平的公共产品，是最普惠的民生福祉。"加强生态文明建设，实现人与自然的和谐共生能够为经济持续健康发展、人民生活水平全面提高提供良好的环境[1]。在全面建成小康社会的伟大征程中，我国逐步实现经济发展方式从粗放型到集约型的转变，加大对自然生态系统和环境保护的力度，完善节约资源和环境保护的法规和政策，人居环境得到明显改善。

在生态文明建设领域，"十三五"规划提出的目标要求已得到实现，包括生态环境总体得到改善，能源资源利用率大幅提高，生产生活方式绿色、低碳水

---

[1] 张金福：《习近平全面建成小康社会思想研究》，河南农业大学，2018年5月1日。

平上升，生态安全屏障基本形成等。生态文明建设关系人民福祉，关乎民族未来，是全面建成小康社会的重要内容，也是我国经济社会长远发展的一项重大任务。我国通过全面启动生态保护、污染控制和资源节约的转型发展进程，高质量、大力度建设生态文明，推进人与自然的和谐共生，形成了全面建成小康社会的生态环境屏障和支撑。全面建成小康社会征程中生态文明建设取得的成就包括：

第一，生态环境建设成效显著。森林覆盖率从改革开放初期的12.7%，提升到2021年的24.1%。此外，大幅启动各类自然保护地建设，涉及森林公园、湿地公园、遗址公园、地质公园、自然保护区、水源保护区、国家公园，覆盖东中西，遍布全国。

第二，污染防治攻坚战取得重大进展。《2020年国民经济和社会发展统计公报》显示，在监测的337个地级及以上城市中，全年空气质量达标的城市占59.9%，未达标的城市占40.1%。细颗粒物（$PM_{2.5}$）未达标城市年平均浓度37微克/立方米，比上年下降7.5%。1940个国家地表水考核断面中，全年水质优良（Ⅰ～Ⅲ类）断面比例为83.4%，Ⅳ类断面比例为13.6%，Ⅴ类断面比例为2.4%，劣Ⅴ类断面比例为0.6%。

第三，资源节约成就斐然。《2020年国民经济和社会发展统计公报》数据显示，2020年天然气、水电、核电、风电等清洁能源消费量占能源消费总量的24.3%，上升1.0个百分点，重点耗能工业企业单位电石综合能耗下降2.1%。

（二）生态文明程度不断提升

我国生态环境整体恶化趋势经过近年环境整治基本得到遏制，全民生态环境意识显著增强，生态文明建设初步进入可持续发展轨道。生态文明程度反映在生态理念传播、生态基础设施建设以及生态环境政策等方方面面。

全面建成小康社会过程中，我国生态文明建设经历了三个方面的转变：一是生态理念的跨越发展。改革开放后，随着国际经济文化交流与合作的加深，我国的环保意识和环保理念得到快速提升，实现了跨越式发展。2007年，党的十七大把生态文明作为全面建设小康社会的新要求明确提出[①]。生态环保理念的宣传逐渐成为生态文明建设的重要内容，环境宣传教育活动丰富多彩，报纸、广播、电视等传统媒体和网络、手机等现代媒体都大量投入对生态文化的宣传。二是生态文明基础建设稳步推进。我国有悠久的生态文化传统和丰富的自然生态资源，这是开展生态文明建设的重要物质基础：自然保护区、生态功能区和风景名胜区"三区"在相关政策的支持下得到较好的保护和发展；森林草原湿地建设稳步推进，积极开展退耕还林工程、野生动植物保护、自然保护区建设工程等；土地保护、水土保持、防沙治沙成效显著。三是非政府环保组织逐渐发展起来，环保民间组织已成为推动我国生态文明建设的重要力量。

（三）推进生态环境治理现代化

生态环境问题在近二十年被提升到更加重要的地位，生态文明是全面建成小康社会的重要目标。2007年，党的十七大报告在深入总结建设小康社会成就经验的基础上，首次将生态文明纳入"五位一体"的发展布局，与经济、政治、文化和社会共同构成相互协调的制度体系。我国环境质量在相应政策落实后总体上得到了改善，资源利用效率不断提升，清洁能源使用也更加广泛。《2020年国民经济和社会发展统计公报》显示，煤炭消费量占能源消费总量的56.8%，比上年下降0.9个百分点；天然气、水电、核电、风电等清洁能源消费量占能源消费总量的24.3%，上升1.0个百分点。重点耗能工业企业单位电石综合能耗下降2.1%，单位合成氨综合能耗上升0.3%，吨钢综合能耗下降0.3%，单位

[①] 党的十七大首次将"生态文明建设"纳入小康社会建设，指出："建设生态文明，基本形成节约能源资源和保护生态环境的产业结构、增长方式、消费方式；循环经济形成较大规模，可再生能源比重显著上升；主要污染物排放得到有效控制，生态环境质量明显改善；生态文明观念在全社会牢固树立。"转引自胡锦涛：《高举中国特色社会主义伟大旗帜，为夺取全面建设小康社会新胜利而奋斗》，《人民日报》2007年10月25日。

电解铝综合能耗下降 1.0%，每千瓦时火力发电标准煤耗下降 0.6%。全国万元国内生产总值二氧化碳排放下降 1.0%。在认识到生态文明建设是全面小康的短板后，我们党切实把生态文明的理念、原则、目标逐步融入经济社会发展各方面，贯彻落实到各级各类规划和各项工作中。

小康社会建设在生态环境治理现代化中取得的成就体现在持续为人民创造良好生产生活环境上，以生态文明治理现代化助推"美丽中国"建设。一是全面补齐生态文明短板，包括修复陆生生态和水生生态、开展大气污染治理、防治水土流失、保护野生动物等；二是生态文明建设顶层设计性质的"四梁八柱"日益完善，如为每条河流配备"河长"，参与国际治理做出"绿色贡献"，"一带一路"推动防治荒漠化合作等；三是实行最严格生态保护制度，我国初步建立起源头严防、过程严管、恶果严惩的生态环保制度框架。这些举措为推进全面建成小康社会和可持续的现代化发展助力，努力为子孙后代留下天蓝、地绿、水净的美好家园。

第六章

全面建成小康社会的基本经验

全面小康之路，是一代又一代中国共产党人带领中国人民接续奋斗的长征路，为中国现代化进程积累了丰富经验，为全面建成社会主义现代化强国提供了坚实的基础，也为其他发展中国家现代化建设提供了有益借鉴。中国的小康建设在波折中前进。全面建成小康社会为建设社会主义现代化强国和实现中华民族伟大复兴找到了可行路径，为中国共产党领导中国人民实现美好生活提供了可供借鉴的丰富经验。实践蕴含智慧，历史昭示未来。中国小康社会建设经历了从总体到全面、从低水平到高水平、从量的积累到质的飞跃的不平凡历程，取得了重大进展和成就，也积累了丰富的经验，从中可以得到一些规律性认识和深刻启示。

第一节 始终坚持党的全面领导

党的领导是人民的选择，是历史的必然，更是长期执政的要求。中国共产党的领导是中国特色社会主义的最本质特征，是中国特色社会主义制度的最大优势。建设小康社会的伟大实践证明，中国共产党是领导各项事业前进的核心力量。党的领导为建设小康社会明确了政治立场和价值取向、指明方向，凝聚中国力量。党的领导为小康社会建设提供了严谨缜密的组织结构和制度框架，确保小康社会建设的统一高效。党的领导确保在小康社会建设过程中，既勇于开拓创新、锐意进取，又敢于坚持真理、修正错误。坚持党的集中统一领导是中国特色社会主义制度显著优势不断彰显的前提和基础，全面建成小康社会，实现中华民族伟大复兴必须坚持党的集中统一领导。

（一）党的执政能力建设

实践证明，中国特色社会主义事业必须坚持以中国共产党为领导核心，中国共产党是人民根本利益的守护者，加强党的执政能力建设，是时代的要求、人民的要求。1979年，邓小平同志提出了建设"小康之家"的现代化战略目标。在此后的小康社会建设各个阶段，党的领导始终是实现目标的根本保证。党的历届全国代表大会都把加快实现社会主义现代化及小康社会建设作为奋斗目标和最重要的工作部署，构建了成熟稳定的"建设并全面建成小康社会"的制度框架体系，确保了小康社会和现代化建设始终沿着正确方向前进。

作为中国特色社会主义总设计师和小康社会事业建设的规划师，邓小平强调："在中国这样的大国，没有这样一个党的统一领导，是不可设想的，那只会四分五裂、一事无成；我们人民的团结、社会的安定、民主的发展，都要靠党的领导[①]。"在指导人民建设小康社会的实践中，中国共产党紧紧围绕什么是社会主义、怎样建设社会主义和建设什么样的党、怎样建设党这两大问题，进行了艰苦卓绝的探索，积累了成功经验。坚持党的领导和提升党的执政能力，必须立足于实际环境和发展现状，坚持与时俱进，用发展着的马克思主义思想指导新的实践；必须坚持推进社会主义的自我完善，不断促进生产力和生产关系、经济基础和上层建筑相适应，增强经济社会协调性，增强社会主义的生机和活力；必须牢记全心全意为人民服务的根本宗旨，牢记"两个务必"，坚持立党为公、执政为民，始终保持党同人民群众的血肉联系；必须结合中国实际不断探

[①] 邓小平：《邓小平文选》（第二卷），人民出版社，1993，第341-342页。

索和遵循人类社会发展规律，坚持科学执政、民主执政、依法执政，不断完善党的领导方式和执政方式；必须坚持以改革的精神加强党的建设，不断增强党的创造力、凝聚力、战斗力。这些是党执政能力建设的主要经验，也是加强党的执政能力建设的重要指导原则。

（二）坚持党的集中统一领导

小康构想实现从传统到现代的转变，并沿着"小康之家—总体小康—全面小康"的发展逻辑推进，是一代又一代共产党人根据中国的国情实际，不断丰富和发展的结果。坚持党的集中统一领导为我国全面建成小康社会、实现中华民族伟大复兴指明了方向。在长期执政过程中，中国共产党的领导始终贯穿于整个小康社会建设过程，逐步将小康构想和各个发展阶段的人民生产生活有机地结合起来。尽管在不同时期有不同的战略目标，但小康社会建设的主导者却始终未变，这就是以中国共产党为核心的领导集体。全面建成小康社会仅仅是完成阶段性发展任务的重要节点，是开启全面建设社会主义现代化国家新征程的更高起点。始终坚持党的集中统一领导，是全面建成小康社会、实现中华民族伟大复兴的中国梦的基石，也是全面建成社会主义现代化强国的必然要求。如何化解小康社会建设过程中面临的风险和挑战考验着党和国家的智慧，尤其是面临重大突发灾害时，只有中国共产党始终能凝聚各方力量，带领人民化解风险和抓住发展机遇，推进社会和谐稳定发展。

中国共产党领导贯穿全面建成小康社会的全过程，包括小康社会思想的形成阶段、确立阶段和发展阶段，为推进中国现代化建设提供了源源动力。从小康之家、总体小康、全面小康，再到全面建设小康社会、全面建成小康社会，中国共产党始终是领导中国人民建设小康社会的核心力量。在思想教育方面，坚持开展理想信念教育活动，明确共产党人的初心和使命，激励广大党员干部群众为实现"两个一百年"和中华民族伟大复兴的中国梦而接续奋斗。在民主建设方面，坚持民主集中制原则，把民主和集中有机统一起来，真正把民主集中制的优势变成我们党的政治优势、组织优势、制度优势、工作优势。在制度建设方面，健全党中央对重大工作的领导体制，强化党中央协调作用，完善推动党中央重大决策落实机制。在组织建设方面，健全维护党的集中统一的组织制度，形成党的各级组织上下贯通、执行有力的严密体系。小康社会建设在循序推进过程中不断发展，是中国现代化的发展需求和人民的现实需求。小康社会思想正式确立后的四十多年来，党始终发挥领导核心作用，坚持思想建党与制度建党相结合，引领推动全方位、多维度的现代化建设。在开展全面建设社会主义现代化国家新征程上，必须更加自觉地坚持党的集中统一领导，与时俱进不断增强党的执政能力建设。

第二节　始终坚持以人民为中心

不管是"全面建成小康社会"还是"全面建设社会主义现代化国家"，目标的提出都是中国共产党的责任使然，责任即坚持以人民为中心，实现人民的全面发展。2012年11月，习近平总书记指出"人民对美好生活的向往就是我们的奋斗目标"[①]。广大人民群众所能真正理解的"全面小康"，就是人民对有更好的教育、更稳定的工作、更满意的收入、更可靠的社会保障、更高水平的医疗卫生服务、更舒适的居住条件、更优美的环境等方面的殷切期盼，他们期盼着孩子们能更好地成长、更好地工作和更美好地生活。这些期盼不仅是社会的关切，也是百姓呼声的集中反映。从这个意义上讲，全面建成小康社会，不单单是中国特色社会主义现代化建设的重要内容，更意味着落实民生领域的具体问题，经济社会发展要以人民为主体。只有全体人民都迈进了"小康社会"的门槛，全面小康才能实现"量"的全面；只有人民共同关注的民生问题是否得到

---

① 《习近平等十八届中共中央政治局常委同中外记者见面》，人民网，2012年11月15日。

全面有效地解决，全面小康才能实现"质"的全面。

（一）坚持以人为本

群众观点是无产阶级政党的基本观点，群众路线是我们党的根本路线。在全面建成小康社会征程中，中国共产党一直坚持群众观点和群众路线。坚持群众观点是我们党最基本的政治观点，就是在一切实际工作中，要坚定地相信群众、依靠群众、尊重群众；坚持群众路线是我们党最根本的工作路线，始终保持与人民群众的紧密联系，是我们战胜小康社会建设过程中面临的各种困难和风险的根本保证。小康社会思想形成之初，邓小平同志将"人民群众是历史发展的动力"这一马克思主义基本原理与"富民关乎国家安危"这一传统民本思想完美结合，并坚信"我们党提出的各项重大任务，没有一项不是依靠广大人民的艰苦奋斗来完成的"[①]。社会建设要依靠群众、做好群众工作、实现群众利益。在党领导的小康社会建设中，要做到以人为本，坚持群众利益无小事；要将工作落实到解决关系群众切身利益的具体问题上，让人民对小康社会建设有实实在在的感受。

群众是全面建成小康社会的力量源泉，从对人民的地位和作用的认识出发，我们党逐渐形成了小康社会建设的经验，即全党和各级领导干部要时刻倾听人民的呼声、了解人民的困苦、顺应民心民意的要求，关于小康建设的一切工作都要以"人民拥护不拥护""人民赞成不赞成""人民高兴不高兴""人民答应不答应"为评判标准。邓小平同志提出的小康社会奋斗目标既是一个目标和终点，又是下一个目标的基础和起点。在小康社会建设的总体发展战略中，总体小康水平是新的平台和基点，因此，党的十六大、十七大、十八大提出了全面建设小康社会和全面建成小康社会的各项要求。全面建成小康社会，坚持以人民为中心，站在人民群众的利益上巧妙地解决各种问题，协调各方利益，实现在经

---

① 邓小平：《邓小平文选》（第二卷），人民出版社，1993，第4页。

济发展的基础上由广大人民共享改革发展成果，追求小康的步伐才会更加有力，才能更好地实现共同富裕。

（二）依靠人民群众

要坚持群众观点、贯彻群众路线，必须要有群众意识，这是衡量领导干部合格与否的重要标尺，也是践行以人为本的根本前提。因此，增强群众意识、贴近群众，不断增强宗旨意识、公仆意识是我们党要坚持的基本原则[1]。一方面，我们党作为马克思主义政党，一直坚持发展为了人民，科学分析和清醒把握不同阶段我国社会主要矛盾的特征和历史性变化，找准影响满足人民对美好生活向往、期盼和需要的因素，形成一系列利民惠民的举措，解决了长期以来我国发展不平衡、不充分的问题，全方位满足了人民日益增长的美好生活需要，真正做到了民之所望，施政所向。另一方面，我们坚持发展依靠人民，任何时候都把人民群众作为小康社会建设的根本动力、参与主体和受益群体，最大限度地激发了广大人民群众参与生产发展的积极性、能动性和创造性，奋力推进全面小康建设，努力实现了"全面建成小康社会，一个不能少；共同富裕路上，一个不能掉队"的庄严承诺。

小康社会概念描绘了人民安居乐业和实现自我发展的图景，人民群众的利益是小康社会建设最根本的出发点和落脚点，也是社会主义现代化建设的价值遵循。我国是社会主义国家，人民群众是国家和社会的主人，也是决定小康社会能否顺利实现的根本力量[2]。全面建成小康社会必须以人民为中心，坚持人民利益至上，一切为了人民；必须坚持尊重人民、依靠人民、服务人民的根本宗旨；必须坚持党的群众路线，相信群众，并发动群众投入小康社会建设中来。从小康社会建设的演进历程不难看出，脱离了全面贯彻以人民为中心这个基本

---

[1] 高文韬：《中国小康社会发展的历史进程研究》，华东理工大学，2014年11月14日。
[2] 魏礼群：《坚定不移推进社会治理现代化——新中国70年社会治理现代化历程、进展与启示》，《社会治理》2019年第9期，第5-14页。

原则，小康社会建设就不能顺利进行，甚至犯错误、走弯路、遭受严重挫折。在开启全面建设社会主义现代化国家新征程中，必须更好地坚持以人为本，始终把人民群众对美好生活的向往作为我们奋斗的目标，切实解决人民群众最关心、最直接、最现实的利益问题，让人民群众享有更多、更直接、更实在的获得感、幸福感和安全感。要切实考虑人民的现实所需，从人民根本利益出发，提供更多优质的公共服务，让人民充分享受到小康社会带来的实惠。

第三节 始终坚持立足中国基本国情

小康社会建设伟大历程充分表明，必须坚持从基本国情出发，一旦脱离中国国情这个实际，就会犯错误、走弯路，甚至遭遇严重挫折，这也是最为深刻的经验启示。"小康社会"是邓小平同志基于对中华人民共和国成立到改革开放前近三十年社会主义建设的成就、经验和教训的深刻反思和从中国"人口多、耕地少、底子薄"的基本国情出发提出的。

（一）构建中国式发展概念

小康社会理论形成和发展过程中，最典型的特征是建立中国式的概念。小康理论形成之初，邓小平同志在1979年提出了"中国式的四个现代化"[①]概念，这是一个与西方国家不同的新概念，我国在提出这一概念时仍处于探索阶段，因此在实践过程中还需要不断地调整和完善。随后，邓小平在中央政治局会议

[①] 邓小平同志在会见以马尔科姆·麦克唐纳为团长的英中文化协会执行委员会代表团时，提出"中国式的四个现代化"概念时指出："我们定的目标是在本世纪末实现四个现代化。我们的概念与西方不同，我姑且用这个新说法，叫作中国式的四个现代化。现在我们的技术水平还是你们50年代的水平。如果本世纪末能达到你们70年代的水平，那就很了不起。就是达到这个水平，也还要做许多努力。由于缺乏经验，实现四个现代化可能比想象的还要困难些。"转引自中共中央文献研究室：《邓小平年谱（1975—1997）》（上），中央文献出版社，2004，第496页。

上把"中国式的四个现代化"正式表述为"中国式的现代化"。小康社会理论能在实践中进行快速的发展,得益于改革开放形成的勇于担当和敢于拼搏的精神。小康社会建设坚持共同富裕的原则,指向的是社会主义条件下的发展道路,因为"小康"是中国式的现代化,"不是西方的现代化"[1]。立足于中国当时的基本国情,邓小平同志指出:"我们社会主义制度是以公有制为基础的,是共同富裕。"[2] 这给小康社会理论赋予了治理贫困的内涵,尽管后来的小康社会目标随着经济社会发展而不断调整,但脱贫减贫工作一直是小康社会建设的重要组成部分,最终目的是要有步骤地实现"共同富裕"[3]。

中国式的现代化的"小康",虽然不能与西方国家的现代化建设相比,但可以依靠社会主义的优越性,使人民的生活得到极大改善。根据中国的实际发展情况,邓小平同志曾很有信心地说:"如果我们的国民生产总值真正达到每人平均1000美元,那我们的日子比他们2000美元还要好过。因为我们这里没有剥削阶级,没有剥削制度,国民总收入完全用之于整个社会,相当大一部分直接分配给人民[4]。"在全面建成小康社会过程中,我们始终秉持中国特色社会主义道路[5],在社会主义制度下坚持共同富裕,将国家、社会、人民紧密联系在一起。

(二)强化目标引领

改革开放四十多年来,小康社会建设经历了从温饱到小康、从总体小康到全面小康,从全面建设小康到全面建成小康重要阶段。从党的十三大提出"三

---

[1] 中共中央文献研究室:《邓小平年谱(1975—1997)》(下),中央文献出版社2004年版,第816页。
[2] 邓小平同志认为,如果中国绝大多数的人还是贫困的,是解决不了稳定问题的。转引自邓小平:《邓小平文选》(第三卷),人民出版社1993年版,第216页。
[3] 邓小平同志指出:"我们允许存在差别的。但是,经济发展到一定程度,必须搞共同富裕。"转引自中共中央文献研究室:《邓小平年谱(1975—1997)》(下),中央文献出版社,2004,第1312页。
[4] 邓小平:《邓小平文选(第二卷)》,人民出版社,1993,第259页。
[5] 邓小平同志指出:"不坚持社会主义,中国的小康社会形成不了。"转引自小平:《邓小平文选(第三卷)》,人民出版社,1993,第378页。

步走"社会主义现代化建设战略部署到党的十八大进一步丰富小康社会内涵,对全面建成小康社会目标提出新要求,都是党中央充分考虑了我国基本国情,对我国基本现实进行准确判断作出的重大战略部署。小康社会建设目标和现代化建设目标高度契合,在不同阶段需要因势利导,因地制宜,不断调整完善。无论是小康社会建设还是中国特色社会主义现代化建设,都必须坚持从中国国情出发,这是最为深刻的经验和启示。

从当前国际形势来看,世界经济仍处在国际金融危机后的深度调整期,全球经济贸易增长放缓,动荡源和风险点增多[1];从国内现实情况来看,我国是具有悠久历史文明的东方大国,仍处于社会主义初级阶段,东部、中部和西部地区之间、城市和农村之间的发展存在不平衡的问题。这些都是我国的基本国情,是小康社会建设和现代化建设的最大实际。要强化小康社会目标引领,充分考虑地区和城乡间的差异,突出地方特色,不搞"一刀切""一个模式"。最艰巨最繁重的任务在农村,特别是在贫困地区。没有农村的小康,特别是没有贫困地区的小康,就没有全面小康社会。[2]在开启全面建设社会主义现代化国家新征程中,我们必须有强大的战略定力,坚持立足基本国情,认清当前和今后一段时期社会所处的新发展阶段,集中精力办好自己的事,为赢得主动、赢得优势、赢得未来打下坚实基础,努力开创建设中国特色社会主义现代化的崭新篇章。

第四节 始终坚持发挥中国特色社会主义制度优势

制度建设是全面建成小康社会的重要保障,也是现代化强国建设的重要内容。从最初以"中国式的现代化"勾勒小康社会的构想,到如今奋进"全面建

---

[1] 宁吉喆:《中国经济再写新篇章》,《中国信息报》2020年2月4日。
[2] 习近平:《做焦裕禄式的县委书记》,中央文献出版社,2015,第16页。

设社会主义现代化国家"的征程，都彰显了高度的制度自觉和制度自信。小康社会建设各个领域取得的奇迹，从根本上说是中国特色社会主义制度的奇迹。

（一）彰显社会主义的优越性

小康社会思想的实现需要充分发挥中国特色社会主义制度优势，并且要适应环境变化做出适时调整，把宏大的目标落实在具体行动中。1981年9月，邓小平同志在会见日本公明党第十次访华代表团时指出："实现四个现代化是相当大的目标，要相当长的时间。21世纪末也就只能搞一个小康社会，要达到西方比较发达国家的水平，至少要再加上30到50年的时间，恐怕要到21世纪末。"[①] 因此，小康社会目标需要分阶段实施，在实践过程中可以分成若干的子目标。1984年4月，邓小平同志对小康社会目标有了更细致的刻画："我们的第一个目标就是到21世纪末达到小康水平，第二个目标就是要在30年至50年内达到或接近发达国家的水平。"[②]

在制定和完善20世纪末实现小康社会目标的同时，为了充分彰显中国特色社会主义制度的优越性，邓小平同志还提出了中国下一个世纪的发展目标，他在1987年与加蓬总统邦戈会见时谈到，21世纪中叶我国的发展目标，即"到下世纪中叶我们建成中等发达水平的社会主义国家"[③]。邓小平同志当时把21世纪中叶的战略目标具体确定为"人均4000美元"和"国民生产总值6万亿美元"，这对于当时的中国来说是一个不容易实现的目标，体现了领导人的雄心壮志。经过一代代共产党人的努力，中国经济社会发展最终取得了远比预期要好的成

---

① 邓小平：《邓小平年谱（1975—1997）》（下），中央文献出版社，2004，第769-770页。
② 邓小平：《邓小平年谱（1975—1997）》（下），中央文献出版社，2004，第970页。
③ 邓小平同志提出中国下一个世纪的发展目标时，指出"我们虽然活不到那个时候，但有责任提出那个时候的目标"。而"中等发达水平"是在本世纪末，中国人均国民生产总值将近达到800～1000美元，甚至有望达到1000美元的基础上的提升。邓小平认为"有了这个基础，再过50年，再翻两番，达到人均4000美元的水平"。到那时，中国约有15亿人口，以1980年美元与人民币比价计算，此时的国民生产总值就是6万亿美元，他认为"这个数字肯定是居世界前列的"。转引自邓小平：《邓小平文选》（第三卷），人民出版社，1993，第204-216页。

果，这充分体现了中国特色社会主义制度的制度优势。

（二）把制度优势转化为治理效能

小康社会的构想与实践都是"摸着石头过河"，从最开始邓小平同志提出"我们的目标是要建立一个小康社会"到如今进入全面建成小康社会决胜阶段，都需要反复地试验和试错，从中总结经验和教训，以进一步完善小康社会建设制度框架。小康社会建设初期，我国在《国民经济和社会发展十年规划和第八个五年计划纲要》中对小康目标做了详细的描述，并制定了《全国人民小康生活水平的基本标准》《全国农村小康生活水平的基本标准》和《全国城镇小康生活水平的基本标准》三套制度体系，以便于测量全国小康生活的水平和检验小康社会建设的实施情况。这三套制度体系包含经济水平、物质生活收入、人口文化素质、精神生活和生活环境等指标[①]，涵盖了总体小康社会发展的各个方面，形成了一套比较具体的指标体系。有些指标都是社会生活所必需的，属于小康社会建设的基础层面，但在当时中国基础差、底子薄的现实情况下，需要在不断的试验和试错中达到这些目标，通过政策试验发挥中国特色社会主义制度优势。

中国小康社会的建设历程，就是中华民族"站起来""富起来"到"强起来"的奋斗史，特别是在经济建设领域，实现了一个又一个的"不可能"，谱写了中国经济持续快速发展的宏伟篇章。全面建成小康社会离不开中国共产党的治理优势、离不开中国特色社会主义制度体系，离不开国家治理体系和治理能力现代化。只有以坚持和完善中国特色社会主义制度、推进国家治理体系和治理能力现代化为主轴来谋划全面建成小康社会，才能筑牢国家繁荣富强、人民幸福安康、社会和谐稳定的制度基础。在开启全面建设社会主义现代化国家新征程中，应该毫不动摇坚持和巩固、完善和发展、遵守和执行好中国特色社会

---

① 在小康社会指标中，物质生活涉及居住、营养、交通、结构等指标，具体到人均蛋白质摄入量；人口文化包括文化和健康程度，具体到成年识字率；精神生活上具体到电视机普及率等实物指标。

主义制度，与时俱进地完善中国特色社会主义制度和国家治理体系，把我国制度优势更好地转化为国家治理效能，在推动实现小康社会决胜目标的同时，推动中国特色社会主义现代化走向未来。

第五节 始终坚持"五位一体"协同发展

全面建成小康社会是包括经济、政治、文化、社会、生态文明等方面的"全方位现代化"，由此，"五位一体"总体布局是全面建成小康社会的重要保障。中国人民的生活水平在"五位一体"协同发展下得到整体提升，这更加彰显了中国特色社会主义的优越性和全面建成小康社会的利益统筹格局。正所谓"不谋全局者，不足以谋一域；不谋万世者，不足以谋一时"。"五位一体"总体布局中的各个部分是相互联系和相互影响的，因为在目标制定时就有内在的科学性，即经济建设、政治建设、文化建设、社会建设和生态文明建设的目标合理、有针对性且具有层次性，相互之间实现共同促进作用。

（一）以经济建设为中心

经济高质量发展既是全面建成小康社会的重要方面，也是全面建设社会主义现代化国家的重要保障。小康社会建设历程表明，以经济建设为中心的社会主义初级阶段基本路线是不可动摇的。具体表现在小康社会建设的不同时期，党和国家根据经济发展状况审时度势，对小康社会建设的阶段性目标进行不断完善和调整。从中国现代化发展历程看，只有推动经济持续健康发展，并坚持社会主义市场经济改革方向，才能充分发挥市场在资源配置中的决定性作用，筑牢国家繁荣富强、人民幸福安康、社会和谐稳定的物质基础。从"四位一体"到"五位一体"，经济建设都处于小康社会总体布局的首要位置。在开启全面建设社会主义现代化国家新征程中，面对全球经济衰退和国内经济转型带来的冲击，更应该毫不动摇地坚持以经济建设为中心，聚精会神抓好发展这个党执政兴国的第一要务，着力推进兼具效率与公平的经济高质量发展，加快形成崇尚创新、注重协调、倡导绿色、厚植开放、推进共享的机制和环境，不断壮大我国经济实力和综合国力。

小康社会建设伟大历程充分证明，只有始终将经济建设放在各项事业的首位，才能确保小康社会建设沿着正确的方向前进，这也是中国特色社会主义建设不断取得举世瞩目成就，中国人民在富起来、强起来的征程上迈出决定性步伐的重要保证。以经济建设为中心是兴国之要，是不可动摇的党的重大方针，每一次党的全国代表大会报告对小康社会阶段性目标设定，都以经济发展目标为基础。特别是党的十八大以来，以习近平同志为核心的党中央将经济建设放在了全面建成小康社会"五位一体"总布局中的核心地位，坚持新发展理念，努力实现更高质量、更有效率、更加公平、更可持续的发展，增强了我国经济实力、科技实力、国防实力、综合国力、核心竞争力，为全面建成小康社会取得决定性胜利奠定了坚实的物质基础。

（二）统筹推进"五位一体"总体布局

"五位一体"总体布局的关键在于处理好政府与市场、社会之间的关系，形成党的统一领导下的多元共治格局。这是经济社会发展的根本目标，也是全面建成小康社会和全面建设社会主义现代化国家的深刻内涵。从我国小康社会建设历程和现代化进程来看，构建符合"中国现代化"发展规律和时代要求的社会格局，是实现全面建成小康社会的关键。随着社会主义市场经济发展带来社会利益格局的分化，经济建设主体多元化，政府、市场和社会之间共同发挥作用成为必然要求。全面建成小康社会是中国共产党领导人民建设小康社会的过程，需要在现有基础上积极推进全面发展。全面建成小康社会，让贫困群众提高经济收入和实现"同步小康"是关键，而打赢脱贫攻坚战是重要保证。没有贫困地区、贫困群众的脱贫致富，全面建成小康社会的目标是无法实现的。在全面建成小康社会的即将收官阶段，各级党委、政府要坚持人民主体地位、坚持以经济建设为中心的发展思想，把不断解放和发展生产力作为经济社会发展的出发点和落脚点，充分调动人民群众的积极性、主动性、创造性，让人民在共建中共享经济与社会发展成果。

全面建成小康社会是一个巨大的"中国现代化"系统工程，必须与经济建设、政治建设、文化建设、社会建设和生态文明建设有机地融于一体，做到相互适应、相互促进。"五位一体"总体布局与全面建成小康社会是统筹联动、协同推进的，统一于中国现代化建设的伟大征程，统一于国家由大向强发展关键阶段的历史进程。全面建成小康社会投射到经济、政治、文化、社会和生态文明领域的重大举措，反映的是统筹对象与统筹方法的统一、事业大局与主要矛盾的统一、目标导向与问题导向的统一。[1] 小康社会建设的任一层次目标，无不指向"五位一体"协同发展：经济建设为全面建成小康社会提供了必要的物质条件；政治建设为全面建成小康社会提供了正确方向引领；文化建设为全面建成小康社会提供了强大的文化支撑；社会建设为全面建成小康社会保驾护航；生态文明建设为全面建成小康社会实现人与自然的和谐共生拓展了广阔空间。在开启全面建设社会主义现代化国家新征程中，必须更好地统筹"五位一体"协同发展，使各个领域建设与小康社会的发展目标、现代化建设目标紧密结合。

第六节　始终坚持全面深化改革

在全面建成小康社会的收官阶段，推进我国社会主义现代化建设，必须在依靠"全面深化改革"来解放和发展生产力的基础上实现。从马克思主义的发展理论来看，全面建成小康社会是对马克思主义发展理论在中国社会具体的运

---

[1] 全国干部培训教材编审指导委员会：《决胜全面建成小康社会》，人民出版社，2019，第218页。

用和发展。由于生产力与生产关系之间的矛盾以及经济基础与上层建筑之间的矛盾，两者共同构成了经济社会发展的核心动力，但是这种矛盾并不是长期处于失衡状态的矛盾，而是在短期内的不相适应的状况，那么对于这些矛盾的调节就是改革的过程，也是发展的历史过程。

（一）坚持市场化改革正确方向

在全面建成小康社会的过程中也会出现不协调、不平衡的发展状况，也需要通过改革的方式来进行调整。正如邓小平同志所强调的"改革是社会主义制度的自我完善"[1]，经济、政治、文化、社会等领域的改革从未间断，并持续推动小康社会建设向前发展。全面深化改革是在保持社会主义基本制度不变的情况下，调整生产关系，完善社会主义制度。所以说全面深化改革是解放和发展生产力的必由之路，也是中国共产党领导中国人民"全面建成小康社会"的必由之路。全面深化改革包括经济建设、政治建设、文化建设、社会建设、生态文明建设在内的"全方位现代化"。一方面，我们以大力解放和发展生产力作为小康社会建设的根本动力和重要保障，在推进中国特色社会主义现代化进程中，我国的社会生产力虽然在一定程度上得到了极大发展，但是生产力基础之上的经济体制和政治体制依然存在一些弊端，会束缚和限制生产力的进一步发展，因此必须进行全面深化改革。也就是说，只有全面深化改革，才能确保在稳定的社会环境下推动全面建成小康社会，才能尽可能地解决社会各个阶层和群体的利益矛盾与冲突。但不管是在任何领域的改革，我国一直以市场化作为全面深化改革的方向。

始终坚持市场化改革方向，是小康社会建设能够不断克服艰难险阻，应对各种挑战的重要法宝。小康社会建设起步阶段，正是因为坚持了市场化改革的正确方向，才促使广大农村活力竞相迸发，乡镇企业异军突起，经济特区横空

---

[1] 邓小平：《邓小平文选（第三卷）》，人民出版社，1993，第142页。

出世，中国经济发展进入快车道，提前完成了 20 世纪末我国国民生产总值翻两番的任务，人民生活总体上达到了小康水平。党的十八大以来，面对艰巨复杂的改革任务和决胜全面建成小康社会的各种挑战，以习近平同志为核心的党中央以巨大的政治勇气和智慧，不失时机深化重要领域改革。特别是党的十八届三中全会以来，我们明确全面深化改革以国家治理体系和治理能力现代化为总目标，集中力量突破重要领域和关键环节改革，使市场化改革的方向更加清晰化、具体化，为全面建成小康社会的目标能够如期实现奠定了坚实基础。

（二）改革理论与改革实践相结合

全面建成小康社会需要我国内部具有稳定的、和谐的社会环境做保障，同时需要全国人民团结一致的凝聚力和向心力，因此必须全面深化改革，以稳步前进的方式实现小康社会理想，而不是以革命化和阶级斗争的方式加以实现。全面建成小康社会的理论演进与实践发展表明，我们应该在充分分析我国国情的基础上，对全面深化改革和全面建成小康社会之间的关系做充分的研判，从而取得最终的胜利。全面深化改革在科学实践中证明了全面建成小康社会取得的伟大成绩，只有改革和全面深化改革才是适应中国具体实际、具体国情的可行路径，全面深化改革和全面建成小康社会又是引领中国人民走向富裕和繁荣的最佳途径。全面深化改革最成功的理论成果就是重新树立了"解放思想、实事求是"的思想，重新认识并学习了毛泽东思想、邓小平理论、"三个代表"重要思想、科学发展观、习近平新时代中国特色社会主义思想的核心本质。改革开放后，《实践是检验真理的唯一标准》一文激荡起了全国各族人民对于美好生活的追求与实践，小康社会建设是在改革开放的大背景下展开的。全面建成小康社会，离不开正确的理论指导，也离不开中国的具体国情和社会土壤的孕育。全面深化改革的目的就是要解决我国社会基本矛盾，只有改革才能不断协调和理顺各方利益关系、正确处理人民内部矛盾，也才能为中国现代化发展扫清障碍。

小康社会建设的历史充分证明，改革开放是决定中国现代化走向的关键，是社会发展进步的活力之源，也是推进全面建成小康社会的根本动力。没有改革开放，就没有小康社会建设的持续推进。小康社会的全面建成离不开政府、市场与社会共同发挥作用，解决我国发展过程中面临的政企不分、政事不分、政社不分的一系列问题，必须深化改革。改革开放四十多年来，小康社会的内涵随着中国社会主义发展的现实要求不断变化和调整，党带领人民也逐步探索出了一条适合中国经济社会健康发展的新出路。通过深化改革，让一切劳动、知识、技术、管理、资本等要素的活力竞相迸发，让一切创造社会财富的源泉充分涌流[1]。改革开放只有进行时，没有完成时。在开启全面建设社会主义现代化国家新征程中，必须坚持以深化改革开放为动力，坚决破除一切妨碍现代化建设的体制机制障碍，进一步解放和发展生产力，不断增强社会活力，努力开拓建设中国特色社会主义现代化更为广阔的道路。同时，应通过"制度型开放"促进营商环境与国际接轨，实现市场化、法治化、国际化。

第七节 始终坚持稳中求进工作总基调

全面建成小康社会需要创新和健全治理制度体系，也需要大力提升稳定经济秩序和实现社会和谐的治理能力。稳中求进工作总基调是实现小康社会发展目标的重要法宝，也是我们党治国理政的重要原则和做好经济工作的方法论。2021年4月，中央政治局召开会议，分析研究当前经济形势和经济工作。习近平总书记指出，要坚持稳中求进工作总基调，准确把握新发展阶段，全面贯彻新发展理念，加快构建新发展格局，着力推动高质量发展，慎终如始抓好疫情防控。要精准实施宏观政策，保持宏观政策连续性、稳定性、可持续性，不急

---

[1] 中共中央文献研究室：《十八大以来重要文献选编》（上），中央文献出版社，2014，第549—550页。

转弯,把握好时度效,固本培元,稳定预期,保持经济运行在合理区间,使经济在恢复中达到更高水平均衡。积极的财政政策要落实落细,兜牢基层"三保"底线,发挥对优化经济结构的撬动作用。稳健的货币政策要保持流动性合理充裕,强化对实体经济、重点领域、薄弱环节的支持。保持人民币汇率在合理均衡水平上的基本稳定。

(一)辩证把握"稳"与"进"的关系

小康社会建设史是中国人民生活稳步变化的发展史。1979年3月,邓小平同志在规划未来发展蓝图时首次提出了"中国式的四个现代化"的概念,同年12月邓小平同志会见时任日本首相大平正芳时用"小康之家"描述中国"四个现代化"的战略目标。1982年中共十二大正式提出到20世纪末要使人民生活达到小康水平。1987年中共十三大正式提出我国经济建设"三步走"的发展策略,开启了中国式的现代化宏伟历程:"翻两番,人均国民生产总值达到800美元,就是21世纪末在中国建立一个小康社会,这个小康社会叫作'中国式的现代化'。"[①]邓小平同志关于小康社会的一系列论述和探索起到了"承前启后"的作用,不仅为"全面小康"的形成和发展奠定了坚实基础,也开启了社会主义现代化进程的新阶段。江泽民同志在十五届五中全会上强调:"'十五'是我国人民生活总体上进入小康阶段的第一个五年计划,要按照全面建设'小康社会'的要求,把提高人民收入水平和生活质量摆在重要位置。"这与"新三步走"战略提出的更高水平要求相呼应,即到2020年我国达到殷实的全面小康社会,为小康社会建设进一步明确了基调。

稳中求进工作总基调是对经济工作正反方面经验教训的深刻总结。推进小康社会建设和实现"中国现代化",必须坚持稳中求进的工作总基调,保持战略

[①] 中共中央文献研究室:《江泽民论有中国特色社会主义专题摘编》,中央文献出版社,2002,第118页。

定力、坚持底线思维，一步一个脚印向着全面建成小康社会迈进。不仅需要巩固好"稳"的大局，还需要在"稳"的基础上积极进取，保持"以保促稳、以稳促进"的良好局面。党的十八大以来，面对纷繁复杂的国内外形势，以习近平同志为核心的党中央观大势、谋全局、干实事，坚持稳中求进工作总基调，坚定不移贯彻新发展理念，扎实有力推动各项事业发展，引领小康社会建设和现代化建设取得了历史性成就[①]。在全面建成小康社会收官之际，统筹就业、金融、外贸、外资、投资、发展预期等全方位发展，为居民就业、基本民生、市场主体、粮食能源安全、产业链供应链稳定、基层运转等方面提供兜底保障，这些举措就是坚持稳中求进工作总基调的最好体现。在开启全面建设社会主义现代化国家新征程中，必须进一步认真总结经验和教训，准确把握"稳"和"进"的辩证关系，确保"稳"和"进"有机统一、相互促进，推动高质量发展，努力实现经济社会持续健康稳定发展。

（二）正确把握好工作中的几个关系

进入21世纪，小康社会建设经历从"总体小康"向"全面小康"发展、从"全面建设"向"全面建成"渐进过程。党的十六大报告深刻阐述了21世纪前二十年的奋斗目标是全面建设小康社会，这是中国现代化发展上的一个新里程碑。党的十六大报告明确指出所谓全面的小康社会，不仅仅是解决温饱问题，还要从经济、政治、文化、可持续发展四个方面对全面建设小康社会的具体内容做出界定，并且，坚持"四位一体"是实现小康社会建设目标的重要保证。在此基础上，2007年，胡锦涛同志在党的十七大报告中从经济、政治、文化、社会和生态文明五个方面提出了全面建设小康社会的新要求，并将2020年确定为实现全面建成小康社会的历史节点。相较于"全面建设"的提法，"全面建

[①] 习近平：《在庆祝"五一"国际劳动节暨表彰全国劳动模范和先进工作者大会上的讲话》，人民出版社，2015，第3页。

成"更重质量、重实现、重结果。这一阶段经过全面小康战略的扎实推进,人民生活水平得到普遍提升,中华民族基本实现了由"站起来"到"富起来"的第一次历史性飞跃,为全面建成小康社会和开启全面建设社会主义现代化国家新征程奠定了坚实基础。总的来说,小康社会建设始终坚持"以稳定谋发展,以发展促稳定"的工作基调,推进中国现代化进程向前发展。

小康社会建设和实现"中国现代化"过程中总会碰到一些新问题或阻碍,需要适时调整和完善,并正确把握三个基本关系[①]:第一,把握整体目标和个体目标的关系。全面建成小康社会是国家整体目标,但并不是所有区域、所有人群都同步实现这一目标。要摒弃"平均"思想,因地制宜,实事求是,精准施策,在国家整体目标统领下制定科学合理、切实可行的"层级目标"和众多细分的"个体目标",提高不同层级整体目标、个体目标的"精准度",为全面建成小康社会提供不竭动力。第二,把握绝对标准和相对标准的关系。脱贫攻坚是全面建成小康社会目标要求中的绝对指标,以一鼓作气、连续作战,更加有力的举措、更加精细的工作,确保了脱贫攻坚取得全面胜利。在保证绝对指标达成的同时还要兼顾环境改善等相对指标,要根据实际情况持续改善和逐步提高标准。小康社会建设和实现"中国现代化",要重视绝对标准与相对标准的并行推进。第三,把握定量分析和定性判断的关系。全面建成小康社会和完成"十三五"规划在时间节点上是一致的,经济增长的量化指标和人民群众的实际生活状态与现实获得感都是衡量全面小康建成与否的关键所在。定性指标则是指实现人的全面发展,要充分考虑人民群众的实际生活状态和现实获得感。现代化的本质是人的现代化,在开启全面建设社会主义现代化国家新征程中,必须补齐"短板",即始终坚持"以人民为中心",不管是在"量"上还是在"质"上,都必须坚持以人民的利益和全面发展作为评判全面建成小康社会的最终标准。

[①] 习近平:《关于全面建成小康社会补短板问题》,《求是》2020 年第 11 期。

第七章

全面建成小康社会的重点任务

全面建成小康社会，是我们的历史责任。全面建成小康社会，要坚持始终围绕全面小康的目标要求，把握"四个全面"与全面建成小康社会的内在逻辑，统筹推进政治建设、经济建设、文化建设、社会建设、生态文明建设，确保全面建成小康社会完美收官。

第一节 把握全面建成小康社会与"四个全面"内在逻辑

"四个全面"战略布局是新的历史条件下为实现全面建成小康社会而孕育提出的，是我们党治国理政的总方略，是实现中华民族伟大复兴中国梦的重要保证，是关乎党和国家长远发展的总战略。"四个全面"战略布局有其内在逻辑，每一个"全面"都具有重大战略意义。全面建成小康社会是战略目标，在"四个全面"中发挥着引领作用。全面深化改革、全面依法治国、全面从严治党是三大战略举措，为推动实现全面建成小康社会战略目标缺一不可。习近平总书记用"车之双轮""鸟之两翼"的比喻，说明全面深化改革为全面建成小康社会提供动力源泉，全面依法治国为全面建成小康社会提供法治保障，强调全面从严治党为全面建成小康社会提供根本保证。

（一）全面深化改革为全面建成小康社会提供动力源泉

在全面建成小康社会的收官阶段，需继续保持并增强战略定力，按照"四个全面"战略布局，深入贯彻习近平总书记关于全面深化改革的重要论述，加快落实党的十八届三中全会关于全面深化改革的整体部署。以前所未有的决心和力度，坚定不移地推进改革，为全面建成小康社会提供动力源泉，最大限度地释放改革新红利。

1. 全面深化改革是全面建成小康社会的关键抉择

我国的改革是在问题的倒逼下产生的，又在不断地解决问题中深化。党的十八大以后，习近平总书记在广东考察时强调"改革不停顿、开放不止步"。此后，他在诸多场合，围绕全面深化改革做出一系列重要论述，并反复强调："改革开放是决定当代中国命运的关键一招，也是决定实现'两个一百年'奋斗目标、实现中华民族伟大复兴的关键一招。"这表明以习近平同志为核心的党中央坚定不移地高举改革开放的旗帜，把全面深化改革作为推动党和国家事业发展的强大动力、作为全面建成小康社会的重大战略举措。

我国改革已进入深水区和攻坚期。"深水"是从改革的复杂性上来讲的，目前需要改革的方面不少都涉及了深层次的社会矛盾，涉及协调目前的社会群体利益局面。"攻坚"是从改革的难易角度讲的，绝大多数见效快的、好改的、普遍受惠的和利益增量式的改革都进行了，剩下的大多是难啃的"硬骨头"。目前各种深层次的问题涌现，错综复杂地纠缠在一起。现阶段的改革必须坚持和发展中国特色社会主义，以更大的政治智慧和勇气、更有力的办法和措施去啃改革的硬骨头，要敢于向积存多年的顽瘴痼疾开刀，全面深化重要领域改革，完善社会主义市场经济体制，使中国特色社会主义的方方面面更加定型、更加成熟，实现全面深化改革，为全面建成小康社会提供强有力的制度保障和动力。

2. 始终坚持党对全面深化改革的领导

中国共产党的领导是中国特色社会主义最本质的特征。坚持和加强党的全面领导是党和国家各项事业取得成功的根本保证。全面深化改革影响范围大、触及矛盾深、涉及领域多、调整利益广，是一项异常艰巨复杂的任务。要确保全面深化改革朝着正确的方向推进和深化，必须始终坚持和不断加强党的领导，发挥党总揽全局、协调各方的核心领导作用。只有坚持和不断加强党的领导，才能使全面深化改革部署更加全面系统、才能使改革方案更加科学协调、才能推动和督促改革部署方案得到全面贯彻落实。推进全面深化改革取得成功的关键，是必须坚决维护以习近平同志为核心的党中央权威，服从党中央对全面深化改革的集中统一领导，发挥各级党组织的领导作用。

3. 全面深化改革仍然需要以经济体制改革为重点

党的十八届三中全会提出"经济体制改革是全面深化改革的重点"。经济建设是全党的中心工作，这是党中央在全面总结改革开放经验、统筹考虑"五位一体"总体布局、准确把握国内外大势的基础上做出的科学判断和重大决策。发挥经济体制改革的牵引作用，必须坚定不移地以经济体制改革为重点。当下，我国的国际地位没有变，仍然是世界上最大的发展中国家；我国的基本国情没有变，仍处于并将长期处于社会主义初级阶段。这"两个没有变"，决定了发展仍是解决我国所有问题的关键，经济建设仍然是党和国家的中心工作，经济体制改革仍然是全面深化改革的重点，推进供给侧结构性改革是发展的主线。我国全面建成小康社会面临一系列的挑战，如城乡区域发展差距和居民收入分配差距依然较大，科技创新能力不强，发展中不平衡、不协调、不可持续问题依然突出等。推动经济社会持续健康发展，除了深化改革，别无他法。经济发展过程中必须主动适应和引领经济发展新常态，进一步破除发展的体制障碍，破解发展中遇到的难题，化解各方面的风险与挑战，必须始终坚持以经济体制改革为重点，在重要领域、关键环节的改革上实现新突破、取得新成就，进而带动其他领域改革，实现全面改革。进一步解放和发展生产力，增强和激发经济社会活力，全面建成小康社会。

（二）全面依法治国为全面建成小康社会提供法治保障

全面建成小康社会必须要有稳定的社会环境、安全的政治环境、优质的服务环境、公正的法治环境。全面依法治国是"四个全面"战略布局的重要组成部分，是习近平新时代中国特色社会主义思想的重要内容，是党领导人民治国理政的基本方略。全面建成小康社会，必须始终坚持和不断深化全面依法治国。

1. 法治保障强国富民

在中国特色社会主义的理论指导下，"小康"是指在温饱的基础上，生活质量进一步提高，达到丰衣足食。因此，小康社会的实现，首先必须有一定的物质条件，要以"国强民富"为基础，而法治是实现"国强民富"的重要保障。正所谓"奉法者强则国强"，公平高效的法治，是实现"国强"的关键条件，也是全面建成小康社会的重要保障。近代中国人民生活水深火热、积弱积贫，其主要原因就是国家的落后；而国家落后贫弱的重要原因就在于秩序混乱、法治不彰。在中国共产党的正确领导下，中国经济自改革开放以来取得了巨大的成就，人民生活水平得以不断提高。究其内在原因，就是建立了以法治为基础的市场经济，法治促进了"国强"，进而维护了市场秩序，激发了社会活力，最终实现了人民初步富裕。

2. 法治引领创新发展

国民经济平稳健康发展对全面建成小康社会尤为重要。伴随着中国经济发展进入"新常态"，供给侧结构性改革的持续推进，要求全面促进创新发展，而经济创新发展离不开法治的保驾护航。创新发展需要释放社会与市场的活力，需要用法治来规范和限制政府的权力、来保障市场主体的合法权益。"把权力关进制度的笼子里"，让市场这只"看不见的手"更好地发挥作用，进而使社会创新受到更少阻碍；保护专利发明等创新作品权益的知识产权法，就是法治通过更积极的方式在保护与激励创新，进而不断涌现更多的市场主体，生产出有益于社会的创新产品，为我国经济转型发展注入新鲜的血液。

3. 法治促进社会和谐

在中国文化中，终极的理想是"大道之行"的"大同"社会，而"小康"社会作为过渡，是一个经济富足、有礼义、仁信的理想社会状态，因此小康社会必然意味着社会的和谐有序。现代法治的一大作用，就是为社会解决纷争，保障社会秩序的稳定，进而促进社会和谐。法治促进社会和谐的有效方式之一就是"设范立制"，即通过制定法律规范，预先调节纷繁的社会利益，进而减少纷争的出现。通过司法机关动态地解决社会纠纷，促进社会公平正义的实现。"让人民在每一个案件中感受公平正义"这一目标在全面建成小康社会中同样至关重要，因为人民群众对自身权利的满意程度直接关系着小康社会建设的成效。

4. 法治实现公平正义

人们之间的利益纷争还普遍存在，"公正"是社会主义最突出的特征之一，因此通过法治实现社会的公平正义至关重要。扶贫工作事关小康大局，除了要"精准"，"公正"同样十分重要。要做到"扶真贫"，必须本着公正之心，做到"雪中送炭"，而不是"锦上添花"，识别并帮扶真正的贫困人员，把各种扶贫措施落实到真正需要帮扶的困难群体上。扶贫工作若不能坚持公正，就无法做到真正的"精准"，严重时甚至还会伤害扶贫工作的公信力。因此在全面建设小康社会的各个环节，都要贯彻落实公平正义这一要求，保证地域、区域间公平的同时，更要保证不同群体、阶层之间的公平，只有这样，才能实现人人共享改革发展成果，最终实现"共同富裕"的小康社会目标。促进社会公正，法治的精神至关重要，只有心中有"法"，工作用"法"，处处依"法"，才能最终实现全面建成小康社会的公正目标。

（三）全面从严治党为全面建成小康社会提供根本保证

始终坚持和不断加强中国共产党的领导，是全面建成小康社会的关键所在。我们党多年来加强自身建设总结的基本经验就是党的建设必须服从和服务于党领导的伟大事业，我们党在"十三五"时期最大的政治任务就是全面建成小康社会，这也是全国人民的共同目标和理想追求。为实现这一奋斗目标，必须推进全面从严治党，这为实现全面建成小康社会提供了坚强保证。

1. 坚持思想建党与制度治党相结合

习近平总书记指出："从严治党靠教育，也靠制度，二者一柔一刚，要同向发力、同时发力。"思想建党是全面从严治党的根本，要从根本上解决党员干部思想上的滑坡，拧紧世界观、人生观、价值观这个"总开关"，补足共产党人的精神之"钙"，引导党员干部坚定理想信念，坚守"为民务实清廉"的价值追求，为全面建成小康社会提供思想保证和精神动力。制度治党是全面从严治党的治本之策，要制定科学严密、务实管用的规章制度，以党章管党治党，将党章作为党内各项制度建设的根本依据，不断深化党的制度建设改革，切实增强制度的权威性、可操作性、科学性和系统性，尤其要提高制度执行力，坚持制度执行到事、执行到人、执行到底，坚持做到制度面前人人平等，制度执行无一例外，使制度成为硬约束而不是"橡皮筋"。

2. 坚持全面推进与突出重点相结合

全面从严治党是一项基础在全面的系统工程。从主体来讲，全面从严治党既要充分发挥领导干部的关键作用，又要充分发挥各级党组织的主导作用和党员队伍的基础作用；从内容来讲，全面从严治党涵盖党的政治建设、思想建设、组织建设、作风建设、纪律建设、制度建设和反腐败斗争；从过程来讲，在现代化建设全过程和改革开放进程中，要把全面从严治党贯穿进去，还要贯穿于党的生活、党的建设的各个方面，实现制度化、长效化、常态化。但全面不是平均用力，必须突出重点，抓"关键少数"。从严管理干部作为全面从严治党的重点，必须做到管理全面、责任分明、标准严格、措施配套、环节衔接，进而解决部分干部缺乏担当"不敢为"、缺乏动力"不想为"、缺乏自律"乱作为"、缺乏本领"不会为"的现象。

3. 坚持严格自律与严肃他律相结合

习近平总书记指出，一个人能否廉洁自律，最大的诱惑是自己，最难战胜的敌人也是自己。因此要不断强化自律意识，增强自身党性修养，改造主观世界，时刻以共产党员标准严格要求自己，做到时刻自省、自励、自警、自重，做到严以修身、严以用权、严以律己，做到谋事要实、创业要实、做人要实，守住做人做事用权的底线。在严于律己的同时加强他律，落实党委主体责任、纪委监督责任，始终坚持、加快完善反腐败领导体制和工作机制，发挥好纪检、司法、审计、监察等部门和机关的职能作用，推进反腐败斗争的同时，加强党风廉政建设。人民群众中蕴藏着治国理政、管党治党的智慧和力量，要自觉接受人民群众的监督和批评，虚心听取群众的建议和意见，本着"有则改之、无则加勉"的态度，改进工作方法，摆正工作态度，提高能力水平，做到了守土有责、守土负责、守土尽责。

4. 坚持治标与治本相结合

党的十八大以来，我们党本着零容忍的态度惩治腐败，"老虎""苍蝇"一起打，不断挤压腐败分子生存空间，以治标促治本，为治本赢得了民心和时间，使形势不断向着有利于治本的方向转化。要取得反腐败斗争的根本胜利，就必须建立健全预防和惩治腐败的体系，完善反腐败体制机制，创新党内法规制度和反腐败法律制度。只有不断铲除滋生腐败的土壤，遏制产生腐败的直接诱因，健全权力运行制约和权力监督体系，形成不想腐的教育机制、不能腐的防范机制、不易腐的保障机制、不敢腐的惩戒机制，才能够有效减少腐败存量、遏制腐败增量，构建良好政治环境。

第二节 发展社会主义民主政治

人民当家作主是社会主义民主的实质内涵。习近平总书记在党的十九大报告中强调："我国社会主义民主是维护人民根本利益的最广泛、最真实、最管用的民主。发展社会主义民主政治就是要体现人民意志、保障人民权益、激发人民创造活力，用制度体系保证人民当家作主。"[1] 社会主义民主是人类历史上新的、更高类型的民主，而中国特色社会主义民主更是具有独特优势和鲜明特色，超越了西式民主。因此，我们要坚定制度自信，毫不动摇地走中国特色社会主义政治发展道路，把人民当家作主落到实处。

（一）坚持中国特色社会主义政治发展道路不动摇

在国家政治生活中，中国社会主义民主政治建设具有管长远、管全局、管根本的作用。在历史的长河中，不乏因为选错政治发展道路而最终走向人亡政息、国家分裂、社会动荡悲惨下场的政体与国家。中国作为一个发展中的大国，必须坚定不移地走正确的政治发展道路，这是一个关系全局、关系根本的重大问题。

政治模式是无法复制的，因此，世界上没有完全相同的政治模式，也不存在适用于所有国家的政治模式。一个国家的政治发展道路、实行的政治制度，都必须符合这个国家的国情与性质。我们党自改革开放以来，在社会主义民主政治发展方面取得了重大突破，成功开辟了中国特色社会主义政治发展道路并始终坚持，为实现最广泛的人民民主确立了正确方向。中国特色社会主义政治发展道路，有明确的价值取向、科学合理的指导思想，还有高效的实现形式、坚实可靠的推动力量和严谨的制度安排。在宪法中，中国特色社会主义政治发展道路的基本要求、主体内容、核心思想，都得到了体现和确认，这一发展道路的精神实质紧密联系、互相促进、互相贯通。

1. 坚持党的领导、依法治国和人民当家作主有机统一

党的领导是依法治国和人民当家作主的根本保证。党领导人民治理国家的基本方略是依法治国，社会主义民主政治的本质和核心是人民当家作主。坚持走中国特色社会主义政治发展道路，必须始终坚持发挥中国共产党总揽全局、

---

[1] 习近平：《决胜全面建成小康社会 夺取新时代中国特色社会主义伟大胜利》，人民出版社，2017。

协调各方的领导核心作用，不断改进、加快完善党的执政领导方式，不断提高党的执政领导水平，进一步实现依法执政、民主执政、科学执政。始终坚持共同推进依法行政、依法执政、依法治国，坚持一体化建设法治国家、法治政府、法治社会，推进党和国家的各项工作开展、社会生活的各个方面实现法律化与制度化。通过民主的手段、形式、制度，确保国家的一切权力属于人民，支持和保证人民当家作主。

2. 积极稳妥推进政治体制改革

目前，我国社会主义民主政治的体制、机制、规范、程序以及具体运行上还存在有待完善的薄弱环节，民主法治建设同经济社会发展和扩大人民民主的要求尚不完全适应，在发挥人民创造精神和保障人民民主权利等方面也还存在一些不足，有待改进。走中国特色社会主义政治发展道路，要始终坚持以基本政治制度、根本政治制度为基础，以增强党和国家活力、调动人民积极性为目标，以确保人民当家作主为根本，坚定制度自信，推进改革创新，完善制度体系，建设社会主义政治文明。

3. 必须坚持正确的政治方向

坚持正确的政治方向，有利于推动政治文明建设，加快党和人民的事业建设。在探索政治发展道路的过程中，我们要在绝不放弃中国政治制度根本的基础上，借鉴国外政治文明的有益成果。习近平总书记强调："照抄照搬他国的政治制度行不通，会水土不服，会画虎不成反类犬，甚至会把国家前途命运葬送掉。"[1] 因此，走中国特色社会主义政治发展道路，要坚持从实际出发、从国情出发，不能与历史割断，不能不结合实际，既要准确把握历史，根据以往走过的发展道路，总结积累政治经验，进而形成政治原则，还要把握现实需求、立足于解决现实问题。要坚定自信，坚定不移走中国特色社会主义政治发展道路。

---

[1] 习近平：《在庆祝全国人民代表大会成立 60 周年大会上的讲话》，《求是》2019 年第 18 期。

（二）坚持发展社会主义民主政治制度与我国国情相适应

经济基础决定上层建筑，同时一个国家的政治制度又会反作用于这个国家的经济社会基础，甚至起到决定性作用。中国实行的人民民主专政、人民代表大会制度、中国共产党领导的多党合作和政治协商制度、民族区域自治制度、基层群众自治制度，是在我国历史发展、传统文化、经济社会发展的基础上长期发展、逐步改进、内生性演化的成果。具有鲜明的中国特色，符合我国国情与实际，必须长期坚持、全面贯彻、不断发展。

首先，人民代表大会制度是我国的根本政治制度，是中国特色社会主义制度的重要组成部分。在中国实行人民代表大会制度，是中国社会经历一百多年激越变革与发展的历史成果，是深刻总结近代以后中国政治生活惨痛教训得出的基本结论，是中国人民翻身作主、掌握自己命运的必然选择，是中国人民在人类政治制度史上的伟大创造。实践证明，人民代表大会制度是符合我国国情与性质的，这一制度保证了人民当家作主，保障了中华民族实现伟大复兴。因此，新形势下，必须毫不动摇地坚持中国共产党的领导，坚持和完善人民代表大会制度，坚持全面依法治国，坚持民主集中制，保证和发展人民当家作主。

其次，中国共产党领导的多党合作和政治协商制度是我国的一项基本政治制度。实践证明，这一制度符合我国国情，保障了我国政治格局的稳定，是中国特色社会主义制度的一个鲜明特色。为贯彻长期共存、互相监督、肝胆相照、荣辱与共的方针，更好地体现这项制度的效能，必须更好地支持民主党派履行其政治协商职能，必须加强同民主党派的合作共事，必须扩大对民主党派加强思想、组织、制度尤其是领导班子建设的支持，推动进一步提升民主党派的组织领导、参政议政、合作共事、政治把握、解决问题的能力。

再次，作为我国的一项基本政治制度，民族区域自治制度具有中国特色，是解决我国民族问题的制度保障与重要内容。民族区域自治制度是我们党制定民族政策的源头，我国各民族政策都是由此而来、依此而存。这一制度符合我国的国情与实际，有利于维护我国领土完整、祖国统一、推动我国民族地区发展、促进我国各民族团结平等、提升中华民族凝聚力等。民族区域自治要坚持民族因素与区域因素、统一与自治相结合，落实好宪法和民族区域自治法的规定，最大限度帮助民族自治区改善民生、发展经济，而不是某个民族独享的自治，民族自治地方更不是某个民族独有的地方。

最后，基层群众自治制度是我国的一项基本政治制度。社会主义民主政治建设的基础是发展基层民主，完善基层群众自治制度。因此，要不断健全加快完善基层选举、问责、述职、议事、公开等机制，畅通民主渠道，推动群众在基层公共事务、城乡社区治理和公益事业中实现依法自我监督、自我管理、自我教育、自我服务，有效杜绝人民形式上有权、实际上无权现象的出现。

实践证明，中国特色社会主义政治制度有生命力、有效率、行得通的原因在于：这一系列制度安排是扎根于本国国情与实际建立起来的，能够有力维护国家安全、国家主权与国家发展利益，有效维护国家独立自主、中国人民和中华民族的福祉；能够有效增强民族凝聚力，调节国家政治关系，形成团结安定的政治局面；能够有效保证人民广泛参加国家治理和社会治理，保证人民享有更加广泛充实的自由和权利；能够有效解放和发展社会生产力，集中力量促进我国社会主义事业现代化建设，不断提高人民的生活水平与生活质量。因此，我们要充分发挥中国特色社会主义政治制度的优越性，不断推进社会主义民主政治程序化、规范化、制度化发展，为党和国家长治久安、兴旺发达提供更完善的制度保障。

（三）保障人民当家作主

中国共产党领导人民实行人民民主，就是保证和坚持人民当家作主。人民当家作主是社会主义民主政治的本质和核心。

保证人民当家作主，必须始终坚持国家一切权力属于人民。要认真贯彻落实党的群众路线，密切联系人民群众，倾听人民呼声，回应人民期盼，凝聚广大人民的智慧和力量，解决好人民最关心的利益问题。要丰富民主形式，拓宽民主渠道，健全民主制度，发展更为健全、充分、广泛的人民民主，实现公民在各个层次各个领域的有序政治参与。要组织动员人民群众依照宪法和法律规定，通过各级人民代表大会行使国家权力，通过各种途径实现对国家和社会事务、经济和文化事业的管理，使人民成为国家、社会和自己命运的主人。

保证人民当家作主，要求人民内部必须广泛商量治国理政的大政方针。协商民主既坚持了党的领导，又充分发挥了各方面的积极作用；既坚持了人民民主的原则，又贯彻了团结和谐的要求；既坚持了人民主体地位，又贯彻落实了民主集中制；既加深了民主内涵、拓展了民主渠道，又丰富了民主形式。协商民主是中国共产党的群众路线在政治领域的重要体现，是中国特色社会主义民主政治的独特优势和特有形式。因此，要保证人民当家作主，必须构建环节完整、程序合理的社会主义协商民主体系，推进协商民主制度化发展，确保协商民主有制可依、有序可遵、有章可循、有规可守，不断提高协商民主的实效性与科学性。积极开展人大协商、基层协商、人民团体协商，重点加强政党协商、政府协商、政协协商，逐步探索社会组织协商，充分发挥人民政协作为民主协商专门协商机构和重要渠道的作用。

保证人民当家作主，不能拘泥于刻板的模式，更不能只有一种评判标准，其实现形式应该是丰富多样的。通过依法选举让人民代表参与管理国家、社会生活，对于保证和坚持人民当家作主是十分重要的，而选举以外的制度和方式同样不可忽视。人民只有在投票时被唤醒，拥有投票的权利，而在投票后就进入休眠期没有广泛参与的权利，这样的民主是形式主义的，没有实质意义。中国社会主义民主的两种重要形式，一是人民通过选举投票行使其权利；二是人民内部在重大决策之前和决策实施之中进行充分协商，争取尽可能就同一相关问题取得一致意见。这两种民主形式共同构成了中国特色社会主义民主政治的制度优势，相互补充、相得益彰，而不是相互替代、相互否定。

保证人民当家作主，必须现实具体地体现在国家治理和中国共产党执政上、体现在党和国家机关各个方面、各个层级的工作上、体现在人民对自身利益的实现和发展上。党的执政、国家的治理,都必须尊重人民主体地位,尊重人民首创精神,把治国理政本领的增强和政治智慧的增长深深扎根于人民的创造性实践之中,使各方面提出的真知灼见都能运用到治国理政中去。民主不是用来做摆设的装饰品,必须真真实实地用来解决人民需要解决的问题。

第三节 加快建设现代化经济体系

我国经济正处在转换增长动力、优化经济结构、转变发展方式的关键时期,已由高速增长阶段转向高质量发展阶段。建设现代化经济体系是我国经济社会长远发展的战略目标,是跨越这一历史关口的迫切要求,也是全面建成小康社会的必由之路。

(一)现代化经济体系的时代内涵

2018年1月30日,习近平总书记在主持中共中央政治局就建设现代化经济体系进行第三次集体学习时强调,"现代化经济体系,是由社会经济活动各个环节、各个层面、各个领域的相互关系和内在联系构成的一个有机整体"。习近平总书记对现代化经济体系的定义,明确了其本质是适应新时代我国社会主义现代化发展的国民经济体系。

主要包括以下七个方面的内容:一是建立创新引领、协同发展的产业体系。其基本特征是:科技创新、实体经济、人力资源、现代金融协同发展。因此要不断提高科技创新在实体经济发展中的贡献份额,要不断优化人力资源支撑实体经济发展的作用,要不断增强现代金融服务实体经济的能力。二是建立统一开放、竞争有序的市场体系。其基本特征是:市场开放有序、市场准入畅通、市场秩序规范、市场竞争充分。为此要加快构建商品要素自由流动平等交换、企业自主经营公平竞争、消费者自由选择自主消费的现代化市场体系。三是建立体现公平、提升效率的收入分配体系。其基本特征是：全体人民共同富裕、收入分配合理与社会公平正义。因此要积极推进基本公共服务均等化，逐步缩小收入分配差距。四是建立彰显优势、协调联动的城乡区域发展体系。其基本特征是：陆海统筹整体优化、城乡融合发展、区域良性互动。为此要积极培育和充分发挥区域比较优势，促进区域优势互补，打造区域协调发展新格局。五是建立资源节约、环境友好的绿色发展体系。其基本特征是：绿色循环低碳发展、人与自然和谐共生。为此要牢固树立和践行绿水青山就是金山银山理念，形成人与自然和谐发展的现代化建设新格局。六是建立多元平衡、安全高效的全面开放体系。其基本特征是：更高层次的开放型经济。为此要推动开放朝着提高效益、拓展深度、优化结构的方向转变。七是建立充分发挥市场作用、更好发挥政府作用的经济体制。其基本特征是：市场发挥资源配置的决定性作用与政府更好地发挥作用。为此要努力实现宏观调控有度、微观主体有活力、市场机制有效。

因此，现代化经济体系作为国民经济体系发展的一种状态，主要表现为各种经济结构协同发展，国民经济具有强大的国际竞争力和持续的创新力。现代化经济体系建设，要以现代发展理念为引领，以有效的体制为支撑，持续高效地推进经济结构系统分工、协调发展。

（二）坚定不移贯彻新发展理念

发展作为解决我国一切问题的关键和基础。在经济进入新常态的背景下，习近平总书记顺应时代和实践发展的新要求，鲜明提出发展要以人民为中心，坚定不移地贯彻创新、协调、绿色、开放、共享的新发展理念。首先，新发展理念为现代经济体系建设指明了方向。我国的现代化经济体系要朝着创新、协调、绿色、开放、共享的方向发展，在努力建设创新型国家的道路上不断前进，在协调发展中适应环境，在开放中共享成果。其次，新发展理念为建设现代经济体系勾画了新蓝图。企业在创新中发展、体现了企业的未来，社会在协调中发展、体现了社会的目标，经济在绿色中发展、体现了经济的效益，国家在开放中发展、体现了国家的意志，人民在共享中发展、体现了人民的幸福。要紧握手中蓝图，在实现民族复兴的道路上不断前进。最后，新发展理念为建设现代经济体系提供了方法路径。新发展理念包括了经济发展的基本途径与方法，经济的发展需要创新与协调，当前的绿色、开放、共享环境是经济发展所需的最佳环境，创新为经济整体水平的提高提供了出路，要在绿色的基础上谋创新，实现创新的成果人人共享，进而推动社会不断进步、协调发展。

全面建成小康社会必须坚定不移贯彻新发展理念，紧扣社会主要矛盾变化。一是要坚持创新发展，提高发展质量与效益。在我国发展动力转换的形势下、在国际发展竞争日趋激烈的背景下、必须把发展基点落在创新上。二是要坚持协调发展，形成平衡发展结构。坚持以问题为导向，将协调发展的理念贯穿于实际工作中，着力增强发展的协调性与整体性。三是要坚持绿色发展，改善生态环境。形成节约资源和保护环境的生产方式、生活方式、产业结构、空间格局，打造人与自然和谐发展的现代化建设新格局。四是要坚持开放发展，实现合作共赢。必须提高对外开放水平，丰富对外开放内涵。五是要坚持共享发展，着力增进人民福祉。必须注重机会公平，保障基本民生，本着坚守底线、突出重点、完善制度、引导预期的要求，实现全体人民共同迈入全面小康社会。

（三）加快建设高质量现代化经济体系

推动全面高质量发展建设社会主义现代化国家、全面建成小康社会的必然要求，是适应我国社会主要矛盾变化的必然要求，是保持经济持续健康发展、遵循经济发展规律的必然要求。突如其来的新冠疫情给我国经济社会发展带来了巨大的冲击，但疫情冲击无法动摇我国经济长期稳定发展的坚实基础，我国经济发展在抗击疫情的严峻斗争期间，展现出了巨大的韧性，经受住了"压力测试"。同时，"危机"中总是伴随着"机遇"克服了危机便是机遇，在疫情防控期间，许多新业态、新产业快速产生并迅速发展，为我国促进产业优化升级、推动科技发展带来了新的机遇。疫情常态化防控阶段，我们要谋全局、观大势，坚定克服困难、战胜挑战的信心，做到准确识变、科学应变、主动求变，善于从眼前的危机和挑战中抢抓并创造机遇，牢牢把握发展的主动权。

为有效应对当前世界经济下行的风险，第一，我们要加快推动我国经济发展方式的转变，着重推进产业结构转型升级，坚持效益优先与质量第一并行，将实体经济尤其是制造业做优做强做实，加大能源、水利、交通等领域的投资力度，推进工业互联网、人工智能、5G、物联网等新型基建投资，补齐农村地区在公共服务和基础设施建设方面的短板，解决我国发展不充分、不平衡的问题。第二，要将扩大内需作为我国发展的战略基点，坚定不移地实施扩大内需战略，构建完整的内需体系，促进生产、分配、流通各环节更多地依托国内市场，实现各环节的良性高效循环，为高质量发展提供强大支撑。第三，要以创新作为引领发展的第一动力，重点推进科技创新，科学合理地优化科技资源布局，实现科技创新能力的提升，调整优化科技投入和产出结构，抓紧布局新材料、生命健康、数字经济等战略性新兴产业、未来产业，不断发展新模式、新业态、新技术、新产品，做到围绕产业链部署创新链、围绕创新链布局产业链，培育壮大新的经济增长点增长极。

推动高质量发展必须坚持以改革开放为动力。推动高质量发展要坚持以供给侧结构性改革为主线，提高供给质量，扩大有效与中高端供给，减少无效与低端供给，推动产业链再造与价值链提升，促进供给结构对需求变化的灵活性、适应性提升，推动在更高水平上实现总需求和总供给的动态平衡。着力在关键环节与重要领域推进改革，破解阻碍我国经济发展的突出问题与矛盾，争取尽快取得更多系统性、突破性、实质性成果，充分激发我国经济发展的强大动能与巨大潜力，形成推动经济高质量发展的新动能。要坚定不移地扩大对外开放，积极扩大进口，扩大对外投资，放宽市场准入，持续优化营商环境，以开放促改革、促创新、促发展。

实现全面高质量发展，要求全面贯彻落实党中央决策部署，坚持新发展理念，坚持稳中求进工作总基调，努力克服新冠疫情等外部环境变化带来的不利影响。无论外部环境怎样变化，都无法阻挡中国奋勇前进的信心与步伐，我们要奋发努力，推动实现更高质量、更可持续、更有效率、更加公平的发展，确保全面建成小康社会。

第四节　推动社会主义文化繁荣兴盛

文化在"五位一体"总体布局的统筹推进和全面建成小康社会的进程中，都扮演着非常基础和关键的作用。没有社会主义文化的繁荣兴盛，没有高度的文化自信，小康社会的全面建成就会大打折扣，中华民族伟大复兴之路就会崎岖坎坷。因此，推动社会主义文化繁荣兴盛，是中国特色社会主义发展道路的有机组成部分和题中应有之义。

（一）加大对社会主义核心价值观的培育与践行

第一，中华优秀传统文化的思想精华和道德精髓是培育和践行社会主义核心价值观的重要源泉。大力弘扬以爱国主义为核心的民族精神和以改革创新为核心的时代精神，深入挖掘和阐发中华优秀传统文化的时代价值，使讲仁爱、重民本、守诚信、崇正义、尚和合、求大同等优秀中华传统文化成为涵养社会主义核心价值观的重要源泉。要处理好继承和创造性发展的关系，重点做好创造性转化和创新性发展。中华优秀传统文化蕴含了丰富的人文精神和价值规范，根据时代需求认真予以扬弃翻新，可以让中华优秀文化展现出长期魅力，起到价值引领作用，可以助力弘扬社会主义核心价值观。

第二，将社会主义核心价值观的培育与践行融入法治建设中将有效促进价值观作用的发挥。加大对社会主义核心价值观的培育与践行，必须将其融入法治国家、法治政府、法治社会建设的全过程，融入科学立法、严格执法、公正司法、全民守法的各环节，以法治体现道德理念、强化法律对道德建设的促进作用；注重把一些基本道德规范转化为法律规范，把实践中行之有效的政策制度及时上升为法律法规，推动文明行为、社会诚信、见义勇为、尊崇英雄、志愿服务、勤劳节俭、孝亲敬老等方面的立法工作。

第三，只有真正把社会主义核心价值观融入现实生活的各个层面、各个环节，才有助于人们真正将其内化于心、外化于行。应该通过长期的实践探索，通过家庭示范、学校教育、领导干部带头、社会名人践行等方式，通过行业规章、市民公约、乡规民约、学生守则等准则，把社会主义核心价值观转化为人们的情感认同和行为习惯，转化为工作、生活、交往的指导原则。

（二）大力推动社会主义文艺事业的繁荣发展

首先，坚持人民本位思想的落实，坚持以人民为中心的创作导向。文艺应该反映人民的真正心声，应该努力为人民抒写，为人民抒情，为人民抒怀。因此，文艺工作的开展，要以人民为主体，以满足人民精神文化需求为出发点和落脚点，以为人民服务作为文艺工作者的天职，将人民作为文艺审美的鉴赏家和评判者。只有以人民为中心，文艺才能真正发挥出巨大的正能量。其次，坚持将创作优秀文艺作品作为文艺工作的中心环节。坚持思想精深、艺术精湛、制作精良相统一的原则，也就是实现优秀内容和完美形式的高水平结合。要把提高作品的精神高度、文化内涵、艺术价值作为追求，为世界贡献更多的、具有中国特色的、丰富多样的中国旋律、中国形象、中国故事等特殊的声响和色彩，展现特殊的诗情和意境。最后，坚持遵循文艺规律和尊重创作个性。文艺规律是贯穿文艺创作、生产、传播、销售等多个环节的因果必然性。文艺工作只有遵循这一规律才能成功。创作个性是每个创作者由于自己的经验积淀和知识积累而形成的审美特点，这一特点突出地表现在创作成果之中。只有尊重创作个性，作者的才华才能得到尽情地释放，才能创作出深具特色的作品。

（三）加快构建中国特色哲学社会科学体系

哲学社会科学是推动社会进步和历史发展的重要力量，是人们认识世界、改造世界的重要工具，也是一个民族文明素质、精神品格和思维能力的综合反映。推进社会主义文化复兴，提升国家综合国力和国际竞争力，满足中国特色社会主义实践的需要和人民精神生活的需要，必须加快构建具有中国特色的哲学社会科学。

第一，坚持马克思主义的指导。实践证明，马克思主义对认识世界、改造世界、推动社会进步具有不可替代的作用。在构建中国特色哲学社会科学的过程中，马克思主义在立场、观点和方法上具有关键的指导作用。坚持马克思主义的指导，首先要解决真懂真信的问题，要把马克思主义中国化最新成果贯穿于研究和教学的全过程。再者，应该坚持以人民为中心，把坚持和发展统一起来，解答中国和世界发展的各种疑难困惑。

第二，立足中国当代实践。当代中国哲学社会科学必须围绕改革开放这一伟大实践展开，必须以全面建成小康社会、实现现代化和民族复兴为中心进行构建。2016年5月，习近平总书记在哲学社会科学工作座谈会上指出："从我国改革发展的实践中挖掘新材料、发现新问题、提出新观点、构建新理论，加强对改革开放和社会主义现代化建设实践经验的系统总结，加强对发展社会主义市场经济、民主政治、先进文化、和谐社会、生态文明以及党的执政能力建设等领域的分析研究，加强对党中央治国理政新理念新思想新战略的研究阐释，提炼出有学理性的新理论，概括出有规律性的新实践。"这一指示系统地明晰了当代哲学社会科学的着力点和着重点，是我国哲学社会科学发展的根本遵循。

第三，加强党的政治领导和工作指导。党的领导是各项事业取得胜利的根本保证。哲学社会科学事业是党和人民的重要战线之一，要推动哲学社会科学的繁荣发展，就必须加强党的领导管理，增强政治意识和大局意识。要不断深化管理体制改革，注重发挥哲学社会科学在治国理政中的重要作用，充分调动广大哲学社会科学工作者的积极性、主动性和创造性，加强中国特色新型智库建设。同时，高校作为我国哲学社会科学的主力军和重要阵地，必须加强对高校哲学社会科学的政治领导和工作指导，确保哲学社会科学坚持正确方向。

第五节 推进社会治理现代化

党的十九大提出了社会治理目标，"到2035年现代社会治理格局基本形成，社会充满活力又和谐有序"；党的十九届四中全会强调，将"坚持和完善共建共治共享的社会治理制度"作为坚持和完善中国特色社会主义制度的重要内容。新时代加强和创新社会治理是推进国家治理体系和治理能力现代化、全面建成小康社会的重要内容。因此，推进社会治理现代化，要充分把握社会治理现代化的时代内涵，以构建现代社会治理体系，建设和谐有序又充满活力的文明社会为目标，完善创新社会治理模式，打造共建共治共享的社会治理制度。

（一）社会治理现代化的内涵

"治理"一词是近年来在法学、社会学、政治学等学界的流行术语。"治理"区别于"管理"，它更注重社会关系中的主体互动。西方所强调的"治理"，主张多级社会治理主体对公共事务的共同合作治理，具有正向意义，超越创新了传统管理与统治方式，但由于其理论的阶级局限性，没有也不可能明确人民在国家治理中的主体地位与作用。而中国强调的"治理"，是指中国共产党领导下的人民对国家的治理，党在国家治理中发挥领导作用，人民在国家治理中发挥主体作用。

社会治理是指对公共事务中除政治、经济管理和文化管理事务之外的社会生活事务的管理，是国家治理的重要领域，包括治理体系和治理能力两方面。社会治理格局本质是各治理主体间结构化的社会关系，反映了治理主体间在一定治理区域内的权力关系、相互位置、资源占比与互动方式。社会治理能力是对政府在必要的职能范围内所有治理能力强度的抽象化概述。党的十八届三中全会关于全面深化改革的决定指出,要把社会治理现代化作为推进国家治理的重要内容,加快形成科学有效的社会治理体制。社会治理现代化是不断实现社会治理要求的系统的过程,也是一个与社会发展相适应、不断提升的历史进程。社会治理现代化不仅包括社会治理主体、客体和治理环境的现代化,也包括社会治理各种硬件和软件的现代化,其最终目标是提升社会治理体系和治理能力的现代化水平,使我国的社会治理更加科学、民主,更加制度化、规范化。面对经济社会发展的新任务、新问题与新形势,中国共产党立足于国情,立足于实际,积极构建具有中国特色的治理理论,推进中国治理实践。党的十九大明确提出构建现代社会治理格局目标,习近平总书记在关于加强和创新社会治理的论述中指出,要"打造共建共治共享的社会治理格局"。其中共治是关键,要树立大治理观、大社会观,总揽全局、协调各方的政治优势、政府的资源整合优势、社会组织的群众动员优势、企业的市场竞争优势有机结合起来,打造全民参与的开放治理体系。

(二)改进社会治理方式

党的十九大报告提出要建立共建共治共享的社会治理格局,加强社会治理的制度建设,加强预防和化解社会矛盾机制建设,提高治理的专业化、智能化、法治化和社会化水平,健全公共安全、社会心理服务、社会治安防控和社区治理四个体系,加强和创新社会治理模式。

改进社会治理方式,必须坚持以问题为导向,加强法治教育,明确责任担当,坚持依法治理,强化法治保障,运用法治的方式和思维化解社会矛盾,着力解决无作为、慢作为、乱作为的问题。这是创新社会治理的基本路径,是建设社会主义法治国家的根本之策,是推进社会公平正义的有效举措。

改进社会治理方式,要加强法治保障。党的十九大提出,"完善党委领导、政府负责、社会协同、公众参与、法治保障的社会治理体制"。因此,要加快完善社会治理领域的相关法律法规与政策，提升各级领导干部依法办事、依法行政的能力，善于运用法治方式与思维破解难题、化解矛盾。广大人民群众依法有序地维护权益、表达诉求。在强调法治的同时，要做到礼法并用，大力发挥传统社会治理中的德治作用。

改进社会治理方式，要发挥社会主义协商民主的优势。坚持科学民主决策，通过公示、听证、对话、协商等形式，防止因决策不当引发社会矛盾。做什么决策、怎样做决策、事关中国特色社会主义事业发展全局，一项不当乃至错误的决策，对于群众造成的负面作用难以估量。规范约束决策权力是改进和创新社会治理方式的必然要求，应该广开言路多方监督，让群众广泛参与决策，让群众能对决策发表自己的看法。对于不坚持科学民主决策，滥用职权或玩忽职守，造成重大损失和严重后果的干部，要追究党纪政纪责任甚至刑事责任。

改进社会治理方式，要提高精细化和专业化水平。随着城市化和现代化的深入推进，社会分工的细化，社会事务复杂性的增加，人们的需求呈现多样化、分众化、小众化、差异化和个性化的特点，社会治理进入了精细化和专业化的时代。实施精细化治理的前提是准确地把握人们的具体需求，把握社会问题及社会矛盾的本质及个性特征，精准施策，对症下药。专业化是精细化的要求和保障，两者密不可分，共同服务于高质量的社会治理。在精准定位社会需要和社会问题的基础上，更多运用专业人士、专业方法服务群众、解决难题。

改进社会治理方式，要用好现代科技。尤其要发挥新媒体传递正能量的功能，树立正确的舆论导向。现代科技越来越发达，对人们生产生活的影响越来越大，也为解决社会问题、社会矛盾、利益纠纷、公共安全提供了便利的条件和手段。互联网、物联网、人工智能、云计算、大数据技术等现代信息技术的发展，就是现代科技发展成果的重要代表。它们既为人类带来福祉，也引发诸多社会问题，同时也在改变着社会治理方式，为解决社会治理问题提供便利条件。只有趋利避害、顺势而为，才能体现科技发展的应有之义。

改进社会治理方式，让改革成果更多惠及百姓，从源头上预防减少社会矛盾。当前，一些社会矛盾多发，一个重要原因是一些干部没有树立把改革发展成果更多惠及百姓的理念。创新社会治理方式，首先要搞清楚"为了谁"的问题。创新是为了发展，发展是为了群众，让群众分享改革成果，得到实惠，才是整个社会和谐稳定的根本所在。

改进社会治理方式，是一项复杂的系统工程，还需要完善矛盾纠纷排查、预警、化解、处置机制，不断探索创新预防化解社会矛盾的工作方式方法。但不论如何创新，都必须紧紧扭住做好群众工作这条主线，都必须紧紧依靠基层组织和广大群众。只要相信和依靠群众，就没有克服不了的困难，就没有化解不了的矛盾。

（三）打造共建共治共享社会治理格局

党的十八届三中全会提出的全面深化改革的总目标，就是完善和发展中国特色社会主义制度，推进国家治理体系和治理能力现代化。这是坚持和发展中国特色社会主义的必然要求，也是实现社会主义现代化的应有之义。因此，要进一步加强和创新社会治理，健全社会治理制度，完善社会治理体系，改进社会治理方式，要推陈出新、有所突破，坚持问题导向，要坚持专项治理与系统治理、源头治理、依法治理、综合治理相结合，探索出一条符合中国社会发展实际、更可持续的中国特色社会主义社会治理之路，打造共建共治共享的社会治理格局。

制度建设是根本。新时代，打造共建共治共享社会治理格局，要坚持和完善共建共治共享的社会治理制度，坚定维护最广大人民群众的根本利益，形成人人享有、人人有责、人人尽责的社会治理共同体。首先，从社会治理领域来看，要加快建设和不断完善社会治理基础制度，例如，国家安全、公共安全、社会组织、社会信用、民生保障、基层社会治理等体系和制度。其次，从制度类别看，要完善包括正式制度与非正式制度、软法和硬法组成的制度体系，进一步完善宪法、法律、法规和各项相关制度等正式制度，完善风俗文化习惯、价值道德规范等非正式制度，为法治和德治、硬性治理和柔性治理奠定制度基础。第三，从社会治理过程来看，要加快完善社会治理体制机制，包括社会动员和组织、绩效考核与应用、民主决策协商等，健全社会治理各领域全覆盖的一体化流程制度体系。

体系完善是保障。一是要发挥各级党委在社会治理中的领导核心作用，使其总揽全局、协调各方的作用得到充分发挥；全面落实社会治理主体责任，发挥各级政府社会治理职能，形成分工负责、权责明确、齐抓共管、奖惩分明的社会治理责任链条。二是要健全社会治理体系，实现党委领导、政府负责、社会协同、民主协商、公众参与、科技支撑、法治保障。三是要坚持全面依法治国基本方略，发挥法治对社会治理的规范、引领和保障作用，利用法律规范行为、化解矛盾、促进和谐，坚持法治国家、法治政府、法治社会一体建设。四是要凝聚社会共识，维护公共利益，加快完善社会公共事务民主协商体制机制建设，形成集体行动。五是要鼓励和引导社会组织、企事业单位、人民群众参与社会治理，大力培育社会组织，鼓励企业承担社会责任，完善群众参与社会治理渠道，提高社会治理的社会化水平。六是要提高社会治理智能化水平，运用大数据、互联网等信息技术手段，推进社会治理精细化、科学化。

组织体制是基础。一是要加快构建社会治理组织结构，做到以党委、政府等政府组织为主导，以社会组织、企事业单位等市场组织以及人民群众等为主体。二是要加快实现政社分开，正确处理政府与社会的关系，科学划定政府和社会组织的职能边界。三是要以激发社会组织活力为目标，加快形成政社分开、权责明确、依法自治的现代社会组织体制。四是要大力培育社会组织，优先发展和重点培育科技类、行业协会商会类、城乡社区服务类、公益慈善类社会组织，支持和发展志愿服务组织。五是要规范社会组织内部治理，提升社会组织社会治理的能力。

科学有效是关键。一是要加快建立和完善社会矛盾预防与化解综合机制，建立健全党和政府主导的群众权益维护机制，建立畅通有序的权益保障、利益协调、诉求表达渠道。二是要健全法治化、智能化、立体化、专业化的社会治安防控体系,加快建立和不断完善安全生产责任体系、食品药品安全监管机制、公共安全防控机制和体系。三是要形成政府治理、社会调节与居民自治社会治理机制的良性互动,健全城乡基层治理体系,推动党组织领导的法治、德治、自治相结合。四是要提高社会治理专业化水平,打造一支高素质专业化干部队伍和社会治理各类人才队伍。五是要健全社会心理服务体系,加快建立健全疏导机制和危机干预机制,培育亲善友爱、理性平和、自尊自信的社会心态。

第六节 统筹推进生态文明建设

生态文明建设是全面建成小康社会的重要内容,事关人民福祉与民族未来。党的十八大把生态文明建设纳入中国特色社会主义事业"五位一体"总体布局中,明确提出要大力推进生态文明建设,努力建设美丽中国,实现中华民族永续发展。党的十九大报告指出,加快生态文明体制改革,建设美丽中国。"美丽中国"成为全面建设社会主义现代化国家的重要目标之一,明确我国到2035年基本实现现代化,生态环境实现根本好转,美丽中国目标基本实现,到21世纪中叶,把我国建成富强民主文明和谐美丽的社会主义现代化强国。推进生态文明建设,建设美丽中国,是关系民生的重大社会问题、是关系党的使命宗旨的重大政治问题。

(一)习近平生态文明思想的内涵

全国生态环境保护大会于2018年5月18日至19日在北京召开。这次大会明确提出了习近平生态文明思想。

习近平生态文明思想的时代内涵集中体现为六项重要原则:坚持人与自然和谐共生,绿水青山就是金山银山,良好生态环境是最普惠的民生福祉,山水林田湖草沙是生命共同体，用最严格制度最严密法治保护生态环境，共谋全球生态文明建设。这六项重要原则，是推动我国生态文明建设迈上新台阶的思想遵循和行动指南。贯彻六项原则要建立健全生态文化体系、生态经济体系、目标责任体系、生态文明制度体系、生态安全体系。习近平生态文明思想是习近平新时代中国特色社会主义思想的重要组成部分，深刻回答了为什么建设生态文明、建设什么样的生态文明、怎样建设生态文明等重大问题，是新时代生态文明建设的根本遵循和行动指南，也是马克思主义关于人与自然关系理论的最新成果。

（二）生态文明建设的重要性和必要性

生态兴则文明兴，生态衰则文明衰。生态文明是人类社会进步的重大成果，是一种生命相济相生、共同繁荣的文明，是一种人与自然命运与共的文明，是人与自然融为一体、和谐发展的文明。人类经历了原始文明、农业文明、工业文明，生态文明是实现人与自然和谐发展的新要求，是工业文明发展到一定阶段的产物。人与自然是生命共同体。作为大自然的一份子，人类必须敬畏自然、尊重自然、顺应自然、保护自然。良好生态环境是最普惠的民生福祉和最公平的公共产品，要坚持生态为民、生态利民、生态惠民，不断满足人民日益增长的对优美生态环境的需要，着力解决损害群众健康的突出环境问题。保护生态环境就是保护生产力，改善生态环境就是发展生产力，贯彻落实新发展理念，让绿水青山充分发挥经济社会效益。

生态环境问题是关系党的使命宗旨的重大政治问题。2018年5月18日至19日，习近平总书记在全国生态环境保护大会上指出："生态环境是关系党的使命宗旨的重大政治问题，也是关系民生的重大社会问题。广大人民群众热切期盼加快提高生态环境质量。我们要积极回应人民群众所想、所盼、所急，大力推进生态文明建设，提供更多优质生态产品，不断满足人民群众日益增长的优美生态环境需要。"因此，加强生态环境保护、加强生态文明建设、提倡绿色低碳生活方式不是简单的经济问题，也包含政治、民生，生态文明建设事关人民幸福感。党的十八大以来，人民幸福感显著增强，其中原因主要是，各地区认真贯彻落实党中央、国务院的决策部署，全力以赴推进生态环境保护各项工作，并取得积极进展和成效。

（三）推进"绿水青山"转化为"金山银山"

1. 理解"绿水青山""金山银山"的时代内涵

对于习近平总书记所说的"绿水青山""金山银山"有些人只是流于字面上的理解，认为"绿水青山"就是山清水秀、湖光山色、鸟语花香，认为"金山银山"就是金玉满堂、堆金叠玉、日进斗金等。这种望文生义的理解，容易造成对"两山理论"甚至整个习近平生态文明思想的片面理解。实际上，这里的"绿水青山"只是个形象化的说法，指的是具有一定自然、地理、气候特征的生态环境，这里的"金山银山"也同样只是个形象化的说法，指的是一定数量的经济价值。因此，"绿水青山就是金山银山"的含义实际上是指：一个地区在不破坏生态环境的前提下，通过发展绿色产业和绿色经济也可以创造一定数量的经济价值。

习近平总书记2016年在参加十二届全国人大四次会议黑龙江代表团审议时强调："绿水青山是金山银山，黑龙江的冰天雪地也是金山银山。"也就是说，黑龙江天寒地冻的自然条件，也是一笔宝贵财富，关键看怎么转化它们、如何发展它们。如果说对于我国东南、西南地区来说，"绿水青山就是金山银山"，那么对于东北、西藏等地区来说，"冰天雪地就是金山银山"。实际上，不仅"绿水青山""冰天雪地"是"金山银山"，汪洋大海、茫茫草海、戈壁黄沙、荒山怪石都可以通过发展与当地自然环境相适应的经济产业，实现相应的经济价值，变成"金山银山"。

因此，各地在发展经济时，要围绕各地的生态环境优势，尤其要根据自然、地理、气候特征来做文章，而不是一定要把本地特有生态环境首先变成"绿水青山"，再去发展经济。否则，只会破坏当地特有的生态环境，甚至带来生态灾难。比如，在一些地下水资源已经十分稀缺的地方，就不适合大规模植绿，不宜将一些干旱地区变成"江南绿洲"。唯有将"绿水青山"如此理解，才符合"两山理论"的本意，才符合环境经济学的科学原理。

2. 推进"绿水青山"成功转化为"金山银山"

推进"绿水青山"成功转化为"金山银山"，需要建立科学合理、行之有效的模式，在生态产品和生态服务领域引进市场机制，区别于传统要素和服务市场。

首先，利用地区优势，推进区域特色品牌建设。找准并充分利用地区生态优势，发展地区特色生态产业，生产比较具有优势的产品、提供最优质的服务。推动生态产品和生态服务品牌建设，可以大幅提升地区生产效率，产品和服务具有成本优势，成本低于其他地区，但综合收益高于其他地区，进而推动实现每个地区乃至全社会的福利增加。品牌有辨别、记忆和区分产品的作用，人们可以通过品牌来认识、了解并购买产品，并在购买后对该品牌产生消费经验和消费记忆，实现重复购买。不同品牌阐述了不同产品的文化背景、特性、心理目标、品牌故事等，其品牌追随度与信任度不一。品牌的知名度情况能给产品带来不同程度的附加值，知名品牌知名度越高，越能给产品带来更多的附加值，进而提高利润点，增加收益。

其次，明确经济发展与生态环境的关系。经济发展与生态环境保护不是"此消彼长"的关系，也不是毫无关系，不能陷入竭泽而渔的"唯GDP主义"，也不能陷入消极被动的"唯环保主义"。地区推进经济发展、确立产业发展结构的过程中，必须找准经济发展与生态环境保护的"黄金分割点"。这个"分割点"是经济产业与生态资源环境的交叉点、融会点、结合点。找准分割点，真正把经济发展与生态环境保护由"两件事"变成"一件事"，形成经济发展与生态环境保护二者之间"你中有我、我中有你"的水乳交融局面，真正做到在保护生态环境中发展经济、在经济发展中保护生态环境。

最后，衔接三次产业利益，推动三次产业融合发展。推进"绿水青山"成功转化为"金山银山"，必须打破传统生态产业附加值低、链条短、抗风险能力差、价格波动明显的短板，对三次产业进行交叉重组，建立三次产业利益衔接机制，延长产业链条，提高附加值。比如：第一产业除传统的生产功能以外，还有无限潜力，可以与康养、文创、旅游、加工等结合。推动在不同的产业梯度上实现对产品附加值的提高，削弱生态产品价格波动的敏感度，增强生态产品抵御风险的能力。"三产"融合涉及不同利益主体和不同生产环节，要建立健全科学合理的三大产业利益联结、保障、分享机制，创新产权关系、经营方式和组织模式，引导企业与农户共同建立合作机制，分享利益、共担风险。

3. 市场机制发挥决定性作用，政府发挥积极作用

由于市场存在边界，因此在"两山"转化中，离不开政府的有效支持，需要政府规划引领、搭建平台、保驾护航等。

首先，畅通"两山"连接渠道，加强基础设施建设。没有基础设施做支持，绿水青山将无人知晓。交通基础设施"拉近"绿水青山与金山银山，信息基础设施也是"拉进"绿水青山与金山银山。完善基础设施建设，优质要素的双向流动，合理引导人流、产业、经济去向，拉动人气、资本、产业、项目进入，推动原料、资源、产品、人力、品牌走出去。在现实生活中，不乏个别地区，由于交通基础设施或电子商务不发达等基础设施短板，导致高品质生态产品无人知晓、没有销路。完善的基础设施建设，可以提高物流和信息流的速度和效率，降低物流、信息流成本，让优质生态产品"走进"市场，实现其价值。

其次，完善"两山"转化的宏观环境。"两山"转化的重要产业平台是第一产业，主要项目平台是森林旅游、田园综合体、休闲农业等。推动这些生态产业和生态项目发展，需要相应的配套基础硬件设施，比如：服务、游览、建筑、交通等。但是，由于现有的宏观空间规划都是按块状规划的，如生态红线、耕地红线规划等，现实中很容易导致生态产业和生态项目流产。为保证"两山"成功高质量转化，相关部门或相关政策对农旅结合、林旅结合等生态产业和生态项目在宏观规划原则性的约束下给予配套操作一定的灵活空间，尤为重要。

再次，推动央企与地方合作。"绿水青山"分布在各个具体的市、县，但由于市、县存在有优势但经验不足等方面的问题，所以，对于市、县而言，推动"两山理论"转化是个有难度的大工程，缺乏相应支撑，如项目支撑、市场支撑、产业支撑、模式支撑等。与之相反，央企有雄厚的资金和技术实力，可以直接复制已建成的项目、已开拓的广大市场、成熟的模式，并且充分理解和把握了国家生态环境政策，而且央企不以私人、短期利益为最终目的，可以更好地保障人民群众的根本长远利益。因此，在推动"两山"高质量转化过程中，十分有必要推动央企与地方合作。

最后，搭建良好的政府管理、服务支撑平台。在充分发挥市场机制决定性作用时，我们要认识到生态产品和生态服务市场的形成，离不开政府的积极性作用，甚至在某种程度还依赖于政府的严格执法与监管。生态环境领域与经济领域不同，具有高度的公共属性，因此，在生态环境领域除了充分发挥市场机制作用外，还离不开政府的公共管理和公共服务职能，甚至在某些时候、某些情况下政府需要发挥决定性作用。因此，要搭建良好的政府管理、服务支撑平台，实现政府对生态产品和生态市场的严格监管，公开透明相关生态环境信息，吸引市场投资，壮大生态环境市场。

第八章

全面建成小康社会的战略举措

战略既是目标，也是措施；既是想法，也是办法。党的十九大报告指出，要"坚定实施科教兴国战略、人才强国战略、创新驱动发展战略、乡村振兴战略、区域协调发展战略、可持续发展战略、军民融合发展战略"。七大战略是开启全面建设社会主义现代化国家新征程、夺取全面建成小康社会最后胜利的重大部署。全面建成小康社会紧扣我国社会主要矛盾变化，抓重点、补短板、强弱项，使全面建成小康社会得到人民认可、经得起历史检验。

第一节 坚定不移实施科教兴国战略

"科教兴国"，顾名思义是指以"科技"和"教育"促进国家发展和民族振兴。其中，科技和教育既是兴国的路径，又是兴国的根本和基础。科教兴国战略是对"科学技术是第一生产力"思想的进一步落实。2017年党的十九大报告指出，要"坚定实施科教兴国战略"，建设科技强国和教育强国，"培养造就一大批具有国际水平的战略科技人才、科技领军人才、青年科技人才和高水平创新团队"，将科教兴国战略作为决胜全面建成小康社会的重要战略，赋予了新的时代使命。今天的中国正以前所未有的创新勇气、创新能力、创新速度将最新科学技术快速转化为现实生产力，推动着中国经济质量变革、效率提升、动力转换。

（一）科技强国是社会发展的核心动力

改革开放以来，我国科教事业蓬勃发展，自主创新能力稳步提高，取得了一系列举世瞩目的科研成果，有力地推进了高技术产业发展，提高了我国的综合竞争力。第一，科技投入不断增加，科技队伍不断壮大。当前，我国的研发人员总量仅次于美国，居世界第二位，研发投入稳居世界前列。第二，创新体系建设取得有效进展，企业在科技活动中的主体地位日益显现，建立以企业技术为中心的创新体系不断加强，高新技术产业快速发展。第三，专利事业取得长足进展，知识产权保护环境明显改善，科研成果产出丰硕，学术论文、授权专利的数量、质量得到提高。第四，科技成果转化为现实生产力的路径逐步打通，科技服务经济社会发展的能力明显增强。

科学和教育是决胜全面建成小康社会的核心动力。大力发展科学技术，使中国成为世界主要科学中心和创新高地，是中国强盛复兴的战略支撑。从科技大国、教育大国向科技强国、教育强国迈进，中国仍然有很长的路要走。为此，一要坚持创新发展。近些年，中国大力实施科教兴国战略，创新成果丰硕，天宫、蛟龙、天眼、悟空、墨子、大飞机[①]等重大科技成果相继问世。但我国在很多前沿领域的创新性仍然不强。要瞄准科技前沿领域，强化基础研究，强化高新技术突破的前瞻性与引领性。二要坚持教育先行。持续推动教育改革，加快实现教育现代化。完善教育培训体系，加快建设一流大学、一流学科。高度重视农村义务教育，缩小城乡教育差距，推动城乡义务教育一体化发展。加快建设学习型社会，办好继续教育，大幅度提升国民素质。三要坚持以企业为主体。建立以企业为主体、市场为导向、产学研深度融合的技术创新体系，支持小微企业创新，促进科技成果转化。

---

① "天宫"指的是中国自主设计发射的太空空间站，现已发射天宫一号和二号两艘飞船；"蛟龙"指的是"蛟龙号"载人潜水器，是一艘由中国自行设计、自主集成研制的载人潜水器；"天眼"指的是"中国天眼"，即 500 米口径球面射电望远镜，位于贵州省黔南布依族苗族自治州平塘县大窝凼的喀斯特洼坑中；"悟空"指的是"悟空号"卫星，这是目前世界上观测能段范围最宽、能量分辨率最优的暗物质粒子探测卫星；"墨子"指的是"墨子号"卫星，这是中国发射的世界首颗量子科学实验卫星；"大飞机"指的是我国自主研发的大型客机 C919。

（二）科技强国战略布局

科技兴则民族兴，科技强则国家强。新时期、新形势、新任务，要求在科技创新方面应有新理念、新设计、新战略。

第一，强化创新意识，推动科教发展思想变革。首先，树立并落实科学正确的科教发展理念，坚持教育优先发展的基础观、创新引领发展的系统观与动力观、容错纠偏的过程观，坚定不移贯彻新发展理念。其次，科技为骨，创新为魂，科技发展的前进方向和内在动力是创新，因此，要坚定不移地贯彻落实创新引领发展。最后，在科技的某些具体领域，要完善改革创新的激励机制。营造良好的创新氛围，发挥改革创新的创造性、主动性和积极性，形成实现科技强国的强大凝聚力。

第二，重要科技领域跻身世界前列。在推动科技发展的过程中，必须夯实科技基础，准确判断科技突破方向，抓住科技发展的先机。实践证明，那些走向现代化的国家，都是抓住科技革命机遇的科学基础雄厚的国家；而那些在重要科技领域处于世界领先行列的国家，都是抓住了科技革命机遇成为世界强国的国家。

第三，破解科技创新发展过程中的难题。一要高度重视科技人才。制定高新技术人才长远培养规划，打造高端技术团队，增强人才流动性，进一步激发创新创业积极性。二要改革科研评价机制。强化战略导向，集中力量建设一批国际知名度高、拥有核心创新技术的创新型企业、高校和科研机构，使其成为实施创新发展战略的中坚力量，切实解决科技成果转化率低的难题。三要完善科技创新合作机制。促进企业、高校和科研院所之间的有效合作，完善大型科技基础设施，整合创新资源，依托最有优势的领域，建立新型运行机制，建设有望成为战略制高点、未来引领发展的高新技术领域。

第四，改善科技供给，提高科技创新体系的总体质量。一方面，改善工程科技供给。工程科技是推动产业革命、聚焦国家区域发展、加强基础设施建设的有力杠杆。目前，我国在工程科技上形成了类型多样、专业齐全、层次分明的工程教育，具有人才规模上的总量优势，但在人才质量与适用能力上尚未实现全球领先。因此，落实科教兴国战略，需要培养一批复合型工程科技人才，这批人才具有高度的使命感和社会责任感、创新能力和工匠精神。另一方面，加强基础研究供给。我国与世界科技强国相比，在基础研究和应用基础研究方面具有明显的短板，比如基础科学研究的投入不足、结构不均衡等问题。因此，落实科教兴国战略，要科学系统部署基础研究的总体布局，促进不同学科的前沿交叉研究，对前沿重大问题的超前部署，加强对重点基础学科的投入。

第五，建立健全科技管理与运行机制。优化科技强国战略布局，必须打破现有体制机制的桎梏，统筹规划，促进科教创新，推动科教体系的均衡发展，实现最大限度地激发广大一线工作者的内在潜能。一是要加快推进重大科技决策制度化，解决现实存在的科技决策问题。二是要完善资源配置方式，使其符合科技创新规律，解决科技资源管理问题，力求科技创新效率最大化。三是要加强科技决策咨询系统，建设高水平科技智库，实现科技咨询支撑行政决策。四是要改革创新科研经费使用与管理方式，让经费更好地服务于人的创造性活动。五是要建立以科技创新质量、绩效、贡献为导向的科技评价制度，正确评估科技创新成果的价值。

（三）坚持教育优先发展战略

教育是全面建成小康社会的智力催化剂。党的十四大报告在中国共产党的执政历史上第一次明确提出要把教育摆在优先发展的战略地位。党的十九大进一步强调，坚持以人民为中心，坚持在发展中保障和改善民生，对幼有所育、学有所教持续取得新进展方面提出更高要求，对优先发展教育事业相关重点任务进行新的重大部署。需要看到的是，现阶段我国已初步建成最大规模的现代化教育体系，成为世界教育人口最多的教育大国。接下来的具体任务是要实现量的增长到质的飞跃，具体而言，就是要提升教育服务能力、培养结构、教育质量、普及水平、体系结构等方面的质量水平。

一要发展素质教育，强国必先强教。教育具有基础性、先导性和全局性的战略地位，是民族振兴、社会进步的基石，是提高国民素质、促进人的全面发展的根本途径，寄托着亿万家庭对美好生活的期盼。要全面贯彻党的教育方针，落实立德树人根本任务，发展素质教育。创新发展的关键是科技，核心是人才，基础是教育。建设创新型国家必须以建设人才强国为支柱。

二要确保教育公平，补齐民生短板。教育是民生工作的基础和先导，教育事业补短板是民生补短板的首要工作。必须缩小城乡义务教育差距，促进城镇基本公共服务与农村共享，实现城乡优质教育资源双向流动。持续完善健全学生资助制度，加大财政经费向困难学生的转移支付力度，实现对经济贫困生的资助全覆盖。优化教育资源配置，进一步扩大农村教师公费定向培养规模，优化农村教育基础设施建设。

三要深化教育改革，加快建设学习型社会。随着科技进步，知识越来越成为提高综合国力和国际竞争力的决定性因素，人力资源越来越成为推动经济社会发展的战略性资源，加快建设学习型社会成为大势所趋。当前，我们必须加强教育领域的改革创新，释放教育发展的活力，创新办学模式，促进各类教育资源的开放共享。创新人才培养模式，完善以创新为导向的教育评价制度体系，为创新型人才培养提供良好的环境和机制。要善于汲取全球优质教育资源，不断优化教育结构，推动城乡教育、普职教育协调发展。

第二节　坚定不移实施人才强国战略

党的十九大报告明确提出，"实施人才强国战略"，"建设人才强国"。习近平总书记强调，"国家发展靠人才，民族振兴靠人才"。实施人才强国战略，既是提升我国综合国力的现实需要，又是实现中华民族伟大复兴的关键所在。在全面建成小康社会的收官之际，我们要抓住人才这个关键，坚持党管人才原则，聚天下英才而用之，加快建设人才强国。

（一）人才是强国基石

"人才资源是第一资源"思想，是对人才这一战略资源在经济发展和社会进步中基础性、决定性地位的科学概括，是对中国共产党人才思想创新的突出贡献与亮点，标志着我们党对人才重要性的认识达到了一个新高度。这一思想有助于树立科学的人才观，树立人才资源优先开发、人才投资是效益最大的投资的理念，促进人才事业；对正确理解人才强国战略、创新驱动发展战略等重要举措，协调推进"四个全面"战略布局、实现中华民族伟大复兴的中国梦，具有重要意义。习近平总书记高度重视人才问题和人才工作，多次强调人才资源是第一资源的观点。2013年10月，他在欧美同学会成立一百周年庆祝大会上明确指出："人才资源作为经济社会发展第一资源的特征和作用更加明显，人才竞争已经成为综合国力竞争的核心。谁能培养和吸引更多优秀人才，谁就能在竞争中占据优势。""没有一支宏大的高素质人才队伍，全面建成小康社会的奋斗目标和中华民族伟大复兴的中国梦就难以顺利实现。"[1] 人才是国家发展、民族振兴的重要倚靠。当今社会，国家之间的竞争，究其根源都是人才的竞争。培养高素质人才队伍，是全面建成小康社会的现实需要，是实现民族复兴和现代化建设的关键所在。首先，做好人才培养工作是应对国际竞争的必然选择。当前，我国发展不平衡不充分的问题突出，中国的企业和资本要在更大范围和更高层次上参与国际合作与竞争，就需在较强的人口、资源、环境约束下，加快人才培养步伐，完善人才管理体制机制，坚持创新驱动，促进科技进步和科学管理，弥补人均资源少、环境压力大的短板，实现经济高质量发展。其次，加强人才队伍建设是贯彻落实人才强国战略的必然要求。在社会主义现代化建设新时期，完善社会主义市场经济体制，提升国家综合竞争力和综合国力，需要有适应科

---

[1] 习近平：《在欧美同学会成立100周年庆祝大会上的讲话》，《人民日报》2013年10月22日。

技发展、具有创新能力和开拓精神的人才队伍。最后，加强人才建设是占领科技制高点，抓住科技革命和产业变革机遇的必要条件。世界新一轮科技革命和产业变革创造出越来越多的新产品、新需求、新业态。人才，特别是能够紧跟并引领世界科技潮流的创新型人才，是抓住和用好新一轮科技革命和产业变革机遇最重要的战略资源。

（二）健全人才开发机制

习近平总书记强调，"国家发展靠人才，民族振兴靠人才"。人才强国战略包含了人才培育、人才引进、人才使用、人才发展和人才治理等内容。全面建成小康社会需要增强人才意识，从执政兴国的高度，牢固确立人才是第一资源、第一资本、第一推动力的思想，坚持两个"一把手"抓第一资源，提高全党全社会对人才重要性的认识；需要培养造就一大批具有国际水平的战略科技人才、科技领军人才、青年科技人才和高水平创新团队。为此，要重点做好以下两方面的工作。

一方面，要调整人才结构，开发创新人才，营造创新氛围。我国一方面科技人才总量不少，另一方面又面临人才结构性不足的突出矛盾，特别是在重大科研项目、重大工程、重点学科等领域领军人才严重不足。解决这个矛盾，关键是要改革和完善人才发展机制，突出市场导向，体现分类施策，扩大人才开放。第一，推进人才结构的战略性调整。从产业来讲，人才结构的不合理导致我国"生产过剩"与"生产不足"的现象并存。推进供给侧结构性改革，需要有更多人从传统产业转向新兴产业。从区域来讲，东部发达地区和城市对人才具有"虹吸效应"，加剧了东西部之间、城乡之间的发展差距，无论是精准扶贫还是乡村振兴，都需要有更多的人到西部、到农村干事创业。从市场来讲，在经济全球化背景下，国际国内市场紧密相连，迫切需要有更多优秀人才以统筹国内国际两大市场，推动中国制造向中国创造转变，增强我国产品的国际竞争力。第二，倡导创新教育，培育优秀创新人才。就目前我国人才状况来看，人才总量大而质量不优，缺乏具有创新意识、创新思维和创新能力的优秀人才。习近平总书记指出，无论是基础理论创新、应用科技创新还是工程领域创新，都需要一批具有国际水平的人才和高水平创新团队。为此，既需要有战略规划能力的科技人才，又需要带领团队的领军人才，还需要青年骨干人才。为此，国家层面、部门层面和地方层面都实施了各项人才工程，要充分发挥这些人才工程的作用，充分调动各类人才发挥作用的积极性和创造力。第三，营造人才创新创业的良好氛围。新时代实施人才强国战略，要坚持人人皆可成才的信念。我国是人口大国，只要形成了"人人渴望成才"的氛围，就一定能够通过人才的"量变"实现"质变"。新时代实施人才强国战略，还要形成尊重人才、尊重创新的氛围。创新就是尝试，有尝试就会有失败和成功两种可能，尊重创新就是要宽容失败，让更多的人敢于尝试、敢于创新。只有形成良好的创新创业氛围，才能让各种人才竞相迸发出创造活力，才能让聪明才智不断涌现。

另一方面，要构建中国特色的法律法规体系，为人才提供保障。坚持依法治才，就要推动人才工作的科学化、规范化和法治化，建立健全人才政策的法律法规体系，使人才管理有章可循，人才流动有法可依，人才选拔有据可考。积极推进人才立法，将人才强国战略的重要性、经费投入的递增性、工作条件的保障性、人才发展的持续性、内外环境的优化性等内容法治化，同时将人才管理体制、人才激励机制、引才聚才机制、人才培养机制、人才评价机制、人才流动机制等纳入法制框架内。围绕更好实施人才强国战略的目标，全面规划建设人才法律法规体系，形成分系统、多层次的法律法规制度框架，使人才工作的各项政策制度保持公开性、权威性和连续性。

（三）坚持党管人才

习近平总书记强调："党管人才，主要是管宏观、管政策、管协调、管服务，而不是由党委去包揽人才工作的一切具体事务。"党管人才的最大优势，在于党的政治优势、组织优势和制度优势，通过制定政策、创新机制、改善环境、提供服务，为人才提供更多发展机遇和更大发展空间。在人才强国建设的"顶层设计"中，要牢牢抓住"党管人才"的"纲"，发挥"集中力量办大事"的独特体制优势，把选才的视野从全国扩大到全球，最大限度聚天下英才而用之，让人才服务于中国特色社会主义伟大事业。为此，需要做到以下几点：

一是要坚持党对人才工作的全面领导，做到"三个转变"：第一，转"小人才观"为"大人才观"。要秉持"凡是依靠自己的知识、技能为经济社会发展作出贡献的人都是人才"的广义人才观，改变只重视专业技术人才、只重视高端人才的"小人才观"，统筹推进六类人才队伍建设，打造符合人才发展规律、"底厚、腰壮、头大"的"宝塔型"人才队伍。第二，转"小培养观"为"大培养观"。改变国家级人才、中管干部等教育培训工作独立成块的现象，确立"大培养观"的理念；有效整合国家级人才队伍培养资源和手段，实现培养管理从单向性向系统性转变，实现专门培训、岗位锻炼和社会实践全面推进；在人才培养模式上，着力推进"培植土壤、优化环境""重视塔基、夯实基础""奖励塔尖、提优拔尖"的渐进式培养。第三，转"小管理观"为"大管理观"。实现由单纯管理向寓管理于服务、静态管理向动态管理、传统管理向现代管理的转变。

二是要提升人才管理成效，做到"三个优化"：第一，优化人才队伍的管理体制。持续推进党对人才工作的坚强领导，优化领导方式和管理模式，统筹协调社会各要素，实现人才发掘、培养、引进、使用和保护的有机统一，凝聚成人才发展的合力，形成科学合理有效的人才发展模式。充分发挥人才所在单位在人才管理中的作用，赋责授权，进一步实现人才管理的针对性和实效性。第二，优化人才队伍的运行机制。围绕六支人才队伍建设发展需要，设计实施相应的人才引领工程，分别选拔资助高水平党政人才、企业经营管理人才、专业技术人才、高技能人才、农村实用人才、社会工作人才等，示范、引领和带动六支人才队伍发展。通过创新培养、加强管理，促进人才队伍建设多出效益、多出成果、多出人才，促进人才队伍既有量的扩张，又有质的提升，从而体现效率。第三，优化人才队伍的保障体系。通过科学谋划、系统考虑，从人、财、物和制度建设等方面，多角度、多层面为人才队伍培养、引进、管理、使用等工作打好基础。

三是要确保人才队伍发展方向，做到"四个引领"：一是思想引领，坚定不移以习近平新时代中国特色社会主义思想引领人才队伍建设。二是政治引领，关注人才的政治能力提升，强化青年人才政治敏锐性和政治鉴别力。三是业务引领，在人才选择和评价中，既要看到人才专业能力，又要注重人才的创新潜力。四是情感引领，充分发挥统一战线重要法宝作用，团结、引领党外人才充分发挥作用，引导欧美同学会发挥联系、招揽、服务、引领留学人员的纽带作用。

第三节 坚定不移实施创新驱动发展战略

创新是民族进步之魂，为国家的兴旺发达提供不竭动力，更是中华民族最深沉的禀赋。现在，一个国家经济社会的发展越来越多地体现为在制度、理论、文化、科技等领域的创新，且在国际社会上的竞争也越来越多地依赖于创新能力的提高。进入新时代，我国经济发展从高速增长阶段转向高质量发展阶段，这就必然要求发展动力实现从依靠要素投入的增加和规模扩张为主向依靠创新和效率提高为主转变，发展方式则强调实现从要素驱动向创新驱动转变。因此，只有更加坚定并深入实施创新驱动发展战略，才能在新时代实现经济发展的质量变革、效率变革和动力变革，从而带动全要素生产率的有效提高。

（一）创新成为国家竞争制胜法宝

实施创新驱动发展战略，对我国国际竞争新优势的形成和经济发展长期动力的增强两方面都具有极为重要的战略意义。经过四十多年的改革开放，我国经济总量跃居世界第二，在综合国力和国际影响力上都实现了历史性跨越，在人类历史上创造了史无前例的经济奇迹。究其原因，无疑与我国廉价劳动力的大量存在以及资源环境的低成本优势直接相关。然而，进入新时代，以前这种依靠大规模低成本要素投入和低价竞争的发展模式变得不可持续。从国内看，传统发展动力在逐渐减弱，对应在国际上我国的低成本优势在逐渐消失；从全球看，国际竞争日渐激烈，且贸易保护主义抬头，我国正面临"双重挤压"。一是自2008年全球金融危机发生以来，欧美等发达国家贸易保护主义势力再次抬头，将重心重新转到对制造业的发展上，从而在一定程度上降低了我国部分创新型企业跨入技术前沿，实现局部赶超和引进技术的可能性。二是周边发展中国家积极利用低成本优势，参与全球产业再分工，主动承接产业及资本转移，使得我国部分劳动密集型企业向外转移。所以，在此严峻背景下，我国必须加快转变经济发展方式，加快实施创新驱动，以实现低成本优势向创新优势的快速转变，从而为我国经济的持续发展提供不竭动力。

新一轮科技革命和产业变革来势凶猛。生物、信息、制造、新能源、新材料等重大颠覆性技术几乎已渗透到所有领域，并正在创造新产业、新业态，从而带动以绿色、智能、泛在为特征的群体性重大技术变革。新兴互联网技术如云计算、人工智能、大数据、物联网等逐渐成为经济社会的底色，区块链技术正在向经济、产业、社会管理等各方面延伸。科技创新成为国与国之间竞争的一张王牌，谁能在这方面抢先占据优势，谁就能够在未来的发展中掌握主动权。在这一技术浪潮下，机遇与挑战并存。因此，我国必须牢牢抓住技术革命这一难得机遇，坚持将创新作为第一动力来引领发展，紧密围绕经济竞争力提升这一核心关键和社会发展这一紧迫需求，以及国家安全的这一重大挑战，全力推进以科技创新为核心的全面创新，以实现对发达国家的赶超。

（二）创新发展的"三步走"路线

党的十八大报告明确提出，"科技创新是提高社会生产力和综合国力的战略支撑，必须摆在国家发展全局的核心位置"。强调必须坚持走中国特色自主创新道路、实施创新驱动发展战略。

2016年5月，国务院印发《国家创新驱动发展战略纲要》，对我国创新战略目标的"三步走"路线进行了明确：到2020年进入创新型国家行列，基本建成中国特色国家创新体系，有力支撑全面建成小康社会目标的实现；到2030年跻身创新型国家前列，发展驱动力实现根本转换，经济社会发展水平和国际竞争力大幅提升，为建成经济强国和共同富裕社会奠定坚实基础；到2050年建成世界科技创新强国，成为世界主要科学中心和创新高地，为我国建成富强民主文明和谐美丽的社会主义现代化国家、实现中华民族伟大复兴的中国梦提供强大支撑。

（三）全面提升国家创新能力水平

提升国家创新能力，核心在于将经济社会发展的动力从以资源驱动、资本驱动为主转变到以创新驱动为主上来。实施创新驱动发展战略，必须坚持走中国特色自主创新道路，围绕全面建成小康社会的战略目标，牢牢抓住新科技革命这一战略机遇，大幅提升我国的自主创新能力，加快中国特色国家创新体系的建设。

一要大幅提升自主创新能力，加快经济发展方式转变。加强对重点产业关键核心技术、重大装备以及关键产品的研发，努力突破技术瓶颈，助推信息化和工业化的相互融合，加快高新技术向传统产业尤其是制造业的扩散转移，从而带动传统产业的升级改造。大力发展智能制造和绿色制造，提升产业层次，建设高标准的现代产业体系，从根本上破解重点产业核心技术自给不足的难题。推动高新产业加快实现从低成本要素驱动向技术创新驱动转变，从产业链低端逐渐向产业链高端延伸，从而实现制造大国向制造强国的转变。在重大公益性科技上加强创新，大力推动优质、高产、绿色、高效现代农业的发展，加大预防诊断技术和重大创新药物的研发，以实现能源资源的清洁、高效和循环利用，有效解决在生态环境上存在的突出问题。着力推进国家科技重大专项突破，在突出系统性、集成性的同时，努力攻破关键共性技术，以实现对产业竞争力整体提升的全局带动。加快对战略性新兴产业的培育和发展，尽快掌握关键技术及相关知识产权，培育未来支柱性、先导性产业，形成新的经济增长点。

二要牢牢抓住新科技革命的战略机遇，抢占未来科技制高点。其一，对具有前瞻性、探索性的战略先导研究进行超前部署，持续增强技术储备，加强对高技术研发能力和产业国际竞争力的培养和提升，加快对新型产业业态的开发，为经济社会发展提供新的动力和源泉。其二，努力取得在能源技术、信息技术、生物技术等关键领域的重大变革性创新，以满足未来高新技术的更新换代和新兴产业的发展需求；努力取得在网络、空天、海洋等战略必争领域的先导性成果，以满足关系国家安全和利益的重大战略需求。其三，着力实现对知识创新体系的完善，加快建设一流科研院所和高水平研究型大学，加强对基础领域、前沿技术和社会公益技术的研究，强化对地球科学、物质科学、信息科学、生命科学等前沿领域方向的布局，以达到创新能力和研究成果进入世界前列的目标。

三要大力推进协同创新，提升国家创新体系整体效能。明确政府和市场等不同创新主体的功能定位，并对协同创新的体制机制进行完善。推动科技与产业协同创新，并以企业为主导建立产业技术研发的体制机制，支持建立企业、科研院所和高等院校三者相互联合的创新战略联盟，组建技术研发平台，共同对关键技术研发和相关应用基础开展研究。推动科技与区域协调发展，对自主创新示范区和高新技术产业开发区等创新中心的机制进行完善，以实现对其集聚辐射带动作用的最大化发挥；支持高等院校和科研院所合理利用自身优势，通过组建创新集群、研发机构等实现与区域创新要素的密切结合。推动科技与教育相融合，让科研院所的科技资源和科技平台等优势与高等院校的学科基础和青年人才等优势得到有效发挥，从而在二者间建立起联合互动、功能互补、协同发展、相互促进的紧密关系。同时，要将知识产权作为纽带，将资本作为要素，建立并完善科技成果的转移转化激励机制，通过创新价值链的打通，顺利实现创新资源的合理配置、高效利用与利益共享。

四要着力建设创新生态系统，营造激励创新的环境和氛围。适当通过财税、金融等政策来确保科技投入的持续增长，建立健全竞争性经费和稳定支持经费相协调的经费投入机制。对国家的人才培养体系进行完善与健全，优化人才队伍结构，培养造就一流创新人才。通过实行"走出去"与"引进来"相结合的策略，充分并有效利用好全球科技创新资源，从而加大对高水平创新创业人才的吸引力与凝聚力。完善对科技人才的竞争择优与开放流动机制，探索多种分配方式以最大限度促进创新人才作用的发挥。建立并完善科研评价体系，确保其重心放在科技创新质量和实际贡献上来。确保学术自由，提倡学术争鸣，营造一个激励创新、宽松和谐的创新文化和氛围。

（四）推进大众创业、万众创新

大众创业，是增加和扩大就业的重要途径。万众创新，是实现经济转型升级的重要途径。从2014年李克强总理首次提出"大众创业、万众创新"以来，《关于大力推进大众创业万众创新若干政策措施的意见》等相关政策措施相继出台，为全民创业提供了重要支持，强有力地推动了不同发展阶段、不同技术水平和不同商业模式的相互融合，从而释放了市场活力，为经济社会的进一步发展注入了动力。党的十九大报告指出，要"激发和保护企业家精神，鼓励更多社会主体投身创新创业"，这一论述无论对于市场活力的增强，还是对于经济结构的转型升级都意义重大。

现在，"大众创业、万众创新"已成为社会共识，然而，受家庭教育、择业观念和传统思想等因素的影响，全民创业依旧存在盲目照搬国外模式、忽略大规模转型带来的风险等诸多问题。因此，为更好地推进大众创业、万众创新，我们可通过尝试以下途径激发全民创新创业的活力。

一是为创业者提供多种金融服务，优化投融资体系。有条件的地区可参照美国"硅谷银行"的模式，鼓励金融部门设立互联网金融专营机构，在为企业提供资本支持的同时，建立全方位、多层次且更加有针对性的投融资体系。此外，为降低融资成本，政府还应鼓励中小企业创业者到新三板和区域性股权交易市场进行展示挂牌和融资，支持其发展各类股权众筹平台，有效提升融资效率。

二是严厉打击互联网侵权行为，完善互联网行业知识产权保护体系。不断健全知识产权保障制度，完善行业监管体系，制定相应的法律法规和判定标准，为互联网创业创新者提供更加完善的法律保障。

三是注重线上线下协同培训。考虑到创新创业企业主分布分散的特点，政府应鼓励并支持专业机构开展有针对性的学习、培训服务，提倡采用线上线下相结合的培训模式，以激发民众创新创业热情。

四是向创业者提供创业增值服务，建立线上创业服务信息平台。整合各类创业服务资源，使之能更好地服务于创新创业者。此外，还应设立供创业者学习、沟通、反馈意见的综合性互联网公共服务平台，以满足不同发展特点企业的需求。

五是健全创业服务生态系统，加强宏观引导、公共服务和市场监管。政府要为创业者尤其是小微创业者提供低成本、全要素的一站式服务平台，并加快各类创业孵化机构的发展，坚决破除各种不合理的门槛和限制，构建充满活力的创新创业生态系统。

第四节　坚定不移实施乡村振兴战略

"小康不小康，关键看老乡。"[①] 党的十九大报告首次提出"实施乡村振兴战略"，2017年中央经济工作会议和中央农村工作会议进一步明确了总体思路和具体途径。乡村振兴战略与农民在全面建成小康社会中的获得感密切相关，乡

---

① 2015年2月13日，习近平总书记在主持召开陕甘宁革命老区脱贫致富座谈会上的讲话。来源于新华网 http://www.xinhuanet.com/politics/2015-02/16/c_1114394473.htm。

村振兴既是决胜全面建成小康社会的重大历史任务，又是协调城乡发展、区域发展的重要抓手。

（一）乡村振兴战略与全面建成小康社会的内在联系

城镇与乡村互促互进、共生共存，一同构成人类活动的主要空间。"乡村兴则国家兴，乡村衰则国家衰。"[①]我国社会主要矛盾最突出的表现在农村，我国仍然处于并将长期处于社会主义初级阶段的基本国情也最大限度地表现在乡村。"全面建成小康社会和全面建设社会主义现代化强国，最艰巨最繁重的任务在农村，最广泛最深厚的基础在农村，最大的潜力和后劲也在农村。"[②]

在经济下行压力不断加大，外部环境日益复杂的形势下，做好"三农"工作尤为重要。实施乡村振兴战略，是解决我国社会主要矛盾、全面实现小康、实现"两个一百年"奋斗目标和中华民族伟大复兴中国梦的必然要求。只有稳住"三农"这个基本盘，才能为有效应对各种风险挑战赢得主动，为做好全局工作增添底气。乡村振兴战略的实施效果，不仅影响全面建成小康社会的成色和社会主义现代化的质量，而且事关党在人民群众中的威信。因此，必须推动农业从增产导向向提质导向的转变，增强其创新力和竞争力，为现代化经济体系的建设夯实基础；必须推动人与自然和谐共生的乡村发展新格局的构建，以实现百姓富、生态美的有机统一；必须加快共建共治共享现代社会治理格局的打造，推进国家治理体系和治理能力的现代化。总而言之，要坚持把解决好"三农"问题作为全党工作重中之重不动摇，抓重点、补短板、强基础，推动乡村全面振兴，加快推进农业农村现代化，让亿万农民走上共同富裕的道路。

（二）实施乡村振兴战略的总体要求与基本原则

党的十九大报告指出"产业兴旺、生态宜居、乡风文明、治理有效、生活

---

① 《乡村兴则国家兴》，《人民日报》2019年3月9日。
② 源自中共中央、国务院印发的《乡村振兴战略规划（2018—2022年）》。

富裕是实施乡村振兴战略的总要求"。要实现这一总体要求，就要正视农业农村发展的阶段性特征和突出问题，统筹谋划农业农村发展和党的建设，着力推进乡村治理体系和治理能力现代化建设。"让农业成为有奔头的产业，让农民成为有吸引力的职业，让农村成为安居乐业的美丽家园。"①

根据党的十九大提出的决胜全面建成小康社会以及分两个阶段实现第二个百年奋斗目标的战略部署，实施乡村振兴战略的目标任务是："到2020年，乡村振兴取得重要进展，制度框架和政策体系基本形成。到2035年，乡村振兴取得决定性进展，农业农村现代化基本实现。到2050年，乡村全面振兴，农业强、农村美、农民富全面实现②。"其中，"2018年至2022年这5年间，既要在农村实现全面小康，又要为基本实现农业农村现代化开好局、起好步、打好基础。"③

实施乡村振兴战略必须坚持七项原则④：一要坚持党管农村工作。"党政军民学，东西南北中，党是领导一切的。"坚持加强和改善党对农村工作的领导是"三农"发展的政治保障。必须确保党始终在农村工作中总揽全局、协调各方。二要坚持农业农村优先发展。在干部培养、要素配置、资金投入、公共服务等方面加大对农业农村发展的支持力度，从而加快农业农村短板的补齐。三要坚持农民主体地位。农民是农业的主体，是乡村振兴的主力军。乡村的独特属性和农业农村发展实际需要决定了必须坚持以农民为主体地位不动摇，要让农民成为改革红利的主要受益者。四要坚持乡村全面振兴。乡村振兴就是要推动农业全面升级、农村全面进步、农民全面发展，使乡村各方面建设全面推进、协调发展。五要坚持城乡融合发展。推动城乡要素的自由流动与平等交换，推动新型工业化、信息化、城镇化、农业现代化同步发展，加快形成工农互促、城乡互补、全面融合、共同繁荣的新型工农城乡关系。六要坚持人与自然和谐共

---

① 习近平：《把乡村振兴战略作为新时代"三农"工作总抓手》，《求是》2019年第11期。
② 《中共中央 国务院关于实施乡村振兴战略的意见》，人民出版社2018年版。
③ 中共中央、国务院印发《乡村振兴战略规划（2018—2022年）》，《人民日报》2018年9月7日。
④ 2017年12月28日至29日，中央农村工作会议在北京举行，习近平总书记在会上发表的重要讲话。

生。树立并践行"两山"理念，落实节约优先、保护优先、自然恢复为主的方针，统筹山水林田湖草沙系统治理，严守生态保护红线，以绿色发展引领乡村振兴。七要坚持因地制宜、循序渐进。必须遵循乡村发展规律，因地制宜、因势利导，保留乡村特色风貌。在尽力而为的同时也要量力而行，"要科学规划、注重质量、从容建设，不追求速度，更不能刮风搞运动"。

（三）实施乡村振兴战略的重点

实施乡村振兴战略，要从国情农情出发。要将产业兴旺作为重点、生态宜居作为关键、乡风文明作为保障、治理有效作为基础、生活富裕作为根本、摆脱贫困作为前提，全力推动农业全面升级、农村全面进步、农民全面发展。

第一，要深化农村体制机制的改革与创新，加快培育农业农村发展新动能。改革创新是乡村振兴的引擎和动力源。深化乡村改革，要增加以产权制度的完善和要素的市场化配置为重点的制度性供给，激发主体、要素和市场的活力，提升农村的市场化程度，重点提高"土地"这一农村最重要、最基本的生产要素的市场活力，深入推进农业绿色化、优质化、特色化、品牌化发展，加快构建现代农业产业体系、生产体系、经营体系，推动农业由增产导向转向提质导向，加快实现由农业大国向农业强国转变。

第二，要充分运用现代科学技术，加快农业现代化的推进步伐。在工业革命4.0时代，大数据、"互联网＋"等广泛融入人们的生产生活。实现乡村振兴，就需要将这些现代科学技术手段和农业有机结合起来，将现代生物技术、基因技术、信息技术、耕作技术、喷灌技术等注入农业生产的每一个环节，从而构建起现代农业的生产、产业和经营体系，延长产业链，融入供应链，提升价值链。同时引入现代企业制度，组建各类形式的农业企业，发展农业证券、保险，扶持高科技农业企业到国内外、境内外上市融资。

第三，要繁荣发展乡村文化，建设现代乡村文明。文化是乡村振兴之魂，山川秀美的乡村注入先进文化才能显现出精气神。因此，一方面，要对中华优秀传统文化中蕴含的道德规范、思想观念和人文精神等进行深入挖掘，并与时代要求相结合，推进中华优秀传统文化的创造性转化和创新性发展，使中华民族传统优秀美德重新归附到乡村之上，回归到广大乡民的生活中。另一方面，政府要加大对乡村公共文化服务体系的投入，建设乡村图书馆、博物馆、艺术馆、体育馆、文化活动室等，从而活跃乡民的文化生活。

第四，要健全城乡融合发展体制机制，构建城乡命运共同体。衰败的乡村烘托不出繁荣的城市。乡村不振兴，中华民族伟大复兴、中国梦实现只是一句空话。要强化"人、地、钱"等要素的供给，破除体制机制障碍，推动城乡要素自由流动、平等交换，促进公共资源城乡均衡配置，建立健全城乡融合发展的政策体系和体制机制，加快形成城乡互补、工农互促、全面融合、共同繁荣的新型工农城乡关系。

第五，要坚持"三治"相结合，建立现代乡村治理体系。传统的碎片化、能人化、家族化乡村治理模式效率过低，因此，必须建立健全党委领导、政府负责、社会协同、公众参与、法治保障的现代乡村社会治理体制，同时对自治、法治、德治"三治"相结合的乡村治理体系加以完善，以确保乡村社会既充满活又并和谐有序。

第六，要坚持用绿色发展引领乡村振兴，打造人与自然和谐共生的乡村发展新格局。必须牢牢树立并贯彻落实"绿水青山就是金山银山"的理念，践行"节约优先、保护优先、自然恢复为主的方针"，推动乡村自然资本加快增值，实现百姓富、生态美的统一。

第五节　坚定不移实施区域协调发展战略

"不患寡而患不均，不患贫而患不安。"[①] 全面建成小康社会必须增强区域发

---

① 《论语·季氏》。

展的内生活力、实现区域协调发展，这是我国现阶段国情所决定的。"三大战略"塑造了区域协调发展新格局。"四大板块"奠定了区域协调发展基础。8大城市群发挥区域辐射带动作用，拓展发展空间。11个自由贸易试验区推动区域开放型经济发展和区域创新，促进区域产业转型升级和产业合理布局。区域发展战略体系的形成，有利于增强发展的均衡性，有利于优化资源的空间配置，提高供给效率。

（一）区域协调发展的重大战略意义

党的十九大报告指出，我国要实施区域协调发展战略。"十三五"规划纲要根据经济发展新常态下国民经济发展的新要求，丰富了区域协调发展战略的内涵，增强了区域协调发展政策措施的可操作性，提高了区域发展各项战略及其与新型城镇化等战略的协同性。以习近平同志为核心的党中央紧扣我国社会发展现状和主要矛盾变化，提出了区域协调发展这一重要战略举措，对于缩小区域差距、城乡差距，促进我国经济社会均衡健康发展具有重要意义。

区域协调发展是全面建成小康社会进而实现共同富裕的内在要求。我国地区间发展不平衡不协调的问题较为突出，部分地区基础设施和公共服务设施依然较为薄弱。要巩固拓展脱贫攻坚成果，必须与区域协调发展战略结合起来，通过实施区域协调发展战略，防止脱贫地区返贫。区域协调发展有助于增进社会公平。促进区域协调发展，防止区域之间发展差距过大，是促进可持续发展的现实需要。

第二，区域协调发展是践行新发展理念的必然要求。以创新、协调、绿色、开放、共享为内涵的新发展理念，是我国经济由高速增长阶段转向高质量发展阶段的重要指导理念。其中，协调发展强调发展的整体性，旨在从根本上解决发展不平衡不协调问题。要增强发展的协调性，必须拓宽发展空间，在发展薄弱领域增强后劲，促进我国各大区域的协调互动。再者，要做好区域协调发展内外两个层次，加快边疆发展和海洋强国建设，以公共服务均等、要素自由流动、资源环境可承载、主体功能约束有效为目标,塑造区域协调发展新格局。

第三,区域协调发展是建设现代化经济体系的重要举措。当前,我国进入经济高质量发展阶段,区域经济是国民经济体系的重要组成部分,必须加快转变发展方式、优化经济结构和转换增长动力。一方面区域协调发展可促进形成现代化经济体系空间布局。长期以来,我国经济增长在一定程度上是以高耗能为代价,经济空间布局受制于资源禀赋。经济新常态下,绿色低碳、创新引领成为现代化经济体系的重要标志。通过实施区域协调发展战略,促进人口、经济和资源、环境的空间均衡,进而实现各区域更高质量、更有效率、更加公平、更可持续的发展,有助于构建现代化经济体系的战略空间。另一方面区域协调发展将促进现代化经济体系产业协同发展。我国现阶段各地区面临着产业老化、同化等问题,必须不断促进传统产业优化升级,加快发展现代服务业。淘汰转型落后产业,积极寻找经济发展新动能,统筹优化整个产业布局,推动各地区依据主体功能定位发展。再者,区域协调发展有助于形成经济增长新动力。保持我国经济健康可持续发展,需要在遵循经济规律的前提下,发挥市场在资源配置中的决定性作用和更好发挥政府作用,加快培育新的区域经济增长极。

(二)创新区域协调发展机制

党的十九大报告综合分析国内外形势,全面考量我国发展条件,着眼于社会主义现代化建设和实现中华民族伟大复兴,在全面建成小康社会的基础上,明确分两步走实现民族发展的阶段性目标,从国家战略层面明确了区域协调发展战略在新阶段的关键任务。促进区域协调发展向更高水平和更高质量迈进,必须建立更加有效的区域协调发展新机制。

一是要建立区域战略统筹机制。我国重大区域战略数量较多、层次清晰,建立区域战略统筹机制,要在全国整体空间、"带状"或"块状"区域、"点状"或者"多点状"区域内,以"一带一路"建设和京津冀协同发展、长江经济带发展、粤港澳大湾区建设、成渝地区双城经济圈建设等重大战略为引领,以西部、东北、中部、东部四大板块为基础，促进区域间相互融通补充，推动国家重大区域战略融合发展。推动东部沿海等发达地区改革创新、新旧动能转换和区域一体化发展，支持中西部条件较好地区加快发展，鼓励国家级新区、自由贸易试验区、国家级开发区等各类平台创新，在推动区域高质量发展方面发挥引领作用。推动陆海统筹发展，完善海洋经济标准体系和指标体系，健全海洋经济统计、核算制度，提升海洋经济监测评估能力，强化部门间数据共享，建立海洋经济调查体系。推进海上务实合作，维护国家海洋权益，积极参与维护和完善国际和地区海洋秩序。

二是要健全市场一体化发展机制。在健全市场一体化建设方面，区域协调发展需要促进城乡要素自由流动，加速推进建立健全全国统一的市场准入负面清单制度，消除歧视性、隐蔽性的区域市场准入限制。按照建设统一、开放、竞争、有序的市场体系建设要求，推动京津冀、长江经济带、粤港澳等区域市场建设，加快探索建立规划制度统一、发展模式共推、治理方式一致、区域市场联动的区域市场一体化发展新机制，促进形成全国统一大市场。完善区域交易平台和制度，建立健全用水权、排污权、碳排放权、用能权初始分配与交易制度，培育发展各类产权交易平台。

三是要深化区域合作机制，推动区域合作互动。区域协调重在合作互动，以长江经济带为纽带，京津冀地区、长三角经济圈、粤港澳大湾区、成渝双城经济圈为东南西北四大增长极，提升区域合作层次和水平。加快推进长江经济带、珠江—西江经济带、淮河生态经济带、汉江生态经济带等重点流域经济带上下游间合作发展。探索建立统一规划、统一管理、合作共建、利益共享的省际交界地区合作新机制。以"一带一路"建设为重点，实行更加积极主动的开放战略，积极开展国际区域合作，推动构建互利共赢的国际区域合作新机制。

（三）区域协调发展的战略部署

实施区域协调发展战略是新时代国家重大战略之一，是贯彻新发展理念、建设现代化经济体系的重要组成部分。党的十九大报告指出，区域协调发展战略是决胜全面建成小康社会必须坚持的一项重大战略。

实施区域协调发展战略，既要发挥"三大战略"的引领作用，坚持"四大板块"区域布局的基础地位，又要加强城市群、自贸试验区和国家级新区等区域协调发展战略支点建设。"三大战略"打造东西双向全面开放新格局和东中西互动合作的协调发展带，推进区域发展体制机制创新，探索城市群建设，寻求城市病解决新路径。"四大板块"区域布局奠定区域协调发展基础。八大城市群构成区域协调发展战略支点，发挥区域辐射带动作用，促进区域开放型经济发展和区域产业转型升级，探索区域发展新路。

当前，我国南北分化明显，"三大战略""四大板块"也存在内部分化。解决区域发展不协调、不平衡的难题，必须以国家重大战略和改革创新为引领，加快构建和完善区域协调发展新机制，增强区域发展的联动性和整体性。第一，坚持"突出特色，梯次联动，竞合有序"的区域协调发展基本原则，充分发挥市场机制作用，构建开放的区域统一市场，深化和创新区域合作，清除要素流动的显性和隐性壁垒，促进生产要素有序自由流动，提高资源的配置效率。第二，构建科学客观的评价指标体系，为制定差异化区域政策提供依据支撑。第三，优化创新现代化空间格局，培育壮大现代化战略性经济空间，促进特色经济空间优化升级。第四，推进多层次、多形式、多领域的合作，支持产业跨区域转移和共建产业园区等合作平台，在基础设施建设、公共服务统筹协调、生态环境联防共治、创新驱动发展等方面深入开展合作。

第六节　坚定不移实施可持续发展战略

发展要行稳致远，不可竭泽而渔。中国是人口众多、资源相对不足的国家。改革开放以来，党中央、国务院高度重视中国的可持续发展。1994年3月，国务院通过《中国21世纪议程》，确定实施可持续发展战略。党的十九大报告更是将可持续发展战略确定为决胜全面建成小康社会需要坚定实施的七大战略之一。坚持可持续发展战略就是要在中国特色社会主义现代化强国新征程中，加快解决我国经济社会发展中不平衡、不协调、不可持续的时代难题。

（一）可持续发展对全面建成小康社会意义重大

可持续发展是基于社会、经济、人口、资源、环境相互协调和共同发展的理论和战略，主要包括生态、经济和社会可持续发展，以保护自然资源环境为基础，以激励经济发展为条件，以改善和提高人类生活质量为目标。宗旨是既能相对满足当代人的需求，又不能对后代的发展构成危害。

可持续发展是一种注重长远发展的经济增长模式，就是既满足当代人的需要，又不对后代人满足其需要的能力构成威胁和危害的发展，是一种立足当代、传承过去、永续未来的发展观。1997年，党的十五大把可持续发展战略确定为我国现代化建设中必须实施的战略之一，主要包括社会可持续发展、生态可持续发展和经济可持续发展。从我国当前面临的人口、资源与环境条件看，坚持可持续发展是全面建成小康社会的目标和客观要求，也是实现全面建成小康社会的必然选择。党的十九大站在新时代的高度，提出"人与自然是生命共同体，人类必须尊重自然、顺应自然、保护自然"，"我们要建设的现代化是人与自然和谐共生的现代化，既要创造更多物质财富和精神财富以满足人民日益增长的美好生活需要，也要提供更多优质生态产品以满足人民日益增长的优美生态环境需要"。一方面，全面建成小康社会面临严峻的资源、环境约束，必须转变经济发展方式，走可持续发展之路，才能大力促进生态文明建设。另一方面，全面小康是全面进步的小康，统筹推进"五位一体"总体布局，实现全面建成小康社会和中华民族永续发展的奋斗目标，必须坚持以经济建设为中心，全面推进经济建设、政治建设、文化建设、社会建设、生态文明建设，促进各个方面协调发展。

（二）新发展理念引领可持续发展

2015年10月，习近平总书记在关于《中共中央关于制定国民经济和社会发展第十三个五年规划的建议》的说明中指出："发展理念是发展行动的先导，是管全局、管根本、管方向、管长远的东西，是发展思路、发展方向、发展着力点的集中体现。"新发展理念是影响我国发展全局的一场重大变革，是实现高质量、高效率、公平、可持续发展的必由之路。落实好新发展理念，便是落实可持续发展战略的生动实践。

第一，着力实施创新驱动发展战略。我国创新能力不强，科技发展水平总体不高，科技对经济社会发展的支撑能力不足，科技对经济增长的贡献率远低于发达国家水平。创新注重解决发展动力问题，是引领发展的第一动力。创新能力从根本上影响甚至决定国家的前途命运，坚持创新发展能为可持续发展注入持久动力。我们要深化科技体制改革，推进人才发展体制和政策创新，加快科技创新成果向现实生产力转化，增强我国经济整体素质和国际竞争力。

第二，着力增强发展的整体性协调性。协调是可持续发展的内在要求，注重的是解决发展不平衡问题。我国发展不协调是一个长期存在的问题，突出表现在区域、城乡、经济和社会、物质文明和精神文明等方方面面。我们要发挥各地区比较优势，促进生产力布局优化，缩小地区发展差距。我们要坚持工业反哺农业，促进城乡公共资源均衡配置，缩小城乡发展差距，提高发展的整体性与协调性。

第三，着力推进人与自然和谐共生。我国资源约束趋紧、环境污染严重、生态系统退化的问题十分严峻。绿色是可持续发展的必要条件，人类发展必须以尊重自然、保护自然为前提。改革开放以来，我国经济迅速发展的同时也积累了大量生态环境问题。我们要坚持生态优先、绿色发展，坚决摒弃破坏生态环境的发展模式，推动绿色发展方式的形成，保证中华民族的永续发展。

第四，着力形成对外开放新体制。我国应对国际经贸摩擦、争取国际经济话语权的能力还比较弱，运用国际经贸规则的本领也不够强。开放着力解决发展内外联动问题,是国家繁荣发展的必由之路,也能够为可持续发展拓展新的更大的国际空间。对外开放必须主动顺应全球经济潮流,提高开放的水平和质量。

(三)深刻把握可持续发展的重点难点

联合国《2030年可持续发展议程》指出,可持续发展要以人为中心,要在可供给的范围内满足发展需求,经济的繁荣要以绿色、低碳为前提,要以人与自然和谐共生、人与人和谐友好、国与国和谐共赢为行为准则,要通过建立伙伴关系相互合作来实现。中国的可持续发展战略要理顺经济、人口、环境三者之间的关系,把握可持续发展的重点,精准发力,构建相互关联、多方共赢的合作模式。

一是坚决打好三大攻坚战。防范化解重大风险、精准脱贫、污染防治,是全面建成小康社会过程中的三大攻坚战。三大攻坚战的成败,事关经济高质量发展和可持续发展。我国当前存在的发展不平衡不充分的问题,并不仅仅是经济上的失衡,也包括社会治理和环境治理中的不平衡不充分。"入之愈深,其进愈难"。我们聚焦全面建成小康社会目标,固根基、补短板、强弱项,脱贫攻坚战取得全面胜利,污染防治攻坚战效果显著,防范化解重大风险攻坚战取得成效,三大攻坚战取得决定性成就。

二是深入推进生态文明建设,建设美丽中国。中国要建设的现代化是人与自然和谐共生的现代化。首先,要坚持以人民为中心,加快改善生态环境,满足人民日益增长的生态环境需要。再者,要统筹治理、系统治理生态环境,从系统和全局角度推进生态环境治理。有效发挥社会主义制度优势,完善生态文明制度体系,调动各级主体自觉参与建设与维护。最后,要深度参与全球生态环境治理。当前,我国在新能源技术创新方面已居于世界前列。经济发展质量不断提升,经济结构不断调整优化,新旧动能有序转换,新技术、新产业、新模式、新业态层出不穷。在新冠疫情的冲击下,要坚决秉持人类命运共同体理念,维护多边主义,实现全球生态可持续发展。

三是把保障和改善民生作为可持续发展的核心要求，构建人类生态文明共同体。可持续发展核心要义是人的全面发展，要以民生为重点加强社会建设，推进公平、正义和平等。不断满足人民日益增长的美好生活需要，不断促进社会公平正义，形成有效的社会治理、良好的社会秩序，使人民获得感、幸福感、安全感更加充实、更有保障、更可持续。牢固树立尊重自然、顺应自然、保护自然的生态意识，携手国际社会共谋全球生态文明建设之路，坚持走绿色、低碳、循环、可持续发展之路。同时，我们也要敦促发达国家承担历史性责任，兑现减排承诺，促进绿色环保技术共建共享。

第七节 坚定不移实施军民融合发展战略

国家安全是全面小康的底线，军民融合是国家安全能力的保障。党的十八大以来，以习近平同志为核心的党中央把军民融合发展上升为国家战略，纳入党和国家事业发展全局总体设计、统筹推进。实施军民融合发展战略是长期探索经济建设和国防建设协调发展规律的重大成果，是从国家发展和安全全局出发做出的重大决策，是应对复杂安全威胁、赢得国家战略优势的重大举措。

（一）新时代推进军民融合深度发展

随着新一轮科技革命、产业革命、军事革命的深入，国家战略竞争力、社会生产力、军队战斗力的相互关联程度愈加紧密，军民融合发展成为提升综合国力的重要路径。习近平总书记关于军民融合发展的重要论述，明确了军民融合发展的重大意义，确立了军民融合发展的总体目标，回答了融的原因、融的内容、融的方法等根本性、方向性问题，是现代化建设新时代促进军民深度融合发展的行动指南，是全面建成小康社会的重要组成部分。

一是明确军民融合发展的战略地位。把军民融合发展上升为国家战略，是党中央在长期探索经济建设和国防建设协调发展的基础上，从国家发展和安全全局出发做出的重大决策。军民融合发展作为一项国家战略，关乎国家安全和发展全局。党的十九大将军民融合发展作为重大国家战略写入党章，进一步强化了军民融合发展在党和国家事业全局中的战略地位，成为军民融合发展的根本遵循。当前和今后一个时期是军民融合发展的战略机遇期，也是军民融合由初步融合向深度融合过渡、进而实现跨越发展的关键期，要加快形成军民融合发展组织管理体系、工作运行体系、政策制度体系，推动重点领域军民融合发展取得实质性进展，形成军民融合深度发展格局，构建一体化的国家战略体系和能力。

二是明确军民融合发展的方法途径。军民融合发展是一个系统工程，要运用科学方法和系统思维研究解决问题，以习近平新时代中国特色社会主义思想为指导，加强顶层设计，突出重点领域，做好长远规划。必须全面落实习近平强军思想，落实新形势下的军事战略方针和总体国家安全观，把军事建设有机融入经济社会发展体系。必须加强战略引领和改革创新，以军地共同建设为基础，树立榜样典型，强化榜样典型的示范引领作用，加强军地协同，聚焦重点精准发力，以点带面全面提升军民融合发展整体水平。

三是明确军民融合发展的重点领域。我国国土面积辽阔，人口基数庞大。在基础设施建设、武器装备采购、军事人才培养、国防动员、国防科技工业、军队保障等领域都具有极大的军民融合潜力。在深海探索、网络空间建设、太空探索、人工智能、新能源等领域具有较强的军民共用性。深化军民融合就要在筹划设计、组织落实、成果转化全过程贯彻落实军民融合理念和要求，加快构建多维一体、协同推进、跨越发展的新兴领域军民融合深度发展格局，在以上重点领域加大资源整合力度，盘活用好存量资源，优化配置增量资源，发挥重点领域的引领作用。

（二）军民融合发展的重点任务

新时代推进军民融合发展，必须以制度建设和体系建设为基础，聚焦重点领域和新兴领域，牢牢把握军民融合深度发展的重点任务，从微观、中观、宏观三个层次全面统筹，精准发力，有效推进军民融合全方位发展。

扎实推进制度建设，健全完善相关的制度体系。制度建设是促进军民融合深度发展的基本任务，也是深入推进各领域军民融合的重要保障。目前正值我国军民融合相关政策制度处于体系形成期。能否有效化解制约我国军民融合深度发展中的各类体制性障碍、结构性矛盾和政策性问题，关键取决于未来相关政策制度形态的发育状况。新时代推进军民融合发展必须坚持问题导向，在组织管理、工作运行、政策制度三个方面构建和完善"三位一体"制度体系。在组织管理上，要建立并完善统一领导、军地协调、顺畅高效的组织管理体系。在工作运行上，要建立并完善国家主导、需求牵引、市场运作的工作运行体系，重点构建并完善资源共享机制、需求对接机制、军地协调机制和监督评估机制。构建系统完备、衔接配套、有效激励的政策制度体系，重点健全投入保障、税收优惠、金融支持、产业扶持、军事采购、标准兼容等政策手段，同时加快综合性法律立法进程，开展军地相关法律法规立改废释工作，提高军民融合发展制度化法治化水平。

根据微观、中观、宏观各层次的任务需求，全面推进全方位军民融合。在微观层面上，推进企业或企业集团在产品、技术、资本等要素上的军民融合，将企业军民融合发展与现代企业制度构建有机统一起来，尤其注重探索建立和适时扩大军民通用的柔性生产线技术，健全军民融合发展的"细胞组织"，夯实军民融合发展的微观基础。在中观层面上，着重优化区域军民融合布局。遵循经济布局调整与国防布局调整相统一的原则，构建与国家经济社会发展战略相匹配、与各战区使命任务相适应的区域军民融合布局。把军民融合发展战略，同"一带一路"建设、京津冀协同发展、长江经济带发展紧密结合起来，充分发挥各省（区、市）的区位优势和经济社会发展的特点，聚合军地各种要素资源，打造一批辐射带动作用强、比较优势显著、核心竞争力突出的军民融合创新示范区。在宏观层面上，推进军民融合要聚焦重点领域和新兴领域。在重点领域上，要优化配置存量资源和增量资源，推进基础设施统筹建设与资源共享。在新兴领域上，要以科技创新为引领，加快网络强国和信息强军建设，统筹推动国家网络安全和信息化军民融合深度发展；坚持陆海统筹，加快建设海洋强国；推动太空开发利用和空天防御能力协调发展；健全生物安全工作协调机制，强化生物安全监测预警网络体系建设，提高国家生物安全防御能力；推进人工智能技术创新和产业化工程化发展。

（三）军民融合发展的工作要求

"二战"后，经济建设成为全球发展重点，以经济竞争和科技竞争为主，军事竞争为辅的国家间竞争战略，促进了军民共用技术的快速发展。1994年，美国《军民一体化的潜力评估》报告中，首次提出"军民融合"，并将之作为一项国策。当前，我国军民融合处于由初步融合向深度融合推进的阶段。以习近平同志为核心的党中央坚定实施军民融合发展战略，将军民融合发展融入中国特色社会主义新时代建设过程中。开创新时代军民融合深度发展新局面，对实施军民融合战略提出了新要求：

一是强化统一领导。2017年1月22日，中共中央政治局会议决定成立中央军民融合发展委员会，并由习近平总书记担任委员会主任。中央军民融合发展委员会的成立，将进一步促进党中央集中统一领导军民融合发展工作，加大党对军民融合发展工作的领导力度，确保党的路线方针政策贯彻到军民融合发展的各个领域。建立健全组织管理体系，完善工作运行机制，发挥相关部门的职能作用。建立健全需求对接机制，明确军地融合的对接主体、规范对接程序。建立健全综合协调机制，加强监管和工作落实，确保推动军民融合的重要政策、重点规划、重大项目、重大改革及时落地。

二是坚持国家主导和统筹协调。牢固确立国家主导地位，加强军地各部门在各领域、各层级的协调统筹。第一，强化顶层设计职能，确保《经济建设和国防建设融合发展"十三五"规划》和《关于经济建设和国防建设融合发展的意见》的各项任务落地有效，完善军民融合专项规划。第二，强化公共产品服务职能，为推动两大建设融合搭建信息和交流平台。第三，强化政策法规建设职能，营造有利于两大建设融合发展的政策法规环境，完善有利于两大建设融合的法律体系，清理制约军民融合发展的法律、法规、规章和规范性文件，加快相关法律法规的立法进程。第四，强化军民融合统筹协调的体制机制建设。在国家层面，建立需求对接和资源共享机制，努力形成上下联动、业务归口、分工明确的融合运行机制。

三是加快改革创新和稳妥推进落实。深化改革创新是推进经济建设和国防建设融合发展的根本动力。第一，打破军地融合壁垒，细化综合性政策体系。深化国防科技工业改革，加快推进军民融合体制机制改革创新。第二，针对各方面反映强烈、共识度高的重点难点问题，要强化协同创新，全面深化拓展军地与国防科研院所的战略合作，打造一流的创新平台。第三，支持有实力的企业、高校科研机构建立国防重点实验室、技术研发中心，深入开展太空、网络空间、新材料、人工智能等领域关键技术研究，大力攻关关键核心技术。第四，创建军民融合创新示范区，分层次、分类别、分步骤开展创新融合，加快形成可复制、可推广的军民融合创新发展经验。

四是积极发挥市场作用。运用市场手段优化军地资源配置，促进国防建设的技术成果更好服务经济社会发展，积极引导社会资金、技术以及其他力量更好服务国防建设，实现经济建设和国防建设综合效益最大化。加快建立经费保障机制，建立以国家投入为主、地方财政保障为辅、社会统筹为补充的经费保障机制，保障企业利益、减少企业损失。加快推进激励机制建设，完善价格、税收、国防采购等利益补偿优惠政策。确保承担国防义务、参与军品科研生产的单位和个人利益。加快推动互利共赢的促进机制建设，把经济效益和国防效益有机结合起来，既使企业在军民融合中找到新的经济增长点，又使国防和军队建设取得新成就。[1]

---

[1] 姜鲁鸣：《新时代中国军民融合发展战略论纲》，《改革》2018年第3期，第24—34页。

第九章

全面建成小康社会的人类贡献

鸦片战争以来,中国的仁人志士就在为追求国家独立和民族解放不懈奋斗,致力于振兴中华,进而贡献世界。习近平总书记提出中华民族应当"为人类作出新的更大的贡献"。在全面建成小康社会的收官之际,我们取得了脱贫攻坚全面胜利,这一系列重大历史任务的圆满完成,将进一步促进人类社会的发展,推动世界经济增长,创新全球治理模式等。这一切将无疑雄辩地证明中国特色社会主义制度的优越性和中国共产党的正确领导,并为世界其他发展中国家因地制宜地结合本国发展实际选择适合自身发展规律的发展道路提供重要的模式借鉴。

第一节 为建设更加美好的地球家园贡献中国方案

我国作为全球政治经济体系的重要建设者和参与方,在世界经济全球化、国际政治安全建设、多边自由贸易等关系世界和平与发展的重要领域发挥着举足轻重的建设和保障作用。改革开放四十多年来,特别是党的十八大以来,全体人民在中国共产党的坚强领导下,秉持人类命运共同体为核心价值理念,大力推进全面建成小康社会的各项工作,并以此为基础,加快构建"一带一路"全方位开放格局,为推进全球化的高质量发展,维护世界的和平与稳定,进一步促进全人类文明的发展进步做出了十分有益的探索与贡献，贡献了建设更加美好地球家园的中国方案，获得了世界各国的广泛认可与赞誉。

（一）和平：人类最持久的夙愿

中国作为东方的古老强大国家，坚定地维护世界和平发展秩序。时至近代，西方列强凭借着坚船利炮与强大资本的倾销冲击，使中国经历了灾难深重且战乱频发的苦难百年。直到中国人民在中国共产党的坚强领导下，通过浴血奋战建立起来一个崭新的中国，中国才再次作为一个独立自主的东方大国重新回到世界舞台，成为世界政治秩序的重要建立者与参与者。正因为近百年的屈辱和苦难，中国人民才更懂得和平生活与发展对于国家、人民乃至世界和平的可贵意义之所在。

我国在全面建成小康社会的奋斗道路上，以更加开放与包容的胸怀向世界敞开和平发展的大门。以习近平同志为核心的党中央，从全面建成小康社会的新时代高度出发，向世界各国宣告中国坚持走和平发展道路，永远不会走某些国家国强必霸的老路，世代愿与世界各国共同努力构建和平发展的全球化合作环境。自中华人民共和国成立以来，中国人民在中国共产党的坚强领导下，始终坚定不移地走和平发展的社会主义道路。改革开放四十多年以来，中国人民在中国共产党的坚强领导下，充分认识到经济建设对于国家繁荣富强的引领作用，以及和平的国内及世界环境对于国家经济社会发展的重要支撑作用，坚定地走和平发展道路，不断地推进中国特色社会主义经济社会各项建设事业。中国与世界各国一道，以实际行动不断推进世界和平与发展，早已成为我国既定的发展方针，这既是中国人民经历战争苦难与艰难困苦后的自信自觉选择，也是更好地建设自身及地球家园的选择。为此，我国始终致力于建设和平稳定的内外部环境，集中开展经济建设，不断提高广大人民群众的生活水平。中国坚定不移地走和平发展道路，有力地引领和促进了世界开放、合作、共赢环境的建设与发展，有力地促进了世界和平与发展大环境的形成与稳定。

党的十八大以来，以习近平同志为核心的党中央着眼于国内国际两个大局，对内进一步推进全面建成小康社会的各项工作，对外大力推进"一带一路"建设，愿意与周边国家分享全面建成小康社会发展成果。在全面推进建设小康社会的具体实践中，中国始终坚定不移走和平发展道路，坚守"永不称霸、永不扩张"的政治承诺，永远不在世界上谋求所谓的势力范围，坚定不移地做世界和平建设与发展的中坚力量和引领力量，以身作则地推动和促进世界和平事业的持久永续发展。但近代世界历史启迪我们，世界和平固然是人类最持久最美好的发展夙愿，但和平不是与生俱来的，是需要世界各国人民用切实的行动共同争取和维护的。第一次世界大战和第二次世界大战硝烟未远，战争的车辙依旧印迹清晰，某些国家始终秉持弱肉强食的丛林法则信条，在处理国与国关系乃至世界和平关系的时候，惯用"顺之者昌，不顺则亡"的政治军事手段，为世界的长久和平发展埋下了不和谐的隐患。为此，要实现人类最持久的和平发展夙愿，就必须谨记惨痛的战争教训，严防军国主义死而复燃，在全世界广泛传播珍爱和平与维护和平的正确思想，从内心唤起所有珍惜和平的各国人民对自由与和平的向往和坚守，在全球范围内形成爱好和平的强大社会基础，进而有力推进世界各国共同维护世界和平、促进世界共同发展。

自古以来，和平就是人类最持久的夙愿。和平像阳光一样温暖、像雨露一样滋润。有了阳光雨露，万物才能茁壮成长。有了和平稳定，人类才能更好实现自己的梦想。在全面建成小康社会、实现第一个百年奋斗目标之后乘势而上开启全面建设社会主义现代化国家新征程，向第二个百年奋斗目标进军的新发展阶段，面对国际国内形势的深刻变化，中国将继续高举和平、发展、合作、共赢的正确旗帜，始终如一地秉持和平共处五项基本原则，并在此基础上与世界各国一道开展国际友好合作，全方位推进世界和平发展环境下的全球化与共同发展进步，推动建设更加崇尚平等互助、互相尊重、公平正义、合作共赢的国际关系格局，为人类最持久的和平夙愿打下更为坚实的国际合作基础。

（二）发展：解决一切问题的总钥匙

和平与发展是当今世界的两大主题。当前，世界范围内存在的很多难点问题，归根结底都是和平与发展的问题。和平作为世界政治经济秩序稳定的基石，是发展的根本性支撑基础，没有和平为基础的发展只能是不可持续的昙花一现。发展作为世界政治经济赖以运行的基础和保障，是和平的坚实有力保障，离开了发展为支撑与保障的和平注定是难以为继的。在当前世界整体和平的基础上，发展是解决一切问题的总钥匙。

在全面建成小康社会决胜阶段，以习近平同志为核心的党中央统筹国内国际两个大局，一方面坚定不移地推进脱贫攻坚和全面建设小康社会伟大事业；另一方面大力推进"一带一路"建设，致力于构建以合作共赢为核心的新型国际关系。当前，世界和平与发展在政治、经济、安全等领域还存在着很多亟待解决的瓶颈问题，个别国家挑起反全球化，世界各国应通过把握好发展这把解决一切问题的总钥匙，摒弃意识形态层面上的不同，进一步增进世界各国之间的互联互通与相互交流，大力培育尊重、互助、团结、包容的协作和发展理念，为世界经济的进一步有效增长积聚强大新动力，更好地消除世界范围内的贫富差距，助推世界各国普惠发展增长的世界经济新格局。

党的十八大以来，以习近平同志为核心的党中央始终坚定不移地坚持和发展中国特色社会主义，始终秉持为建设更加美好的地球家园贡献中国方案的人类命运共同体理念，依托全面深化改革，积极推进小康社会建设，坚持以发展作为解决一切问题的总钥匙。在全面建成小康社会的奋斗道路上，通过依托以创新为引领的创新、协调、绿色、开放、共享的新发展理念，深刻聚焦发展这个关乎世界各国经济社会事业成败的根本性问题，在发展的基础上不断增进经济发展过程中的大融合、大联动及发展成果的普惠共享，从而切实助推世界各国经济社会的可持续健康发展，逐步有效化解世界各国的发展不平衡问题，弥合发展鸿沟。在共同实现2030年可持续发展目标的基础上，有效实现世界各国的和平繁荣发展。

（三）合作：经济全球化时代的必然选择

习近平总书记在 2015 年 11 月 15 日举行的二十国集团领导人第十次峰会第一阶段会议上发表关于世界经济形势的发言时强调，孤举者难起，众行者易趋。在经济全球化时代，没有哪一个国家可以独善其身，协调合作是我们的必然选择。在全面建成小康社会决胜阶段，习近平总书记 2013 年 9 月和 10 月出访中亚和东南亚国家时先后提出共建"丝绸之路经济带"和"21 世纪海上之路"的重大倡议。"一带一路"倡议顺应和平、发展、合作、共赢的全球化时代潮流，为世界各国共享中国全面建成小康社会发展成果创造了前所未有的历史机遇。

近代以来，世界各国从各自为政、闭关自守一步步走向交流融合，全球化发展的磅礴时代浪潮中，世界各国政治经济交流日益频繁多元，各国人民宛如地球村的一员，距离和语言都已不是交流融合的障碍。我国改革开放四十多年来的伟大发展历程已经雄辩地证明了这一点。世界各国唯有在全球化的时代浪潮中，秉持开放包容的发展理念，坚持与时俱进地与世界其他国家进行切实有效的开放合作，才能为整个世界和自身不断创造更多的发展机遇和更广阔的发展空间，奉行单边主义与自我封闭的时代早已一去不返，也注定是行不通的开历史倒车。

在全面建成小康社会历程中，合作作为全球化时代的必然选择，始终要求世界各国摒弃以邻为壑的传统斗争思维，放弃不合时宜的封闭保守方针政策。共同秉持以开放、包容、互惠、互利、融通、共赢为核心理念的新时代小康式合作发展观，积极用实际行动去支持、维护、促进与完善现有世界贸易组织制度规则，不断共同健全多边贸易运行的体制机制，通力合作打造属于世界各国的新时代开放型世界经济发展大格局。

经济全球化作为当今时代发展的潮流，为世界经济的健康可持续发展提供了新的强劲发展动能，符合世界各国长远的发展利益。在全面建成小康社会历程中，中国作为全球化经济和多边主义的坚定支持者和推进者，始终将深化改革与扩大开放作为国家发展进步的重要基础。在全面建成小康社会、实现第一个百年奋斗目标之后，乘势而上开启全面建设社会主义现代化国家新征程、向第二个百年奋斗目标进军的新发展阶段，中国将一如既往地坚持改革开放不动摇，将继续坚定不移地扩大对外开放，与积极维护与促进全球化进程的世界各国一道广泛开展互利互惠共赢的深入合作，为国际社会提供更多公共产品。共同建设促进国际分工体系的科学细化，推动全球价值链体系系统重构，共同促进世界各国的共同繁荣，共同向着构建人类命运共同体的伟大奋斗目标坚定前行。

（四）共赢：越走越宽的人间正道

"民亦劳止，汔可小康；惠此中国，以绥四方。"小康社会是贯穿了中国历代王朝奋斗目标的经济社会发展理想。全面建成小康社会，饱含着以习近平同志为核心的党中央让全体人民过上小康生活的美好梦想的执着追求。在向第一个百年奋斗目标最后冲刺阶段，我国坚持走合作共赢的全球化发展道路，为夺取全面建成小康社会的伟大胜利奠定坚实的发展基础。2014年6月28日，习近平总书记在和平共处五项原则发表60周年纪念大会上指出，我们应该把本国利益同各国共同利益结合起来，努力扩大各方共同利益的汇合点，不能这边搭台、那边拆台，要相互补台、好戏连台。要积极树立双赢、多赢、共赢的新理念，摒弃你输我赢、赢者通吃的旧思维，"各美其美，美人之美，美美与共，天下大同"。全球化视野下，共赢才是当今世界各国越走越宽的人间正道。

在全面建成小康社会进程中，我国锚定全面建成小康社会的奋斗目标，依托开放型经济建设，逐步形成了合作共赢的对外开放合作新格局，进一步完善了"引进来"和"走出去"的良好发展环境，逐步形成了有利于合作共赢的新体制，为建设更美好的地球家园贡献中国方案奠定了坚实的小康社会发展支撑基础。当今世界，各国在日益频繁的国际政治经济交流中早已形成了荣辱与共、休戚相关的共赢合作关系。在经济全球化日益深入的今天，开放、合作、包容、互惠、互利、共赢已成为世界各国谋求人民安居乐业及世界长久稳定健康发展所做出的共同理性选择。在全球化深入发展的新形势下，世界各国应继续秉持求同存异的共赢发展观，将包容互惠、互惠互利、和谐共赢的人间正道越走越宽广。2020年新冠疫情暴发以来，使得原本持续放缓的全球经济增长再添新的危机，加之国际贸易保护主义和反全球化的单边主义势力有所抬头，更加呼唤世界各国携起手来，摒弃零和思维，切实秉持人类命运共同体的团结互助互惠理念，不断增进相互之间的政治经济交流，不断推动相互之间的文明交流借鉴，不断增进相互之间的人员交流往来，不断增进相互之间的理解与友谊，不断深化合作共赢的团结发展共识，不断推进世界的长久和平与可持续健康发展。

第二节　坚持绿色低碳，建设一个清洁美丽的世界

党的十八大以来，以习近平同志为核心的党中央从建设生态文明是中华民族永续发展千年大计、根本大计的历史高度出发，向全世界宣示了生态文明建设的重要意义和丰富内涵，并基于生态可持续的发展理念，提出了建设人类命运共同体的时代倡议。加快推动绿色低碳发展写入"十四五"规划纲要，作为全面建成小康社会的重要目标，直接反映出坚持绿色低碳、建立一个清洁美丽的世界的生态文明建设，对我国及世界各国经济社会的发展所起到的举足轻重作用。因此，在全面建成小康社会过程中，我国既不断坚持和深化绿色低碳的科学发展理念，还兼顾处理好经济社会发展与生态文明建设之间的关系，更好地走出一条生产生态友好型、生活文明宜居型、绿色低碳型的全面小康之路，不断持续地推进美丽中国建设，更加科学系统地助推"两个一百年"奋斗目标的早日实现。

（一）绿色发展融入"一带一路"建设

环境保护部等四部委2017年联合发布了《关于推进绿色"一带一路"建设

的指导意见》，科学系统地从全局角度出发，为我国更加切实有效地推动"一带一路"建设发展指明了以绿色发展为引领的前进方向。"一带一路"建设，是以习近平同志为核心的党中央着眼于"一带一路"共建国家更好地实现生态绿色可持续发展的共同发展目标，更好地分享我国经济社会发展和生态文明建设经验与成果的人类命运共同体建设实践。

在全面建成小康社会过程中，牢固树立生态文明建设理念，坚持绿色低碳的发展理念，建设一个清洁美丽的世界，始终是我们党带领中国人民孜孜以求的奋斗目标。从现实情况看，"一带一路"共建国家普遍存在经济社会发展模式较为简单粗放，生态资源环境较为脆弱，生产生活资源可持续利用水平偏低，经济社会发展的绿色生态可持续水平有待进一步提高等现象，亟待以先进的绿色生态文明发展理念引领"一带一路"绿色低碳实践，将我国较为成熟的绿色低碳实践经验全面推广到共建国家。

我国所持续推进的"一带一路"建设，其核心要义就是在坚持绿色低碳发展的生态文明发展观科学指导下，依托全面建成小康社会过程中所形成的绿色发展成果，系统有效地通过绿色发展为"一带一路"建设不断探索建设一个清洁美丽的世界。绿色发展融入"一带一路"建设，绝非一个空洞的政治口号，而是我国在大力推进生态文明建设的基础上，依托"绿水青山就是金山银山"的成功发展实践，不断推进共建国家的经济社会绿色低碳发展，打造绿色低碳为内涵的经济社会发展投融资金融发展体系，为实现全世界绿色低碳可持续发展积极探索中国式可行性方案。

（二）绿色经济为世界经济注入新动能

进入21世纪以来，以绿色低碳为核心内涵的绿色经济发展模式越来越受到世界各国的关注与青睐，并日益成为新时代语境下世界各国走出经济增长乏力困境的强有力的绿色发展动力源。党的十八大以来，我国党和政府聚焦国内经济社会绿色低碳、生态可持续的发展目标，以绿色经济发展为支撑，不断深化改革，有效推进传统产业的绿色生态转型，依托在全面建成小康社会进程中所积聚的先进绿色经济发展理念及发展成果，以实际行动为世界经济的绿色低碳发展提供了生态可持续支撑。为我国在全面建成小康社会进程中，以绿色经济发展为世界带来新动能奠定了坚实的生态文明建设基础。

我国所发展的绿色经济既可以有效地推动人与自然、环境、经济社会绿色低碳化发展，又可以有效节约生产生活中的生态经济消耗，进而可以实现人与自然和谐共生，经济社会绿色低碳可持续发展。以绿色低碳为主要内涵的绿色发展，一方面可以有效提升经济社会发展运行的绿色生态低碳水平，另一方面也有利于依托绿色、低碳等科学发展理念有效推进企业社会生产效率的提高，为进一步促进绿色经济可持续发展奠定坚实的基础。

在全面建成小康社会进程中，我国大力推行绿色经济。其出发点在于通过绿色低碳的新经济形式，在有效提升我国绿色经济发展水平的基础上，不断增强生态环境的开发保护力度，不断创新绿色经济的发展模式，进一步提升自然生态资源的绿色低碳发展效果，不断提高全面建成小康社会的绿色发展质量，从而实现以绿色经济发展为世界经济发展注入新动能。

（三）以绿色经济发展化解能源环境危机

党的十八大以来，以习近平同志为核心的党中央从中国特色社会主义事业"五位一体"总体布局的战略高度出发，一以贯之地重视生态文明建设，创新性地在全国大力推进生态文明建设，逐步破除世界能源危机对全人类永续发展的重大挑战，将生态文明建设为引领的绿色经济发展贯穿到经济社会发展的全过程。我国通过持续全面探索"创新、协调、绿色、开放、共享"为核心引领的中华民族永续发展之路，为世界经济社会文明大转型大变革给予东方生态文明智慧的理论与实践探索，积极为世界实现绿色生态可持续发展提供中国式解决方案。

我国在全面建成小康社会进程中，持续推进生态文明建设，既充分认识到绿色生态经济对我国经济社会可持续发展的重大意义，又深刻认识到以绿色经济发展破解世界能源环境危机的时代意义。当前，依托在全面建成小康社会进程中所取得的经济社会发展成果，运用绿色经济发展方式不断推进世界经济实现转型升级，进而有效破除世界性能源环境危机，关乎世界各国的经济社会健康可持续发展成败，是建设绿色低碳、清洁美丽世界的重要抓手。在全面建成小康社会进程中，发展绿色经济已经成为我国及世界主要国家的统一发展共识。绿色经济依托科技创新为主要支撑，以推进经济社会生态可持续发展为主要目标，以经济社会发展需求为指引，通过发挥生态产业经济优势，全面激活生态、经济、资源、环境等关键要素，致力于有效破解能源环境危机，更加科学系统可持续地促进人类经济社会的生态绿色循环发展。

进入新时代以来，以绿色经济发展破解能源环境危机已经成为世界各国探寻经济社会永续发展的共同认识。党的十八大以来，以习近平同志为核心的党中央直面我国经济社会发展同自然资源环境约束趋紧之间的瓶颈，创新性地提出生态文明建设战略和绿水青山就是金山银山的"两山理念"，为全球绿色经济发展做出了十分有益的中国实践与探索，为推进世界经济社会的绿色永续发展提供了具有重要借鉴意义的中国方案，贡献了影响深远的中国智慧、中国担当。

第三节 建设共商共建共享的全球治理体系

党的十八大以来，以习近平同志为核心的党中央在大力推进小康社会建设工作的同时，依托在小康社会建设过程中形成的重要成果及发展经验，积极顺应世界经济全球化的发展浪潮，首创并切实践行共商共建共享的全球治理理念，积极参与及引领世界各国共同应对一系列全球性发展问题的重大挑战，持续推进全球治理体系的不断优化与完善，推动国际政治经济秩序更加公平公正、互惠互利，合作共赢。在党的十九大上所确立的习近平新时代中国特色社会主义思想，一方面为我国加速推进中国特色社会主义事业新征程指明了前进的方向；另一方面也为建设共商共建共享的全球治理体系构建人类命运共同体，携手为建设更加美好的地球家园提供中国智慧和中国方案。

（一）坚持公正合理，破解治理赤字

我国在推动全面建成小康社会进程中克服了新冠疫情给经济社会带来的重重危机，确保经济与社会良性循环，夺取了脱贫攻坚全面胜利，成绩来之不易。我们实现小康社会和摆脱贫困是人类共同的课题，我们所做出的努力和所取得的成绩是值得骄傲的。我国所探索的全面建成小康社会的路径，也将为世界提供全球治理新经验。

作为维护多边主义的重要力量，我国以全面建成小康社会进程中取得的经济社会发展成果为支撑，为维护多边主义治理体系，应对全球性治理挑战、保持世界经济繁荣，正日益发挥着不可或缺的重要作用。建设共商共建共享的全球治理体系，坚持公正合理，破解治理赤字。进入21世纪以来，经济全球化遭遇逆流，世界进入动荡变革期，单边主义、保护主义、霸权主义对世界和平与发展构成威胁，原有的全球多边治理体系遭受前所未有的严峻挑战，亟待通过构建坚持公正合理的共商共建共享的全球治理体系，有效消除破解由此而引发的巨大治理赤字。

我国作为负责任东方大国，始终秉持共商共建共享的全球治理理念，在参与全球事务的过程中积极践行国际关系民主化倡议，为进一步推进全球治理事务由世界各国共同参与协商治理持续贡献中国智慧和中国方案。同时，我国作为联合国的五大常任理事国之一，将一如既往地坚定发挥负责任世界性大国的全球治理作用，积极拥护联合国的全球治理领导地位，坚定不移地坚持世界各国不论国家大小、经济社会发展水平高低、国家综合国力强弱，贫穷或是富裕，都是联合国全球治理框架下平等独立的治理参与力量，都具有平等的国际事务代表权和发言权。

构建人类命运共同体，既是在中国共产党的坚强领导下实现中华民族伟大复兴的中国梦的内在动力所在，也是以习近平同志为核心的党中央高瞻远瞩，全方位地参与建设与完善公正合理的全球治理规则，进而有效支持联合国发挥多边主义的权威领导作用，不断深化世界各国在破解区域以及全球治理赤字的交流与合作，共同积极推动共商共建共享的全球治理体系的不断发展与完善。

（二）坚持互商互谅，破解信任赤字

2019年3月26日，习近平主席在中法全球治理论坛闭幕式上指出，各国之间要坚持互商互谅，破解信任赤字。当前，国际贸易保护主义、单边主义让以联合国为核心的全球治理体系及多边互信磋商机制都经受着严峻的挑战。在全球治理过程中，坚持互商互谅，不断增强世界各国之间的战略互信，是破解信任赤字、减少国际竞争误判，有效促进世界各国携手共赢发展的重要支撑。

坚持互商互谅，破解信任赤字，需要世界各国持续增强战略互信，不断增进有效对话协商。信任是处理好世界各国之间关系，有效实现全球善治的重要基础。长期以来，由于个别国家奉行逆全球化的单边主义，导致信任赤字持续加大，进而引发世界范围内地缘政治冲突不断加剧，国际政治经济摩擦此起彼伏，给全球治理带来了极大的风险与挑战。为了有效构建共商共建共享的全球治理体系，世界各国要积极通过平等协商对话的方式妥善处理彼此分歧差异，坚持求同存异、聚同化异，通过坦诚深入的对话沟通，不断增进彼此的政治互信，减少相互猜疑，共同携手开创合作共赢的时代发展新局面。

全面建成小康社会的同时，重视推进人类命运共同体建设，建设持久和平、普遍安全、共同繁荣、开放包容、清洁美丽的世界，破解信任赤字，增进互尊互信，必须坚持正确义利观，并以此为价值导向推进合作共赢。此外，还要正确看待竞争，合作是主流，共赢是主旋律，即使有竞争，也应是良性竞争，是彼此信任、并肩前行的竞争。要加强与不同文明交流对话，加深相互理解和彼此认同，让世界各国人民相知相亲、互信互敬。当今世界，和平与发展仍然是世界各国关系的主流，即使有竞争，也应是良性竞争，为此，世界各国应持续坚持互商互谅，有效破解信任赤字，坚定并肩前行。

（三）坚持同舟共济，破解和平赤字

当今世界安全环境仍然不容乐观，长期以来，不仅全球范围内的局部战争冲突从未停止，世界性的恐怖主义活动也呈现愈演愈烈之势，致使部分国家和地区长期以来战火硝烟弥漫，和平赤字不断攀升。2015年10月21日，习近平主席在英国伦敦金融城市政厅发表题为《共倡开放包容共促和平发展》的重要演讲时重点强调，中国人民走的是历史选择的道路，中国人民要的是更加美好的生活，中国人民想的是和平与发展的世界[①]。在全面建成小康社会进程中，我国始终对内坚持走中国人民选择的中国特色社会主义道路，对外则坚持走和平发展、互利共赢的道路，始终坚持与世界各国同舟共济，共同破除和平赤字。为此，在全面建成小康社会过程中，党中央旗帜鲜明地向党内外、国内外宣示了我们党将坚定不移地高举中国特色社会主义伟大旗帜、走中国特色社会主义道路，以全面深化改革进一步推进改革开放，以全面建成小康社会来与世界各国共享中国的发展成果，秉持共商共建共享的全球治理理念，全面摒弃以冷战思想为代表的零和博弈思想及国强必霸、弱肉强食的霸权逻辑，与世界各国一道，共同努力构建命运休戚与共的全球治理体系。

在坚持同舟共济，破解和平赤字的过程中，世界和平发展的前途命运始终应该掌握在人类自己手中。在建设共商共建共享的全球治理体系的时代进程中，我国始终坚持同舟共济。在全面建成小康社会、实现第一个百年奋斗目标之后，乘势而上开启全面建设社会主义现代化国家新征程、向第二个百年奋斗目标进军的新发展阶段，我国将始终秉持共商、共建、共享、可持续的新时代安全发展观，致力于与世界各国摒弃丛林法则，建立健全政治经济争端和平对话解决

---

① 《中国走什么道路？习主席这样解答》，http://www.xinhuanet.com/world/2015-10/23/c_128351565.htm。

体制机制，坚持以和平对话的方式稳妥解决争端分歧，与世界各国共同走有利于实现世界长久和平与发展的同舟共济和平发展道路。

（四）坚持互利共赢，破解发展赤字

进入新时代，逆全球化的趋势不断加剧，以贸易保护主义为代表的单边主义趋势不断增强。全球收入分配不平等及分配体制机制不健全，世界经济发展空间地域分布不均衡等问题日益成为引发全球治理失序的重点难点问题。我国在全面建设小康社会进程中，始终致力于建设共商共建共享的全球治理体系，通过"一带一路"建设等促进区域开放合作的全球性国际互利共赢合作，将小康社会建设成果与"一带一路"共建各国共享。同时，我国依托小康社会建设，进一步为世界各国企业来华投资兴业创造了更好的发展条件与更佳的营商环境，进而更加高效便捷地促进了世界各国企业在华共享我国在小康社会建设过程中所集聚的人才、信息、科技等方面的发展成果。在建设共商共建共享的全球治理体系的时代，我国始终坚持互利共赢，不断破解发展赤字，注重发挥经济全球化在推进世界经济复苏增长中的重要推动作用。为此，我国依托小康社会建设形成的科技创新优势，在世界范围内大力推进以创新驱动为引领的互利共赢增长模式，并注重打造区域有序联动，经济合作共赢的经济社会增长模式，始终坚持以平等、互惠、包容为内核的普惠均衡发展模式，将自身深化改革的经济社会发展成果在全球化进程中与世界各国分享交流。

综上所述，全面小康是基础，和平是前提条件，发展是关键道理，治理是实现路径，信任是认同基础。当今世界大变局中的诸多困惑，源于世界上国家与国家、政党与政党、种族与种族乃至政府与人民之间缺乏一种普遍性信任。破解之道，需要对话沟通协商、厚植互尊互信、求同存异化异，从而防止战略误判。即坚持公正合理，破解治理赤字；坚持互商互谅，破解信任赤字；坚持同舟共济，破解和平赤字；坚持互利共赢，破解发展赤字。

第四节　坚持和平发展道路，推动构建人类命运共同体

习近平总书记在党的十九大报告中强调，我国要坚持和平发展道路，推动构建人类命运共同体。全面建成小康社会的进程中，尽管世界发展面临的不稳定性和不确定性日益严峻复杂，但和平与发展仍然是世界大发展大变革与大调整阶段的主流发展趋势。世界各国正共同面临着许多重大风险与挑战，我国立足小康社会建设过程中所形成的更有效率、更加公平、更可持续发展的社会主义市场经济运行环境，积极与世界各国分享发展成果，坚定不移地共同携手走和平发展道路，与世界各国一道齐心协力推动构建人类命运共同体，共同建设持久和平、普遍安全、共同繁荣、开放包容、清洁美丽的小康世界，为实现全人类的共同健康可持续发展而不懈奋斗。

（一）大道至简：和平发展的中国智慧

中国始终致力于天下大同、万邦协和的大同美好世界，进而实践"大道之行，天下为公"的崇高政治理念。我国古代著名的道家思想的创始人老子在其仅仅五千言的《道德经》里重点阐释了"大方无隅，大器晚成，大音希声，大象无形"等追寻大道至简和平发展的智慧理念。这对于人类社会继续坚持走好和平发展道路，不断推动构建人类命运共同体，妥善处理好世界各国相互之间的矛盾与分歧，求同存异地实现人类世界永续和平发展具有十分重要的借鉴和指导意义。

自20世纪80年代初，改革开放的总设计师邓小平同志借用中国传统文化中"政教修明，人民康乐之世"和"略有资产，足以自给之境"提出"小康"概念以来，党和政府在经济社会发展的不同阶段，对"小康"的认识随之不断深化，其内涵也与时俱进，不断发展、丰富和完善。特别是党的十八大以来，在全面建成小康社会决胜阶段，继续坚定不移地走和平发展道路，大力推进与世界各国命运与共、社会发展成果共享的人类命运共同体建设、"一带一路"建

设等互惠互利共赢事业。在此过程中，始终注重发挥参与各国的优势资源互补、和谐有序协作作用，不断促进参与各国经济社会的可持续发展，进而有效对冲全球化发展进程中不符合世界发展潮流的传统霸权逻辑和冷战思维，稳步推进世界各国在互相尊重、平等协商、包容共赢的和平发展中实现可持续发展。

在全面建成小康社会进程中，我国始终坚持以创新、协调、绿色、开放、共享的新发展理念为引领，坚持对外开放的基本国策，坚持打开国门搞建设，全面建成小康社会的同时，积极促进"一带一路"国际合作，努力实现政策沟通、设施联通、贸易畅通、资金融通、民心相通，打造国际合作新平台，增添共同发展新动力。加大对发展中国家特别是最不发达国家的援助力度，促进缩小南北发展差距。支持多边贸易体制，促进自贸区建设，推动建设开放型世界经济，主动向全世界分享中国全面建成小康社会的时代成果。

坚持走大道至简的和平发展道路，不断推动构建人类命运共同体，是符合世界各国的共同发展利益的人类社会可持续发展的必然选择。我国始终秉持共商共建共享的全球治理观，坚持主张世界各国平等互助发展，注重发挥自身在全球治理中的大国积极作用，为国际关系民主化和各国普惠均衡发展不断贡献中国智慧和中国力量。同时，我国始终注重从世界历史的发展趋势走向全面审视和平发展的相关重大时代问题，始终坚持走和平发展、独立自主、互利共赢的世界和平合作发展之路，从不搞国强必霸的发展路径，始终坚持通过和平对话来有效实现求同存异的和平合作发展。我国全面建成小康社会、实现第一个百年奋斗目标之后，乘势而上开启全面建设社会主义现代化国家新征程、向第二个百年奋斗目标进军的新发展阶段，将继续秉持大道至简的和平发展中国智慧理念，积极参与政治经济全球化治理进程，不断提升与世界各国的合作高度、宽度与广度，广泛扩大与世界各国的利益交汇点，不断推进世界人类文明交流互鉴，不断推进全球生态文明建设，与世界各国一道共同建设人类共同生存的地球家园。

（二）实干为要：全球治理的中国方案

我国日益走近世界舞台中央、努力为人类作出更大贡献。在新发展阶段，我国始终秉持实干为要的全球治理理念，积极践行共商共建共享的全球治理观，务实负责地履行全球治理中的大国使命担当，为全球化引领下的全球治理体系贡献实干为要、美美与共的中国智慧方案。

站在新的历史起点上，中国已经成为世界第二大经济体，在世界政治经济舞台日益发挥着不可或缺的重要建设性作用。在同世界各国深度交流合作的基础上，我国秉持人类命运共同体的新时代发展理念，积极顺应时代发展脉搏，创新性地提出"一带一路"倡议，为促进全球政治经济和平发展及世界各国有效实现优势互补、互惠互利共赢的共同繁荣发展描绘了新的发展蓝图。我国在全面建成小康社会的进程中，积极推进"一带一路"建设，充分体现了新型负责任大国的责任与担当。在"一带一路"建设过程中，始终注重同参与建设的世界各国普惠地分享中国改革开放四十多年来以及小康社会建设所形成的经济社会发展经验及发展成果，设身处地为各国的发展利益着想，依托实干为要的中国小康社会建设经验与智慧，深度激活相关参与国家的内生性比较优势，不断推进"一带一路"合作框架下开放、包容、均衡、互惠等内涵的新型全球治理新探索，进而不断稳步推进全球治理秩序向着更加讲求平等尊重、互惠互利、合作共赢的方向发展。

在全面建成小康社会进程中，我国始终秉持共商共建共享的全球治理观，持续向世界各国分享发展成果实惠及发展经验，不断为全球治理提供实干为要的中国智慧、中国力量、中国方案，有效推进了全球治理在实践、制度、理论层面的发展创新。此外，随着我国经济社会的跨越式发展，我国在世界政治经济发展进程中更加切实有效地为世界各国提供高质量的公共产品和公共服务支撑，为进一步建设和完善全球治理体系积极贡献，为深入推动世界人类命运共同体建设，共同创造人类繁荣和美好未来作出重要贡献。

（三）美美与共：面向未来的中国担当

2018年3月20日，习近平总书记在第十三届全国人民代表大会第一次会议上指出，中国将继续积极参与全球治理体系变革和建设，为世界贡献更多中国智慧、中国方案、中国力量，推动建设持久和平、普遍安全、共同繁荣、开放包容、清洁美丽的世界，让人类命运共同体建设的阳光普照世界！在全面建成小康社会进程中，我国从构建人类命运共同体，与世界共享中国发展成果与发展机遇的大国担当出发，积极推进"一带一路"建设，以面向未来为全人类作出更大贡献，体现中国担当，更积极负责地承担大国的国际义务和国际责任，更加开放包容地参与全球治理，同世界深度互动合作，推动构建人类命运共同体建设。

我国作为世界第二大经济体及世界上最大的发展中国家，全体人民在中国共产党正确领导下，矢志不渝地推进全面深化改革事业，努力完成全面建成小康社会各项重要目标任务。中国共产党作为世界第一大执政党，其根本宗旨就是全心全意为人民服务，其终极使命就是矢志不渝地为中国人民谋幸福、中华民族谋复兴，建设小康社会的过程，为世界美美与共的和平与发展贡献中国智慧与中国方案，分享了中国全面建成小康社会发展成果。

我国全面建成小康社会，有利于进一步实现美美与共的世界大繁荣大发展，有利于促进我国广大人民群众与世界各国人民一道，为坚持全球化的合作共赢发展思路，构建人类命运共同体作出新的时代贡献，有利于进一步合力推进世界政治多极化和世界经济全球化，全方位地建设开放型世界政治经济新格局。新的历史发展机遇下，我国继续发挥在全面建成小康社会进程中所形成的经济社会发展优势，坚定不移地顺应改革、开放、融通、包容的世界潮流，为更好地建设美美与共的地球大家园，积极承担面向未来的中国责任与担当。通过不断深化"一带一路"等具体国际合作项目建设，与世界各国一道积极践行人类命运共同体理念，通力建设一个美美与共、和平、共赢、开放、包容、可持续的小康大同的美好世界。

第五节　携手共建生态良好的地球美好家园

党的十八大以来，习近平总书记从人与自然和谐共生的生态文明观出发，着眼人类社会的健康永续发展，创造性地提出了构建人类命运共同体的设想，为世界各国携手共建生态良好的地球美好家园提供了具有中国智慧的中国方案。我国立足美丽中国建设，不断增进与世界各国在生态文明建设领域的交流与合作，持续参与促进地球美好家园建设，不断推进以全球生态文明建设为核心的全球生态环境治理，作出了从建设美丽中国到与世界各国携手共同建设地球美好家园的时代贡献。

（一）建立绿色家园是人类的共同梦想

"大道之行，天下为公。"在携手共建生态良好的地球美好家园的过程中，建立绿色家园是人类的共同梦想，也是我国全面建成小康社会应有之义。党的十八大明确提出大力推进生态文明建设，努力建设美丽中国，实现中华民族永续发展。当前，"绿水青山就是金山银山"的绿色生态可持续发展理念日益深入人心。在党中央生态文明顶层设计理念指导下，在小康社会建设过程中，生态文明建设的系列制度及体制机制不断建立和完善，自然生态环境不断改善，经济社会绿色发展质量不断提高，生态环境污染问题得到有效化解。我国在大力推进城乡融合发展的生态文明建设之路的进程中，始终秉持山水林田湖草沙是一个有机系统的生命共同体的生态发展理念，全面将人与自然和谐共生的人类命运共同体构想有机融入经济社会绿色发展的实践之中。

回顾世界历史，伴随着人类进入工业时代之后工业化进程的不断加速，人类所创造的物质财富极大充裕，但与之相伴的是人类对自然生态环境和人类赖以生存的家园的巨大生态资源环境的污染与破坏。从人类与自然发展的具体实践经验和教训来看，历史和现实的惨痛教训都给人类敲响警钟，人类要想获得更好的生存发展空间，就必须首先处理好自身与自然世界之间的关系，盲目追求物质增长而违背自然客观规律大肆破坏自然生态环境，靠牺牲绿水青山来换取金山银山，无异于竭泽而渔，必然会受到大自然无情的惩罚，最终导致人类社会发展的不可持续。

从世界生态文明发展的历史来看，生态兴则文明兴，生态衰则文明衰。当前，以生态文明建设为引领的绿色发展实践正广泛地在中华大地上开展。绿色发展孕育着未来科技与产业的变革方向，是我国及世界经济社会发展的大趋势。中国作为全球第二大经济体，始终致力于通过绿色发展实践来有效推进人类绿色家园建设。全面建成小康社会的进程中，我国在深刻反思西方主要发达国家在近代工业革命后所发生的洛杉矶烟雾事件、英国伦敦"毒雾"事件、日本"四大公害病"事件等经验教训的基础上，系统梳理回顾自身在发展过程中所走过的一些弯路，较为科学系统地形成了尊重自然、敬畏自然的生态经济绿色发展体系。并从有序利用工业文明技术成果，构建人类命运共同体的负责任世界性大国的使命与担当出发，积极倡导人与自然和谐共生、在实现人的全面发展的基础上，有效应对世界气候危机、有效维护世界能源安全，与世界各国一道共谋全球生态文明绿色发展之路，为建设全人类共享共有的绿色地球家园积极贡献全球生态治理的中国方案和中国智慧。

（二）绿色发展给人类一个美好的未来

"小康不小康，关键看老乡。"小康社会建设得全面不全面，则要重点看我国生态文明建设的质量与成色。生态文明建设是以习近平同志为核心的党中央从我们党的宗旨使命出发，直面广大人民群众美好生活需要，重点实施的治国理政战略。我国所倡导的绿色发展，是要在实现自身"绿水青山就是金山银山"的高质量可持续发展的基础上，为世界各国提供一个可借鉴的中国方案，为全人类共同拥有一个美好的明天提供中国智慧和中国方案。

我国在全面建成小康社会进程中，始终秉持"绿水青山就是金山银山"的高质量发展理念。习近平总书记曾多次强调"要像保护眼睛一样保护生态环境，像对待生命一样对待生态环境"的生态文明建设重要论断。我国把推动生态文明建设与经济社会建设摆到同样高度，向全世界展现我们党和政府始终坚持对中国人民、对世界各国人民、对全人类、对人类发展历史及人类社会未来可持续发展高度负责的大国担当。为此，美国国家人文科学院院士小约翰·柯布由衷地感叹"中国给全球生态文明建设带来希望之光"。"谋发展，需要长远地考虑全体人民的未来与福祉，而非一时之利，这既是习近平生态文明建设理念，也是我对中国生态文明发展寄予厚望的重要原因所在。"

绿色可持续发展是我国全面建成小康社会，推进我国及世界各国生态可持续发展的题中之义。绿色发展给人类一个美好的未来，其实质就是全面构建世界经济社会绿色高质量发展的现代化经济体系，由过往片面追求经济的高速增长向着实现人类社会永续发展的绿色高质量发展快速转型，进而依托绿色发展有效化解工业文明给生态环境带来的巨大污染与破坏，全面建设以绿色发展为基调的普惠全人类的小康社会。正因为人类赖以生存的自然生态资源没有替代品，用之不觉，失之难存，切实关系着我国及世界各国人民的生活福祉，关乎中华民族与世界各国的永续发展成败，是值得全人类去永恒探求的深刻发展命题。为此，全人类应共同携起手来，从构建人类命运共同体的高度出发，牢固树立尊重自然、敬畏自然、关爱地球的新时代科学发展观，积极面向全人类永续发展的美好未来，积极推进以生态文明建设为价值引领的绿色发展理念，不断推进经济社会实现绿色、低碳、可持续发展的绿色发展，进而在产业兴旺发展、人民生活富裕、生态环境良好的文明发展进程中，为全人类的后世子孙留下可以实现绿色永续发展的绿水青山与金山银山。

（三）以生态文明建设引领美丽地球建设

小康全面不全面，生态环境质量是关键。为更好地推进以生态文明建设引领美丽地球建设，党和政府聚焦全面建成小康社会各项目标任务，因地制宜地持续深化供给侧结构性改革，科学系统地加快调整不合理的产业结构和能源结

第九章
全面建成小康社会的人类贡献

构,在全国范围内逐步形成了一批具有生态文明发展意义的绿色品牌,有效提升了我国经济社会发展的产业生态化、生态产业化水平,把绿水青山建得更美,把金山银山做得更大,为生态文明建设与美丽地球建设作出更高质量的时代贡献。

党的十八大以来,以习近平同志为核心的党中央直面广大人民群众对美好生活的向往,聚焦人民日益增长的美好生活需要和不平衡不充分的发展之间的矛盾这个关乎改革成败的关键性问题,为决胜全面建成小康社会,创造性地实施生态文明建设的战略布局,下大力气推进绿色发展革命,逐步破解工业文明所带来的一系列生态环境污染与破坏问题,生态文明建设得到跨越式发展。以生态文明建设引领美丽地球建设,实质上就是要实现以绿色发展为引领的人与自然和谐共生发展。生态良好的自然资源环境,是全人类所普惠享有的公共产品资源。草木不植成,国之贫也。草木植成,国之富也。从生态文明建设的角度来看,良好的自然生态环境就是广大人民群众最大的民生福祉,绿水青山既是金山银山的生态经济来源,更是满足广大人民群众美好生活需要的优质生态资源,全面建成小康社会和构建人类命运共同体,落脚点就是让中国人民与世界其他国家人民共同享有天更蓝、地更绿、水更净的美丽地球家园。

中国自古便在崇尚人与自然和谐共生的文明理念下培育出了和而不同、美美与共的生态文明发展观。全面建成小康社会进程中,"绿水青山就是金山银山"的发展理念日益成为我国以生态文明建设引领美丽地球建设的广泛共识。以习近平同志为核心的党中央通过将生态文明建设有机系统地纳入"五位一体"总体布局之中,并首创地将"生态文明"写入宪法之中,全方位提升生态文明建设在国家现代化发展和国家治理体系建设中的引领性作用。把生态文明建设作为美丽中国与美丽地球建设的重要引领,我国大力推进以京津冀协同发展战略、三江源国家级生态保护区建设、长江经济带发展战略、"一带一路"建设等一系列重大发展建设项目,为我国及全球生态治理实现跨越式发展,建设更加美丽宜居的地球家园探索出了一条行之有效的道路。

（四）以互助合作推进共建绿色生态世界

在全面建成小康社会进程中，以生态文明建设理念为指引，基于中国人口多，人均资源少、生态环境脆弱的客观发展现实，创新性地提出了一系列新思想、新战略、新举措，从而为全面建成小康社会提供了源源不断的发展动力与活力，为共建绿色生态世界创造出了广阔的发展空间。党的十八大以来，以习近平同志为核心的党中央始终秉持构建人类命运同体发展理念，从人类同住地球村，人类对自然和生态的美好追求出发，遵循全人类共同在地球赖以生存的自然生态环境中同呼吸、共命运的客观实际，不断探索生态文明发展观为引领的互助合作发展的绿色生态世界建设模式。

2018年5月18日至19日，习近平总书记在全国生态环境保护大会上强调，生态文明建设是关系中华民族永续发展的根本大计。生态环境是关系党的使命宗旨的重大政治问题，也是关系民生的重大社会问题。我国的发展目标是确保到2035年，生态环境质量实现根本好转，美丽中国目标基本实现；到21世纪中叶，建成美丽中国。党的十九大报告将"坚持人与自然和谐共生"和"坚持推动构建人类命运共同体"列入新时代坚持和发展中国特色社会主义的基本方略，并用发展的马克思主义生态观指引未来，强调要以共建共享实现生态惠民、生态利民、生态为民。

2013年，联合国环境规划署在第27次成员理事会上正式通过了向全世界推广宣传中国生态文明建设理念的大会决定草案。联合国可持续发展峰会2015年正式通过了《变革我们的世界——2030年可持续发展议程》，并对全球未来15年的可持续发展做出科学系统的具体规划。联合国环境规划署于2016年正式发布了全面呈现我国生态文明建设重要原则、理念、政策举措的《绿水青山就是金山银山：中国生态文明战略与行动》报告，积极向全世界宣传介绍我国积极投身全球绿色生态世界建设，同世界各国分享我国以互助合作精神持续推进绿色生态世界建设发展，成功实现生态环境治理与经济社会进步的系统协调发展。中国生态文明建设理念的传播效应和引领示范效应不断显现。

我国通过建设性地参与《联合国气候变化框架公约》谈判，率先提出了中国应对气候变化自主贡献方案，引导和推动了联合国气候变化《巴黎协定》《斐济实施动力》等重要成果文件的达成，并积极推进"一带一路"建设，正日益成为国际绿色发展合作的重要推动者。我国通过大力推进生态文明建设，不走欧美等发达国家转移污染到发展中国家的老路，致力于实现以绿色发展为主要特色的互助合作道路，积极同世界各国分享自身的发展经验及发展成果。在习近平生态文明思想指引下，在全面建成小康社会的进程中，以前所未有的力度加快生态文明建设，一幅美丽中国的壮美画卷正在中华大地上全面谱写。同时，我国始终秉持人类命运共同体的发展理念，积极履行互助合作、互惠共赢的大国使命与担当，积极携手世界各国共建生态良好的地球美好家园，助力共建天更蓝、山更绿、水更清、环境更优美的全球绿色生态世界。

第十章

推进中国式现代化是新时代最大的政治

2023年,习近平总书记在中央经济工作会议上指出:"必须把推进中国式现代化作为最大的政治,在党的统一领导下,团结最广大人民,聚焦经济建设这一中心工作和高质量发展这一首要任务,把中国式现代化宏伟蓝图一步步变成美好现实。"自中华人民共和国成立以来,"最大的政治"就体现在党在各个历史时期的总路线、主要任务上。1979年3月,邓小平在党的理论工作务虚会上提出:"社会主义现代化建设是我们当前最大的政治。"当前,习近平总书记强调推进中国式现代化是新时代最大的政治,和邓小平当年所说的"最大的政治"一脉相承,同时又具有新时代的新要求新使命,是在新时代改革发展持续探索中获得的规律性认识,是新时代经济发展客观规律的集中体现,也是我们党在新时代新征程要承担的中心任务。改革开放以来,中国经济快速发展,成功把过去在计划经济体制下受压制的劳动力、土地、资本等生产要素解放了出来,到2010年底我国成为世界第二大经济体,物质生产、生活水平迈上新的台阶。经过四十多年改革开放,中国经济发展进入了新常态,改革发展遇到了过去没有的新情况,我们的探索也进入新阶段。正确认识和把握推进中国式现代化是新时代最大的政治这一重要论述,有利于坚持中国式现代化的价值指向,凝聚建设中国式现代化的磅礴力量,具有十分重大的政治意义和战略意义。

第十章
推进中国式现代化是新时代最大的政治

第一节　中国式现代化是强国建设、民族复兴的康庄大道

一个国家在推进现代化进程中，既要遵循经济社会发展的一般规律，更要以本国国情为基础。世界上不存在定于一尊的现代化模式，中国式现代化既有各国现代化的共同特征，更有基于自己国情的鲜明特色，它包含着强国建设和民族复兴的现实要求。

（一）中国式现代化是全面推进强国建设的唯一正确道路

近代以来，旧中国逐步陷入半殖民地半封建社会，中华民族遭遇了前所未有的劫难。"国家蒙辱、人民蒙难、文明蒙尘"[①]，无数仁人志士为民族独立和国家富强而奔走，各种救亡图存的理论和实践在中华大地相继出现。但未与中国自身实际相结合的探索，难以解决旧中国的顽疾。直到中国共产党的成立，在深刻把握基本国情的基础上，以马克思主义科学理论指导中国的革命实践，挽救民族于危难之时。中华人民共和国成立后，中国共产党团结带领全国各族人民推翻了"三座大山"，建立了社会主义制度，实现了中华民族历史上最伟大的社会变革。在党的领导下，集中全国力量，有序发展农业、轻工业和重工业，逐步实现国家生产的工业化和推进农业现代化，为改革开放的伟大实践提供物质技术保障。自党的十一届三中全会以来，我们党始终立足自身基本国情，把准时代发展脉络，选择自主发展道路，将全党的核心任务转向社会主义现代化建设。

党的十八大以来，以习近平同志为核心的党中央始终坚持问题导向，紧密围绕新时代建设什么样的社会主义现代化强国、怎样建设社会主义现代化强国这一重大时代课题，不断推动社会主义现代化强国建设。正是坚持问题导向、立足中国实际，我们的国家才能实现了消除绝对贫困、全面建成小康社会的历史任务，为接续推进中国特色的现代化进程奠定了坚实基础。无论是从历史还

[①] 习近平：《在纪念毛泽东同志诞辰130周年座谈会上的讲话》，《人民日报》2023年12月27日。

是现实情况来看，坚定地运用习近平新时代中国特色社会主义思想引领中国式现代化建设，是我们应对挑战、分析问题、抓住机遇、取得成功不可或缺的重要条件。持续推进中国式现代化建设，要完整、准确、全面贯彻新发展理念，统筹发展和安全，把握新时代新征程推进中国式现代化的基本规律，积极适应和引领新一轮的科技革命和产业变革，将高质量发展要求贯穿于推进全过程。坚持以人民为中心是中国式现代化建设的价值追求。目前，百年未有之大变局正加速演进，科技和产业逐渐成为国际竞争焦点。新一代信息技术、新能源、新材料、生物医药和绿色低碳等领域逐步实现交叉融合，这标志着新一轮科技革命和产业变革正蓬勃发展，为中国式现代化建设创造了新的可能性和发展空间。与此同时，全球产业结构和供应链呈现布局多样化、区域合作、绿色转型和数字化加速等发展趋势，紧紧抓住难得的发展机会，有利于为推动中国式现代化建设奠定坚实的物质和技术基础。

（二）中国式现代化是实现中华民族伟大复兴的必由之路

中国特色社会主义进入新时代，以习近平同志为核心的党中央坚持"两个结合"[①]，总结并充分利用了中华人民共和国成立以来我们党的历史经验，站在新的历史高度，以中国式现代化推进中华民族伟大复兴。

中国共产党百余年的历史表明，我们所走的道路是推进社会主义建设，实现民族复兴的正确道路。改革开放之前，我国推进社会主义建设就是要逐步实现农业和工业现代化，推进国防、科技等全面发展，不断推动整个社会生产生活的现代化。改革开放以后，依循科学的社会发展理论，结合我国发展实际的基本国情，以"三步走"战略全面推进社会主义现代化建设，我国的现代化事业进入一个全新的历史时期。党的十八大以来，通过对改革开放前后实践经验的总结，并在此基础之上进行理论和实践的创新突破，中国特色社会主义事业

[①] "两个结合"是指"把马克思主义基本原理同中国具体实际相结合、与中华优秀传统文化相结合"。

持续向前推进。党的十九大对推进中国式现代化，推动现代化强国建设设定了任务书和时刻表：到 2035 年基本实现社会主义现代化；到本世纪把我国基本建成社会主义现代化强国。习近平新时代中国特色社会主义思想对以中国式现代化推进强国建设和民族复兴进行了十分丰富的论述，是我们推进社会主义事业的行动指南，同时也为发展中国家推进现代化建设提供了全新的方案。

以中国式现代化推动实现中华民族伟大复兴已经进入了不可逆转的历史时期。从中华人民共和国成立以来的历史，我们可以看出，中国共产党带领中国人民走上一条完全不同于西方现代化的道路，仅就经济建设成就而言，我们用几十年的时间走完了西方国家几百年的发展进程，取得的成就令世界为之惊叹。进入新时代的十余年，以习近平同志为核心的党中央，举旗定向，坚定不移地沿着社会主义道路前进，带领全国各族人民克服艰难险阻，取得了脱贫攻坚战的胜利，历史性地消除了绝对贫困，全面建成了小康社会，完成了第一个百年奋斗目标，经受住了来自政治、经济、意识形态、自然界等方面的风险挑战考验，党和国家事业取得历史性成就、发生历史性变革，中华民族在"站起来""富起来"的基础上不断向"强起来"迈进。正因为我们所取得的历史性成就，我们才比历史上任何时期都更接近实现中华民族伟大复兴的历史目标。进入新时代踏上新征程，我们以中国式现代化持续推进中华民族伟大复兴。在看到我们所取得非凡成就的同时，还应看到前方道路并非一帆风顺，各种能够预见的和难以预见的风险依旧存在，对此必须要有充分的准备。当前，中国特色社会主义进入新时代，所要面临的风险挑战，所要解决的矛盾问题比历史上任何时候都更加复杂，对此应当有足够清晰的认识。

第二节　推进中国式现代化面临的形势、风险和机遇

从现在起，中国共产党的中心任务就是团结带领全国各族人民全面建成社

会主义现代化强国、实现第二个百年奋斗目标，以中国式现代化全面推进中华民族伟大复兴。当前，我们所处的历史阶段是我们中华民族历史上最接近实现民族伟大复兴的时期，我们踏上的新征程是全面建设具有中国特色的社会主义现代化国家。在这个过程中，我们会面临各种困难和挑战，只有坚守初心和使命，把握形势，直面风险，才能抢抓机遇，顺利完成历史赋予的重大使命。

（一）新时代新征程推进中国式现代化面临的国内外形势

正确分析我们所面临的环境形势是新时代开启新征程所必须做的重要准备。国内环境形势是我们发展的立足点，国际环境形势是我们发展的外部条件。中国特色社会主义进入新时代，我国社会主要矛盾已经转化为人民日益增长的美好生活需要和不平衡不充分的发展之间的矛盾。因此，对于国内环境形势而言，发展不平衡不充分是最大现实。在新发展阶段，我国"不充分"发展问题主要指一些地方、领域等在发展上存在不足，与先进或前沿水平相比存在差距，"不平衡"发展问题则主要表现在几对关系上：一是经济发展与社会发展不平衡。我国经济建设成绩举世瞩目，经济增速在世界主要经济体中排名前列。但相比于经济发展成就，我国的社会发展相对滞后。教育、医疗、社会保障等基本公共服务面临着总量不足，区域城乡差别较大等现实问题。二是经济发展与生态文明建设之间的不平衡。这种不平衡是由于经济发展的速度超过了资源、环境和生态系统的承载能力。过去一些地方曾出现注重经济增长速度，而忽视对生态环境的保护的情况，虽然党的十八大以来，我国生态建设取得了长足进展，空气质量、绿化面积等显性指标数据不断提高，但在提高森林覆盖率，提升能源资源使用效率等方面仍然存在诸多不足。三是区域之间、城乡之间发展的不平衡。就区域内部而言，我国东、中、西部地区内部的城乡居民生活水平逐步提升，与日常生活相关的基础设施、社会保障以及收入水平都在逐步完善提高，但是地区之间以及地区内部不同地方之间还存在较大差距。

对于国际形势而言，习近平总书记指出："当今世界正经历百年未有之大变局。新兴市场国家和发展中国家的崛起速度之快前所未有，新一轮科技革命和产业变革带来的新陈代谢和激烈竞争前所未有，全球治理体系与国际形势变化的不适应、不对称前所未有。"[①] 目前，全球政治与经济形势面临着空前的挑战和变革。一方面，尽管应对全球性问题如气候变化和恐怖主义等方面的国际合作有所增强；但另一方面，各国之间的政治与经济矛盾也在逐步深入。就国际交流而言，广大的发展中国家在世界舞台上扮演着越来越重要的角色，广泛地参与国际事务，国家间的力量对比更加均衡。然而，这也导致国际合作中出现了越来越多的分歧和矛盾，一些国家内部政治局势的动荡，给国际政治的稳定性带来了挑战。就经济领域而言，全球经济持续增长，但增长速度有所放缓，各个国家的经济政策存在差异，保护主义和单边主义竞相抬头，给全球贸易体系和规则带来了巨大压力。此外，全球债务问题、金融市场波动等问题也给全球经济稳定带来了风险。总之，外部环境的复杂性、严峻性、不确定性不断上升。

（二）新时代新征程推进中国式现代化面临的风险挑战

当今世界，经济全球化和现代化是相互促进的、相辅相成的，在百年未有之大变局下，全球化遭遇强势逆流，部分国家滥用国家力量，对中国极限施压，试图阻碍中国现代化进程。我国虽已进入创新型国家行列，取得不少科技创新成就，但与美国等西方资本主义国家相比仍有不小差距，许多核心技术仍然依赖于国外。如果脱钩的风险持续增加，中国的"卡脖子"技术数量和影响范围也可能增加，将极大阻碍中国技术创新和产业升级的步伐，甚至可能减缓现代化进程。

现代化进程的连续性对于一个国家现代化至关重要。然而，在现代社会一个国家的现代化进程很容易受到国际环境巨大变化的冲击而中断甚至倒退，最终无法实现现代化目标。无论是 2008 年国际金融危机，还是当前的局部地区冲

[①] 习近平：《坚持可持续发展 共创繁荣美好世界》，《人民日报》2019 年 6 月 8 日。

突，都揭示了重大政治军事冲突和经济危机可能给一个国家现代化进程带来极端环境风险。对于现代化进程来说，极端的环境风险影响是巨大且充满不确定性，未来局势变化及其产生的环境风险对中国经济发展的影响更是具有较强不确定性。一方面，局部冲突使全球能源供应风险加剧，可能会破坏我国经济的稳定运行。另一方面，资产价格波动和滞胀风险也可能加剧，导致全球经济受挫，从而可能对我国的经济增长造成拖累。此外，全球局部冲突会加剧全球产业链、供应链的脱钩风险，给中国参与全球产业链分工带来极大的不确定性。

（三）新时代新征程推进中国式现代化面临的历史机遇

面对不断变化的国内外环境，要正确理解和把握新的战略机遇，增强对机遇和风险的认识，准确识变、科学应变、主动求变。不仅要充分把握新的战略机遇，还要善于化危为机，捕捉和创造机遇。

新的战略机遇根植于我国强劲的内生发展动能。进入新时代，我国发展的国际形势更加严峻复杂，国内推进改革稳定发展日益紧迫。以习近平同志为核心的党中央高瞻远瞩、统揽全局、把握大势，不断进行理论和实践创新，提出了一系列新理念、新思想、新战略，抓住历史机遇着力推动中国式现代化不断向前发展，推动我国经济发展取得历史性成就、发生历史性变革。新的机遇战略源自于新的科技革命和产业变革。科技创新是社会生产力发展的重要标志，也是我们应对各种挑战的底气所在。从国际力量对比深刻调整的历史中，我们看到西方发达国家在科技革命中抓住历史机遇，逐渐形成了强大的科技创新能力而先后崛起。近年来，世界百年未有之大变局加速演进，西方国家的治理问题日益突出。美国陷入了政治极化和政党间的激烈斗争，同时也面临着逆全球化和民粹主义思潮的扩散，种族仇恨犯罪频繁发生，贫富差距不断扩大。相比之下，我国经济近年来经受住了来自内外各种风险和不确定因素的严峻考验，成功熨平了宏观经济波动，在全球主要经济体中保持了领先地位，经济的长期向好基本面保持不变。党的二十大报告指出，"发展是党执政兴国的第一要务"。

随着我国经济的飞速发展，高质量发展已成为适应我国社会矛盾变化和新时代发展需求的必然选择，在全面建设社会主义现代化国家的新征程中，要贯彻高质量发展的各项要求，不断推进中国式现代化的历史进程。新时代新征程，要坚持以推动高质量发展为主题，把实施扩大内需战略同深化供给侧结构性改革有机结合起来，增强国内大循环内生动力和可靠性，提升国际循环质量和水平，加快建设现代化经济体系，着力提高全要素生产率，提升产业链供应链韧性和安全水平，着力推进城乡融合和区域协调发展，推动经济实现质的有效提升和量的合理增长。

第三节　高质量发展是中国式现代化的首要任务

习近平总书记在党的二十大报告中指出："高质量发展是全面建设社会主义现代化国家的首要任务。"[①] 历史和实践表明，高质量发展既是中国特色现代化的核心需求，也是推动中国式现代化的道路选择，二者统一于实现中华民族伟大复兴的历史进程之中。

（一）高质量发展是中国式现代化的本质要求

发展是解决现代化进程中问题的基础和关键，新时代的发展必须是高质量发展，没有高质量发展，就谈不上社会主义现代化。高质量发展内生于现代化历史发展的轨迹之上，是在理论上不断加深、实践中不断总结出来的科学结论，深刻揭示了中国式现代化的历史必然性和客观规律性。

从历史逻辑看，高质量发展阶段是经济建设迈进高级形态所要经历的必然

[①] 习近平：《高举中国特色社会主义伟大旗帜 为全面建设社会主义现代化国家而 团结奋斗——在中国共产党第二十次全国代表大会上的报告》，新华社，北京10月25日电。

阶段。新中国史清楚地展示了我们党团结带领人民所取得的政治、经济、文化、科技、外交等方面的非凡成就，然而这一阶段的现代化进程仍处于"量"的积累阶段。在经历长期高速增长后，当前的发展基础、发展方式以及资源的配置效率等都发生了变化，面临的发展约束条件越来越严苛。为此，必须改变原有的发展理念，不断推动高质量发展去解决面临的困难。全面建设小康社会阶段主要解决发展"量"的问题，解决"有没有"的问题；而到了全面建设社会主义现代化国家的阶段，主要是要解决"质"的问题，着力解决"好不好"的问题。当然，新发展阶段不断解决"质"问题的同时，也要保障一定"量"的增长，在质的大幅提升中实现量的持续增长。党的十八大以来，我们党在已有的现代化建设基础上，持续深化对我国经济增长规律和特点的理解和把握，对于发展阶段的判断，及时作出了从高速增长阶段转向高质量发展阶段的调整，使我们对发展形势的估计更加客观。

从理论逻辑看，高质量发展是把握发展规律从实践认识到再实践再认识的重大创新。党的二十大报告对高质量发展做了重点阐述，对我们现在所处的形势做了全面的评估，系统回答了形势"怎么看"、工作"怎么干"的问题。我们党一直高度关注经济发展问题，将发展视为党执政兴国的首要任务，特别是党的十一届三中全会开启了改革开放的大幕，为我国经济迅速发展注入了强大动力。在推动改革开放和社会主义现代化建设的进程中，我们党坚持以经济建设为中心，不断深化对发展问题的认识，凝聚了"发展是硬道理"的社会共识。2023年中央经济工作会议进一步明确指出："必须把坚持高质量发展作为新时代的硬道理。"此次会议从新时代的顶层设计角度出发，对我国未来发展方向进行了整体布局，明确了以高质量发展推动中国式现代化的目标。

从实践逻辑看，着力推动高质量发展是推进中国式现代化历史进程的必然选择。从社会主要矛盾出发，高质量发展是解决不平衡不充分的重要途径。从供给侧结构性改革的主线任务来看，高质量发展是统筹供需双方，提升经济发展效率的必然选择。高质量发展也能不断满足复杂多变的国内外环境的要求，充分利用国内国际两个市场。改革开放以来，经过几十年的快速经济发展，我国生产要素活力得到充分释放，经济、科技、综合国力不断增强，人民生活水平明显提高，社会主义现代化进程稳步推进。但与此同时，我国还面临着外部风险和挑战的不断增加，国内经济周期性和结构性矛盾并存，因此我们不仅需要保持一定的经济增长速度，而且要将发展的重点转移到提高"质量"上来，科学把握稳中求进、以进促稳、先立后破，进一步释放社会发展的活力，不断推进中国式现代化。

（二）高质量发展彰显中国式现代化的内涵特征和独特优势

习近平总书记强调："没有高质量发展，就谈不上社会主义现代化。"这一科学论断充分说明了中国式现代化与高质量发展的内在一致性。中国式现代化具有基于自己国情的中国特色，即"人口规模巨大的现代化"，"全体人民共同富裕的现代化"，"物质文明和精神文明相协调的现代化"，"人与自然和谐共生的现代化"，"走和平发展道路的现代化"。这五个内涵特征同时彰显了中国式现代化的独特优势，其中的每一个特征和优势都蕴含着对高质量发展的内在要求。

实践已经证明，只有推动社会各个领域、各个环节实现高质量发展，创造出丰富的物质和精神财富，才能更好地满足规模庞大的人口的物质和文化需求，解决现代化面临的巨大挑战。只有通过高质量发展不断做大"蛋糕"，才能解决发展不平衡和不充分的问题，从而让人民群众享有更加美好的生活，实现全体人民共同富裕的现代化。只有通过高质量发展才能在实现物质富足的同时，不断丰富人们的精神生活，促进物的全面丰富和人的全面发展，实现物质文明和精神文明相协调的现代化。只有通过高产出、高效益、低排放、低污染的高质量发展，才能实现人与自然和谐共生的现代化，让绿水青山成为金山银山，避免走西方发达国家先污染后治理的发展道路。只有通过高质量发展共建"一带一路"谱写人类命运共同体新篇章，在高水平对外开放中增强国内国际两个市场的联动，增强维护世界和平与发展的力量，才能避免走西方国家通过战争、殖民、掠夺等方式实现现代化的老路,而是走和平发展的现代化道路。

把坚持高质量发展与推进中国式现代化有机统一起来,强调推进中国式现代化必须实现高质量发展,实现高质量发展才能彰显中国式现代化的内涵特征和独特优势。这是新时代中国共产党人对中国式现代化的规律性认识和把握,是对马克思主义发展观的丰富和创新,也是对我国经济社会发展的机遇和挑战进行的科学预判,阐明了高质量发展与中国式现代化之间的内在逻辑关系,指出了以高质量发展推进中国式现代化的必然性和规律性。新时代新征程,明确中国式现代化与高质量发展之间的逻辑关联与内在一致性,把握好以高质量发展推进中国式现代化的科学方法论,才能稳步实现强国建设、民族复兴的伟大梦想。

(三)以新发展理念统领高质量发展推进中国式现代化

进入新发展阶段,世界百年未有之大变局加速演进,国际环境日趋错综复杂。国际形势的不稳定性不确定性明显增加,新冠疫情大流行影响广泛深远,国际经济、科技、文化、安全、政治等格局都在发生深刻复杂变化。这也给我们加快建设现代化经济体系,提升科技创新能力、突破关键核心技术,深化经济体制改革、建设全国统一大市场,加强生态文明建设、推进可持续发展,坚持高水平对外开放、积极参与全球治理体系改革和建设等方面带来了新挑战新机遇新动力。党的二十大报告强调完整、准确、全面贯彻新发展理念,为当前和今后一个时期做好经济工作提供了思路。我们要沿着高质量发展之路,把新发展理念贯穿发展全过程和各领域,开启质量变革、效率变革、动力变革的壮阔新征程。

新的发展理念要对发展的目标、动力、方式、路径等一系列理论和实践问题进行回答,在整个新的发展阶段具有战略性、纲领性和引领性的作用。以新的发展理念为引领,着力推动高质量发展,不断满足人民日益增长的美好生活需要。高质量发展的一个关键特征是实现供需双方的相互匹配和适应,任何高质量的供给都需要依靠有效需求来实现。以畅通国民经济循环为主构建新发展格局，就是为了更好发挥内需体系对我国供给侧结构性改革的支撑作用，以更好地推动高质量发展。创新驱动是实现高质量发展的重要基础。将科技自立自强作为高质量发展的战略基石，加速构建以创新为核心的经济体系和发展模式，始终坚持创新在我国高质量发展中的基础性地位。高质量发展以增进人民福祉为最终目标。以人民为中心，不仅是中国共产党推动中国式现代化建设的出发点和落脚点，也是高质量发展的核心价值所在。要凝聚起人民的力量，使发展成果更多更公平惠及全体人民，推动民生福祉全覆盖，不断夯实筑牢高质量发展的社会根基与群众基础。

第四节 国家治理体系和治理能力现代化是中国式现代化的应有之义

党的二十大擘画了全面建设社会主义现代化国家的宏伟蓝图。以中国式现代化推进中华民族伟大复兴，是一项前无古人的伟大事业，必然面临各种可预见和不可预见的挑战和困难。为此，需要进一步加强国家治理体系和治理能力的现代化，以确保中国式现代化行稳致远。

（一）国家治理体系现代化为推进中国式现代化提供制度保障

我国的国家制度和国家管理体系是在深入研究共产党执政规律、社会主义建设规律和人类社会发展规律的基础上，不断将成功的实践经验上升为制度的成果。具有多方面的明显优势，并为我们成功走出中国式现代化道路提供了制度上的保障。

坚持和加强党的全面领导。国家治理涉及的范围广泛、事务繁杂，坚持党的全面领导，做好制度的顶层设计，确保国家治理体系和能力向着正确方向发展,将中国特色社会主义制度的最大优势转化为国家治理的巨大效能。坚持以人民为中心。以人民为中心是我们党的根本执政理念,是新时代坚持和发展中国特色社会主义的一条基本方略。国家的一切权力属于人民,人民群众依照宪法和法律规定,通过多种途径和方式参与国家事务、经济文化事业、社会事务的管理。人民群众不仅是国家权力的主体,也是国家治理的主体。把以人民为中心的发展思想贯彻落实到经济社会发展各领域,确保人民真正当家作主,才能充分调动人民群众的积极性、主动性,发挥出最大的创造力,最大限度地凝聚人民群众的智慧和力量,共同推进国家治理体系和治理能力现代化。深入推进全面依法治国。法治是治国理政的基本方式,是完善和发展中国特色社会主义制度、推进国家治理体系和治理能力现代化的重要基础。全面推进依法治国是国家治理的一次深刻变革,推进国家治理体系和治理能力现代化,为党和国家事业发展提供根本性、全局性、长期性的制度保证。发挥社会主义协商民主的重要作用。协商民主包括政党协商、人大协商、政府协商、政协协商、人民团体协商、基层协商以及社会组织协商等多种形式,协商民主是我国社会主义民主政治的独特形式,也是党的群众路线在政治领域的重要体现。发挥社会主义协商民主的重要作用,广泛团结各民族、各党派、各阶层以及各界人民,积聚各方力量,推动形成强大的国家治理体系合力。

（二）国家治理能力现代化为推进中国式现代化提供强大动力

国家治理能力是运用国家制度管理社会各方面事务的能力。深入推进国家治理能力现代化,增强按制度办事、依法办事意识,善于运用制度和法律治理国家,才能把各方面制度优势不断转化为治理效能,充分激发推进中国式现代化的强劲动力,广泛凝聚推进中国式现代化的磅礴力量。

推进国家治理能力现代化是一项综合性工程,需要协调社会发展的各个方面。第一,将人民对美好生活的向往作为工作导向。始终将人民置于治理国家的重要位置,确保将人民当家作主作为制度设计的出发点和落脚点。要深入分析人民日益增长的美好生活需要对党和国家工作提出的新要求，真正践行党的群众路线，始终坚持顺民意、察民情、解民忧、惠民生的原则，务实地为民众办好事、办实事、解难事。第二，贯彻新发展理念。致力于提升统筹贯彻新发展理念的能力和水平，逐步打破利益固化藩篱，提升运用制度和法律推动高质量发展的能力，致力于实现更高质量、更加公平和更可持续的发展。第三，充分发挥人民群众的智慧。人民是推进国家治理体系和治理能力现代化的动力，坚持和完善中国特色社会主义，推进国家治理体系和治理能力现代化需要紧密依靠人民，把人民作为取得新的成就的基础和力量的来源。只有提高人民群众参与依法治国的能力、充分发挥人民群众社会实践和历史发展的主体作用，调动其积极性、主动性、创造性，才能推动中国特色社会主义取得新的伟大成就。

（三）以国家治理体系和治理能力现代化推进中国式现代化

推动国家治理体系成熟、定型和有效是一个渐进的历史过程，国家治理能力现代化也是一个逐步提升的过程，不可能一蹴而就，也不可能一劳永逸。遵循国家治理现代化的内在规律，坚持科学推进，注重问题导向与目标导向的有机结合，聚焦国家改革发展的重点领域和关键环节，形成善于发现、解决和应对改革发展中出现的各种新情况、新问题和新挑战的治理能力。

国家治理体系和治理能力现代化属于上层建筑，要适应经济基础的要求。经济的持续发展，社会的不断进步，人民生活水平的不断提高，都需要国家的上层建筑与之适应不断进行改革。一方面，健全防范化解重大风险体制机制。防范化解重大风险是国家治理体系和治理能力现代化的重要体现。从国际环境来看，当前国际力量对比深刻调整，外部环境不可预期风险挑战明显增多，为推进中国式现代化带来了严峻的挑战和压力。从国内环境来看，我国发展进入新阶段，各种新问题新挑战层出不穷，若不及时采取措施加以防范，就可能对社会和谐稳定和国家总体安全产生威胁。因此，要进一步统筹国内国际两个大局、发展和安全两件大事，高度重视内部和外部环境带来的新问题与新挑战，健全防范化解重大风险的体制机制。另一方面，以共建共治共享为基础提升国家治理效能。加强公民参与，党的力量源自人民群众，公众参与成为国家治理的基石，通过广泛的参与渠道，人民群众能够更直接地参与政治决策过程，发表自己的意见，实现民主决策，为多元治理主体的形成提供了土壤，使得社会各界代表性力量能够更好地协同合作，共同推动国家事务的发展。加强监督与法治保障，加强法治意识和法律监督，通过法治保障建立公正公平的法治环境，保障党同人民群众的合法权益，以党内监督和人民群众监督加强对权力行使的监督和约束，实现监督与法治保障相结合，使国家治理体系更加健全、稳定，提升国家治理效能。

第五节 全体人民共同富裕是中国式现代化的本质特征

中国式现代化既具备与其他国家现代化共同特征，又同时具有基于中国国情的鲜明特色。"共同富裕是社会主义的本质要求，是中国式现代化的重要特征。"习近平总书记这一重要论断，深刻揭示了中国式现代化的显著特征在于实现全体人民共同富裕的现代化目标。

（一）共同富裕具有鲜明的时代特征和中国特色

共同富裕理念中的"共同"，彰显了中国特色社会主义先进生产关系的优越性，旨在切好分好社会财富"蛋糕"，解决发展不平衡问题，使发展成果惠及全体人民；共同富裕的"富裕"目标体现了中国特色社会主义先进生产力的优越性，要求不断扩大社会财富，确保持续改善民生，做大社会财富"蛋糕"，解决发展不足的问题。共同富裕实现了中国特色社会主义先进生产关系和中国特色社会主义先进生产力的有机结合，是中国特色社会主义的本质要求，具有鲜明的时代特征和中国特色。

实现共同富裕既是全体人民的梦想，也是中国共产党人始终不渝的初心和使命。中国共产党自成立以来，就坚定地将谋求人民幸福、实现民族复兴作为奋斗目标。中华人民共和国成立以来，我们党通过对农业、手工业和资本主义工商业进行社会主义改造，建立起符合我国发展实际的社会制度，筑牢共同富裕的制度保障。改革开放后，我们党对正反两方面历史经验进行了深刻总结，认识到贫穷不是社会主义，为打破传统体制的束缚，允许一部分人和一部分地区先富起来。这一举措推动了社会生产力的解放和发展，创造了有利于实现"富裕"目标的社会主义生产力。这一时期，我国就社会主义的本质以及如何建设社会主义这一重要理论和实践问题给出了开创性的回答，明确了社会主义的最终目标是实现共同富裕。而要实现这一目标，需要通过解放生产力、发展生产力、消灭剥削、消除两极分化等基本途径，初步构建起社会主义生产关系和社会主义生产力的有机结合模式。党的十八大以来，党中央把逐步实现全体人民共同富裕摆在更加重要的位置上，推动区域协调发展，采取有力措施保障和改善民生，打赢脱贫攻坚战，全面建成小康社会，为促进共同富裕创造了良好条件。到2035年，全体人民共同富裕取得更为明显的实质性进展，基本公共服务实现均等化；到本世纪中叶，全体人民共同富裕基本实现，居民收入和实际消费水平差距缩小到合理区间。新时代新征程，共同富裕的时刻表任务书已然定下，实现全体人民共同富裕的美好愿景正在一步步变成现实。

（二）共同富裕是人类文明新形态的重要体现

习近平总书记在庆祝中国共产党成立100周年大会上的讲话中强调："我们致力于维护和推进中国特色社会主义，促进物质文明、政治文明、精神文明、社会文明、生态文明的协调发展，开创了中国式现代化新道路，创造了人类文明新形态。"这是中国共产党人对全球文明的重大贡献。

人类社会历经了从原始社会到奴隶社会、封建社会、资本主义社会等一系列演进，各种文明也随之发展。共同富裕的实现，不仅仅是关于分配制度的改变,更是人类文明的一次重大转型。近代以来,西方文明以资本为核心,但这种文明与共同富裕的目标是不相容的。一方面是财富的积累,另一方面则是贫困的积累。尽管某些西方国家在进行了分配制度改革后,建立起了福利国家,但它们依然未能有效解决贫富差距扩大的问题。古往今来,人类历史上从来没有一个国家真正实现过共同富裕。追求共同富裕、实现美好生活是中国共产党的初心使命所系。我们党在领导人民实现中华民族伟大复兴的百年进程中,对推动共同富裕持续进行了理论和实践探索,中国人民生活实现了从温饱不足到总体小康再到全面小康的历史性跨越,对共同富裕的认识也在不断深化。在一个拥有14亿多人口的社会主义国家推进共同富裕,如此规模巨大的人口要实现的是一次最广泛、最全面、最深刻的集体进步,超越区域差别、人口分布差别、产业资源差别,是人类社会发展史上一场史无前例的伟大变革和创造,将对中华民族的伟大复兴和人类文明进程产生广泛而深远的影响。我们所创造的人类文明新形态,本质上是社会主义文明的形态。社会主义文明是在人类文明全部成果的基础上超越资本主义文明的一种新型文明,体现着以人民为中心的鲜明价值立场,实现共同富裕是社会主义文明与西方资本主义文明的重要区别。

(三)以实现全体人民共同富裕推动中国式现代化

党的十八大以来,在以习近平同志为核心的党中央坚强领导下,我们始终坚持推进共同富裕的目标,努力实现中华民族伟大复兴的中国梦。习近平总书记深刻指出,我国的现代化是"全体人民共同富裕的现代化",凸显了中国式现代化的社会主义性质,体现了党的初心使命,丰富了人类现代化的内涵,昭示了人类文明新形态的价值追求。新征程,要推动全体人民共同富裕取得更为明显的实质性进展,以共同富裕推进中国式现代化。

我国已经实现了人民生活从温饱不足到总体小康再到全面小康的历史性跨越,创造了人类现代化历史上的奇迹,在党的领导下走出了一条适合自己的实现全体人民共同富裕的现代化之路。推进全体人民共同富裕的现代化,要深刻把握发展和分配相互统一的关系。发展是实现共同富裕的基础条件，而分配则是确保共同富裕正确方向的关键所在。要致力于做大"蛋糕"，通过推动高质量发展，提升我国的经济实力。这意味着不仅要关注经济总量的增长，更要注重提升发展的质量和效益，深入推进科技创新，提升产业链水平，培育新经济增长点，确保实现可持续性的高质量发展。发展是实现"富裕"的决定性因素，合理的分配制度为"共同"提供了有效保障机制。坚持按劳分配为主体，同时构建多种分配方式并存的基础性制度安排，目的在于形成橄榄型分配结构，使得发展成果更加公平地惠及每一个人民群众。同时还要加快健全社会保障体系，包括医疗、教育、社会福利等方面，以确保每个人都能够平等地分享现代化发展的红利。发展和分配的统一还要求全体人民参与和享有的统一。强调人人参与和人人享有相统一，激发人民积极性、主动性和创造性。除此之外，还要坚持统筹协调和循序渐进相统一。不同人群、地区存在差异，因此共同富裕并不是整齐划一的平均主义，而是在动态中逐步向前发展。采取循序渐进的方式解决当前我国发展中不平衡不充分的问题，通过实施区域重大战略、协调发展战略和乡村振兴战略等手段，提高发展的平衡性、协调性和包容性，以确保全体人民共同富裕的现代化目标得以顺利实现，在这一过程中，加强制度建设，完善相关政策，确保全面协调发展的可行性和稳定性。

第六节　国家安全体系和能力现代化建设是中国式现代化安全保障

党的二十大报告对"推进国家安全体系和能力现代化，坚决维护国家安全和社会稳定"作出战略部署，强调"必须坚定不移贯彻总体国家安全观，把维护国家安全贯穿党和国家工作各方面全过程"。中国式现代化，需要在国家安全的前提条件下推进，国家安全体系和能力现代化建设事关中国式现代化的始终。

（一）从容应对风高浪急多重挑战是推进中国式现代化的必然要求

在党的二十大报告中，习近平总书记强调"准备经受风高浪急甚至惊涛骇浪的重大考验"。这是全面建设社会主义现代化国家、推进中华民族伟大复兴所必须面对的挑战。

在旧中国百年的屈辱时期，帝国主义列强肆意横行，国家和民族面临生死存亡的危机。中华人民共和国成立后，在中国共产党的坚强领导下，中国人民取得了举世瞩目的发展成就，开创了人类文明新形态。党的十八大以来，在以习近平同志为核心的党中央领导下顺利实现了第一个百年奋斗目标，全面建成了小康社会，中华民族伟大复兴进入不可逆转的历史进程。我们党在团结带领人民进行艰苦奋斗的过程中，不仅战胜了强大的敌人，还成功地化解了来自政治、经济、意识形态、自然界等方面的风险，经受住了各种挑战和考验，这才有了我们今天的繁荣昌盛。我国的非凡奋斗历程说明了一个道理，那就是没有国家的安全和社会的稳定，一切都无从谈起，国家安全和社会稳定是实现发展进步的坚实基础。

展望全面建设社会主义现代化国家新征程，我们面临前所未有的战略机遇和错综复杂的风险挑战，为此必须保持清醒头脑，准备迎接风高浪急甚至惊涛骇浪的重大考验。从国际来看，近百年来全球面临前所未有的巨大转变，但和平与发展仍然是时代的主题。国际形势的不稳定性和不确定性明显增加，世界正在进入一个新的动荡和变革的时期。弱肉强食、以邻为壑、零和博弈等霸权主义行为对于全球和平发展的危害深重。外部势力对我讹诈、遏制、封锁、极限施压等一系列恶劣做法随时可能升级，全球能源危机、粮食危机和金融动荡，也会对我们国家安全和社会稳定造成一定程度的威胁。虽然全面建成小康社会为实现社会主义现代化国家创造了有利条件，但我国发展还是面临着不断上升的内外部风险。经济发展仍面临着许多深层次的矛盾。

党的十八大以来，我国国家安全工作在以习近平同志为核心的党中央领导下得到全面加强，为党和国家兴旺发达、长治久安提供了有力保证。当前，世界百年未有之大变局加速演进，世界之变、时代之变、历史之变的特征更加明显，我国发展需要应对的风险和挑战、需要解决的矛盾和问题比以往更加错综复杂，推进国家安全体系和能力现代化，事关第二个百年奋斗目标能否如期实现，事关中华民族伟大复兴伟业能否顺利推进。只有与时俱进推进国家安全体系和能力现代化，健全国家安全体系，不断增强维护国家安全的能力，才能确保社会主义现代化建设和民族复兴进程不被迟滞或打断，顺利推进中国式现代化。

（二）坚持总体国家安全观是推进中国式现代化的重要保障

国家安全是民族复兴的根基，社会稳定是国家强盛的前提。党的二十大报告把"国家安全更为巩固"确定为未来五年我国发展主要目标任务的重要内容。踏上新征程，必须坚定不移贯彻总体国家安全观，把维护国家安全贯穿党和国家工作各方面全过程，正确把握重大国家安全问题，加快推进国家安全体系和能力现代化，积极稳妥推进中国式现代化。

习近平总书记强调："公共安全是最基本的民生""自觉把维护公共安全放在维护最广大人民根本利益中来认识，放在贯彻落实总体国家安全观中来思考，放在推进国家治理体系和治理能力现代化中来把握。"公共安全是人民群众身边的国家安全。将推进国家治理体系和治理能力现代化作为把握公共安全的关键，全面提高新时代国家安全工作的科学性、预见性、主动性和创造性，促进公共安全治理模式向事前预防转变，提高公共安全治理水平。坚持安全第一、预防为主，坚持系统观念、全局观念，打破条块分割、部门独立、地方割裂的旧观念旧框架，建立大安全大应急框架，实现全要素全社会协同联动，为维护社会稳定编织全方位、立体化的公共安全网，建设更高水平的平安中国，切实增强人民群众的获得感、幸福感、安全感。

完善社会治理体系是巩固国家安全和维护社会稳定的基础工作。必须牢牢把握社会治理的总体要求，主动适应社会治理新的阶段性特征，聚焦切实保障社会安定和人民安宁，坚持党的全面领导，健全共建共治共享的社会治理制度，完善党委领导、政府负责、民主协商、社会协同、公众参与、法治保障、科技支撑的社会治理体系，强化全周期动态治理、全方位依法治理、全要素智慧治理，提高社会治理社会化、法治化、智能化、专业化水平，提升社会治理效能。不断发扬新时代"枫桥经验"，有效防控化解各类矛盾风险，及时把矛盾纠纷化解在基层、化解在萌芽状态，确保矛盾风险不外溢不扩散、不升级不变异，夯实社会稳定的基层基础。

中国共产党是中国人民最可靠的主心骨，我国社会主义制度是抵御风险挑战的最有力制度保证。为了进一步巩固国家安全建设成果，必须深刻理解"两个确立"的决定性意义，增强"四个意识"、坚定"四个自信"、做到"两个维护"，并始终与以习近平同志为核心的党中央保持高度一致。坚持党中央集中统一领导，不断优化国家安全领导体制机制，坚持中央国家安全委员会主席负责制，推动国家安全工作，确保党中央决策部署落实到位。在贯彻落实总体国家安全观的基础上，继续协调推进发展与安全工作，全面贯彻落实党的二十大对国家安全工作的战略安排，推动实现国家安全更加稳固的目标任务，为推动中国式现代化提供坚实的安全保障。

（三）以新安全格局保障新发展格局推进中国式现代化

"要以新安全格局保障新发展格局，主动塑造于我有利的外部安全环境，更好维护开放安全，推动发展和安全深度融合。"习近平总书记在二十届中央国家安全委员会第一次会议上作出的重大部署，彰显了更好统筹发展和安全两件大事、全面推进中国式现代化的战略思维。

加快构建新发展格局，既要提高发展速度，又要注重提质增效。为此必须要做到在增强国内经济发展的内生动力和可持续性、提升国际经济合作的质量和水平、加强产业链供应链的韧性和安全性等方面下功夫。与之相对应，加快构建新安全格局，必须紧密围绕构建新发展格局的关键问题，制定系统的方案并采取有力的措施，确保重要的产业链供应链的安全。同时，发展改革进入深水期，在更宽领域、更深层次的复杂环境中，还需要不断健全国家安全工作协调机制，进一步完善国家安全法治体系、战略体系、政策体系、风险监测预警体系以及国家应急管理体系。加快推进国家安全体系和能力现代化，坚定不移贯彻总体国家安全观，注重法治思维、协同高效、科技赋能，推动各方面建设有机衔接，为构建新发展格局提供充分的安全保障。只有始终筑牢国家安全的基石，防范和化解影响我国现代化进程中面临的各种风险和挑战，才能保障中国特色社会主义巍巍巨轮乘风破浪、行稳致远，驶向更加光明的未来。

第七节　党的自我革命是中国式现代化的坚强保障

习近平总书记在党的二十大报告中指出："经过不懈努力，党找到了自我革命这一跳出治乱兴衰历史周期率的第二个答案。"中国式现代化是在中国共产党领导下进行的社会主义现代化建设，"坚持和加强党的全面领导"是推进中国式现代化必须牢牢把握的一个重大原则。党的领导直接关系中国式现代化的根本方向、前途命运、最终成败。当然，实现中国式现代化本身属于"坚持和发展中国特色社会主义这场伟大社会革命"的重要内容，实现中国式现代化离不开党的自我革命。

（一）党的自我革命为推进中国式现代化提供强劲动力

党的自我革命使党的领导更加坚强有力，为推进社会变革提供强有力的动力，这是党百年奋斗的重要历史经验。中国式现代化包括改革发展稳定、内政外交国防、治党治国治军等各个领域、各个方面、各个环节。推进中国式现代化是一项漫长而艰巨的社会进程，只有坚持党的自我革命，才能为社会变革提供持续不断的动力。党的十八大以来，我们党敢于进行自我革命，在磨砺中也变得更加坚强有力，长期执政能力和自我革命能力都得到历史性提升。新时代新征程，中国共产党具有无比坚强的领导力，是中国式现代化能够经受风高浪急甚至惊涛骇浪考验的政治保证。推进中国式现代化过程中，面临战略机遇和风险挑战、不确定性和难以预测因素不断增加，只有更加坚定地加强党的全面领导，中国式现代化才能蹄疾步稳朝着既定目标前进。

改革是不断推进生产关系、经济基础和上层建筑的自我完善，涉及权力与资源的优化调整以及利益关系的重构。党的十八大以来，我们党以巨大的政治勇气全面深化改革。以重点问题为改革导向，勇于涉足挑战艰难领域，敢于解决难题，直面困难。面对新矛盾新问题，敢于打破观念的束缚，冲破既得利益的阻碍，坚决消除各方面体制机制的弊端。从最初的局部尝试到系统性整合，在全面深化改革过程中，许多领域实现了历史性变革、体系重塑、整体重构，为中国式现代化注入了不竭动力。实现未来的持续发展，只有坚持推进党的自我革命，才能进一步巩固改革信心，凝聚改革力量，推动深化改革取得更大的成功，为中国式现代化注入不竭动力源泉。

（二）党的自我革命关乎中国式现代化的根本方向

党的自我革命确保党的性质宗旨、初心使命、信仰信念不动摇，维护党的先进性和纯洁性，提高党的领导水平和执政水平。勇于刀刃向内、刮骨疗毒，保持解决党内难题的清醒和坚定，使得中国共产党始终成为中国特色社会主义现代化伟大事业的坚强领导核心，为推进中国式现代化提供坚强保障。

从理论维度看，在持续自我审视中，党能够保持对社会主义核心价值观的坚守，防范党内腐败和异化，有助于提高党的创造力、凝聚力和战斗力，从而引领中国走向现代化。从实践维度看，党的自我革命关乎中国式现代化实践的根本方向、前途命运、最终成败。党的领导决定了中国式现代化的性质，通过不断的自我革命，能够有效实现党自身的净化，更能为中国式现代化提供科学指引。党敢于面对新矛盾新挑战，推动改革，依靠人民，正是自我革命在实践中的具体体现。从历史维度看，自我革命的精神是党在长期执政过程中形成的，党的自我革命经验是党百年来取得历史性成就的根本前提。集中性学习教育是推进自我革命的有效途径,延安整风运动、党的群众路线教育实践活动、"三严三实"专题教育、"两学一做"学习教育、"不忘初心、牢记使命"主题教育、党史学习教育、学习贯彻习近平新时代中国特色社会主义思想主题教育等,使党在长期历史实践中积累了丰富经验和能够驾驭复杂局势的执政能力。在中国共产党百年历程中,勇于自我革命是中国共产党区别于其他政党的显著标志,也是我们党历经沧桑而初心不改、饱经风霜而本色依旧的重要保证。习近平总书记在党的二十大报告中指出:"经过不懈努力,党找到了自我革命这一跳出治乱兴衰历史周期率的第二个答案。"这一重大论断写入党代会报告,充分体现了以习近平同志为核心的党中央对建设什么样的长期执政的马克思主义政党、怎样建设长期执政的马克思主义政党这一重大时代课题的高度重视与深度思考,充分体现了我们党时刻保持解决大党独有难题的清醒和坚定,对于新征程赶考路上持之以恒推进全面从严治党,深入推进新时代党的建设新的伟大工程,以党的自我革命引领社会革命,全面推进中华民族伟大复兴,具有重要的时代意义和历史意义。

(三)以党的自我革命推进中国式现代化

全面从严治党永远在路上,党的自我革命永远在路上。立足新征程新起点,我们党正团结带领全国各族人民在全面建成社会主义现代化强国、以中国式现代化全面推进中华民族伟大复兴的道路上阔步前进。目标越远大、任务越繁重、风险考验越大,就越要发扬彻底的自我革命精神,深入推进党的自我革命,永远吹冲锋号,把严的基调、严的措施、严的氛围长期坚持下去,以党的伟大自我革命推进中国式现代化。

党的自我革命赋予了党领导中国式现代化进程所应具备的斗争能力,使中国式现代化行稳致远。在深入推进党的自我革命伟大实践中,坚定理想信念,守住共产党人的根和魂。对马克思主义的信仰,对社会主义和共产主义的信念,是共产党人的政治灵魂，是共产党人安身立命的根本，必须坚守奠基创业时的初心，坚守党的理想信念宗旨，始终担当起为中国人民谋幸福、为中华民族谋复兴的崇高使命，始终保持党同人民群众的血肉联系，永葆党的先进性和纯洁性。保证政治过硬，坚决做到"两个维护"。始终坚持从政治高度看问题，自觉讲政治，做到严守政治纪律和政治规矩，坚决维护党中央权威和集中统一领导，做到凝心聚力、众志成城，始终紧密团结在党中央周围，步调一致向前进。敢于担当作为，弘扬斗争精神。始终保持艰苦奋斗、奋发有为的精气神，敢于斗争、善于斗争，涉险滩、破坚冰、攻堡垒、拔城池，全力战胜前进道路上各种艰难险阻和风险挑战，依靠顽强斗争不断打开事业发展新天地。勇于直面问题，依靠自己修正错误。持之以恒进行党风廉政建设和反腐败斗争，各级领导干部面对手中的权力，要心有所戒、行有所止，不断总结经验、吸取教训，坚持真理、修正错误，保证我们党在世界形势深刻变化的历史进程中始终走在时代前列。加强党的作风建设，净化党内政治生态。以严明纪律整饬作风，大力弘扬党的光荣传统和优良作风，涵养求真务实、清正廉洁的新风正气，构建实现党的自我净化、自我完善、自我革新、自我提高的制度规范体系，坚持固本培元、激浊扬清，持续净化党内政治生态，使党永远不变质、不变色、不变味。纵深推进全面从严治党、党的自我革命，为以中国式现代化全面推进强国建设、民族复兴伟业提供坚强保障。